知与行

Cognition and Action

亲历国际传播一线

主 编 / 胡 芳　副主编 / 赵希婧　刘 雯

当代中国出版社
Contemporary China Publishing House

序

马克思在《德意志意识形态》一书中，提出“历史向世界历史转变”的著名论断，如今，这一论断已经变成肉眼可见的现实。在多种历史因素的交织中，人类社会正在发生百年未有之大变局，中国与其他国家之间的交往越来越频繁和密切，中国离不开世界、世界离不开中国已经成为一个毋庸置疑的事实。与此同时，全球思想文化交流、交融、交锋日甚，如何加快构建中国话语和中国叙事体系，成为我国国际传播面临的重大课题。

2021 年 5 月 31 日，习近平总书记在十九届中央政治局第三十次集体学习时将中国国际传播能力建设提升到了一个全新的历史性高度，提出“全面提升国际传播效能，建强适应新时代国际传播需要的专门人才队伍”。培养一批立场坚定、视野宽广、本领高强的国际传播人才是做好国际传播、争取国际话语权的关键所在。

作为中国广播电视及传媒人才摇篮和信息传播领域知名学府，1954 年建校以来，中国传媒大学就设置了新闻系、无线电系和外语系，新闻传播、语言传播、技术传播的互融互通是我们培育国际传播人才的基因优势和学科特色。多年来，我们初心不忘，使命不改，将培养国家所需、时代所需，能够应对未来媒体挑战、驰骋于国际舞台的国际传播人才作为办学定位和目标追求。

1982 年，我们开设了全国首个英语（国际新闻方向）本科专业，2000 年开始招收国际新闻方向博士研究生，2009 年，在中宣部和教育部的部署下，实施国际新闻传播硕士培养工程，2019 年增设全国首批国际新闻与传播本科专业，在我国率先搭建起面向国家战略的本硕博培养体系,努力让人才队伍建设在“质”和“量”上匹配我国国际地位,满足国际传播战略需求。

在此过程中,国际新闻传播硕士班成为先锋队,为我校国际新闻传播人才培养作出了卓有成效的探索。在国际新闻传播硕士班设立的12年来,我们积极贯彻党中央、中宣部、教育部的指示,集中全校优势资源,形成了一套完整的人才培养模式。

一是注重培根铸魂,将思政教育贯穿人才培养全过程。我们始终将国家立场、政治意识、大局意识放在教育教学的首位,引导学生坚守立场、找准方向。我们将学习马克思主义新闻观与中国实际紧密结合,推进习近平总书记关于新闻舆论工作的重要论述进教材、进课堂、进头脑,努力将世界观、价值观、新闻观的教育置于人才培养的各个环节,鼓励学生投身主战场、成为主力军。

二是因应媒介变革趋势,强化学生的全媒体能力。我们依托“小综合”的学科优势,开设紧跟媒介发展的前沿交叉课程,拓展多元样态的课外教学方式,汇聚“政产学研”等领域的多方资源,培养学生的全媒体报道、新媒体编创、数字媒体交互设计等能力,在提升国际新闻传播教育实效的同时,也开启了面向全媒体时代的新文科拓展之路。

三是坚持“从实践中来,到实践中去”的实践育人观。我们引导学生深入基层、体察国情、了解世情,在社会调查与新闻作品采写中提升思想水平与专业能力。我们积极探索国际传播与社会服务相结合的育人机制,师生团队协同创作国际传播融媒体作品,用实际行动向世界展示真实立体全面的中国。

通过精心培养,已经有10届学生从国际新闻传播硕士班毕业,为我国国际传播事业提供了有力支撑。大量毕业生进入主流媒体和外宣机构从事国际传播工作,涌现出了《人民日报》驻首尔记者站记者,新华社驻欧洲总分社记者、驻新加坡分社记者,中央电视台驻肯尼亚记者站记者,中新社驻韩国分社社长、驻华盛顿分社记者等一批优秀驻外记者。他们曾多次荣获“中国新闻奖”等国家级奖项,多名毕业生为抗击疫情、脱贫攻坚作出了贡献,并获得国家级表彰。

本书收录了40余位中国传媒大学国际新闻传播硕士班毕业生的思考与感悟,他们从校园到实践,将在各自岗位上的心得以及对国际新闻传播教育的体悟凝结成文字。他们中有的扎根在国际传播一线,亲身参与国内外重大新闻事件的报道活动，向世界发出中国声音；有的积极拥抱媒体融合浪潮，探索全媒体时代国际传播的创新表达和话语形态；有的投身理论研究，努力为国际传播能力建设贡献学术智慧；有的从事外事工作，发展同各国的外交关系和经济、文化交流，为推动构建人类命运共同体发光发热……本书的出版，是对国际新闻传播硕士班建设的阶段性回顾，也是我国国际新闻传播人才培养事业的生动注脚。希望本书能勉励更多有志于国际传播的青年学子，在未来的思与行之中有所坚信、有所发现、有所前进。

站在新的历史起点上，中国传媒大学将高质量推动中国特色世界一流传媒大学建设，努力建成立体式、分层次、系统化的国际传播学科与后备人才培养体系，为讲好中国故事、传播好中国声音、全面展示中国作出新的更大的贡献，为加强和改进国际传播能力建设贡献新的中传智慧、中传方案和中传力量。

中国传媒大学党委书记、校长　廖祥忠

目 录

立足国际传播前沿

亲历媒体驻外工作

来自公共外交领域的声音

关于国际传播教育的思考

站在新闻报道一线

拥抱媒体融合浪潮

立足国际传播前沿

LIZU GUOJI CHUANBO QIANYAN

守正创新，做新时代的全能式国际传播记者

◎ 葛云飞*

2021 年是我从国新班毕业的第十年，也是我从事国际传播工作的第十年。

这十年里，传播技术发生了翻天覆地的变化，一方面，受众快速变化的新闻消费习惯对媒体行业产生了巨大的影响，另一方面，技术的迅速迭代大大降低了传统媒体行业的从业门槛，释放出巨大的生产力和创造力。

这十年里，中国和世界局势也发生了巨大变化，从英国脱欧到中美贸易摩擦，从香港动乱到新冠肺炎疫情暴发，层出不穷的重要事件深刻改变着中国对世界的认知，以及世界对中国的目光。

大变局下，中国的国际传播事业变得前所未有的重要。作为一名英语记者，一名国际传播纪录片导演，要塑造好一个可信可敬可爱的中国形象，就要守正创新，既要坚守记者的初心和担当，不停磨炼自己各方面的技能，也要求新求变，永远抱着学习的心态去拥抱新变化、新技术、新趋势。

---

* 中国传媒大学 2009 级国际新闻传播硕士班毕业生，现就职于中央广播电视总台 CGTN（中国国际电视台）采访部，主任记者、纪录片导演，曾荣获全国抗击新冠肺炎疫情先进个人，中央广播电视总台首届“十佳记者”，总台优秀党员，入选全国广电和网络视听行业青年创新人才工程，中国传媒大学电视学院研究生业界导师。曾荣获中国新闻奖三等奖、优秀海外传播作品奖、总台优秀节目奖一等奖、解放军新闻奖一等奖、人大新闻奖等诸多国家级和省部级奖项，制作了《武汉战疫纪》《中国战疫纪》《撕裂的香港》《探索无垠：中国载人航天三十年》等一批有广泛影响力的新闻纪录片和专题片。作为核心成员，参加过武汉疫情一线报道、香港“止暴制乱”一线报道、解放军海外最大规模联合军演等一系列国内外重大时政和新闻事件报道活动。

一、到一线去，用最真实的画面和细节打动国际受众

记者,是时代的见证者和记录者。

作为一名电视记者入行时,前辈们就教导我们,如果你的故事不够动人,那一定是你离现场不够近。

电视记者要到一线去,到新闻发生的最前沿,用最鲜活最真实的画面、出镜、采访和文字去打动你的受众。

在过去几年里,从时速200多公里的台风,到催泪弹和燃烧瓶齐飞的香港暴乱现场,再到新冠肺炎疫情暴发后的武汉重症病房,我一直活跃在CGTN突发报道的最前线。

一线的报道经历是一笔无价的财富。

2019年,葛云飞于香港报道暴乱

2019年香港暴乱爆发,我于8月初被派往香港工作,成为CGTN在香港工作时间最长的记者。我曾多次孤身混在数百名黑衣暴徒中进行报道,见识了燃烧瓶和催泪弹,不仅是CGTN在大型暴乱现场报道次数最多的记者,也成为总台第一个在暴徒身边向全世界出镜直播的记者。

这段经历让我明白,西方媒体报道在与我们同场竞技时,表现出来的双重标准和他们所宣扬的新闻价值是背道而驰的。而作为一名国际传播记者,掌握国际传播规律去有效地发声,是多么重要。

2018年,我还曾单枪匹马参加俄罗斯中国联合军演,独自负责所有节目的拍摄、采访、编辑。参演指挥部在演练结束后曾在表扬信中提到:葛云飞同志发挥了“一个人就是一个报道组”的精神,不愧为“中国国际电视台

使者”和“部队官兵榜样”。

这段经历让我明白，对于记者来说，没有什么不可能，突破自己的舒适区，会收获无限可能。

2020 年新冠肺炎疫情暴发，这段 82 天的报道，更是让我明白纪实影像的意义和一名记者应该有的情怀与坚持。

武汉疫情暴发后，我又自愿报名，和同事驾车来到武汉。在武汉 82 天的报道里，从隔离点到方舱医院，数十次进入最危险的重症病房，每天平均睡眠时间不足 4 个小时，不仅完成了日常的新闻报道，而且在两个月的时间里完成两部大型纪录片《武汉战疫纪》和《中国战疫纪》。

新冠肺炎疫情是百年一遇的全球卫生危机，它对于中国和世界的影响甚至会持续数十年。作为一名记者和这部纪录片的导演，我有责任去记录这段历史真实的模样。我们希望用冷静、客观和克制的态度去呈现这段抗疫历程中的人物、事实、观点和故事，同时提供更多的细节。

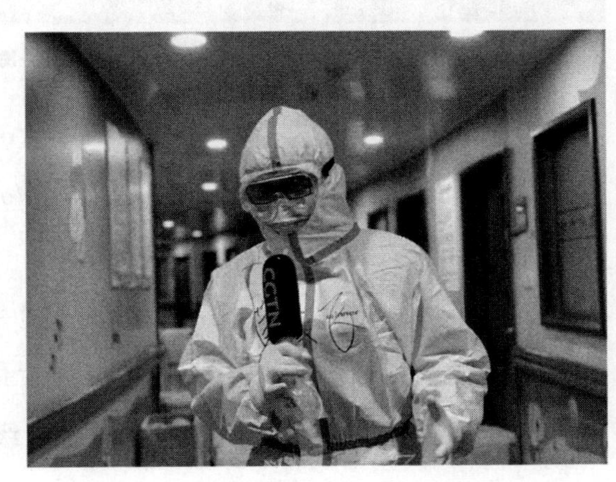

2020 年 3 月，葛云飞于武汉重症病房做直播连线

2020 年 2 月 7 日，我第一次进入重症病区的隔离病房。当时武汉已有大概 2000 名医护人员感染，一天新增两三千例确诊病例，没人知道何时才是尽头。但是，哪怕是在这样一种让人无法不感到压抑的困境中，病房中的人们仍拒绝放弃乐观和希望。

一名医生对我说：“潘多拉的盒子已经被打开，灾难、疾病和病毒已经放了出来。但是盒子里还有一样东西，那就是希望。只要我们相信还有希望，什么困难都会被克服。”

对于国际受众来说，我希望能够为他们提供一个特别的视角，来理解中国为什么采取与他们不同的方式来应对新冠肺炎疫情，以及为何能够效果如此显著地控制住疫情。

在一线,我被医护人员和普通人感动着,这些感动也化为我创作的无穷动力。

《武汉战疫纪》海报

在武汉疫情报道期间,我的作品在 YouTube 上总播放量接近 3000 万。其中《武汉战疫纪》(*The Lockdown: One Month in Wuhan*)是中国首部关于武汉疫情的全景式英语新闻纪录片,影片一经播发,便引起海外媒体高度关注,相继被 21 个国家和地区的 165 个境外电视频道和新媒体平台采用,YouTube 观看量超 1870 万,为同类疫情片最高,创造了 CGTN 成立以来的单片最高纪录,成为中国对外纪录片的现象级作品。

工作在一线,不仅仅是对一名记者的基本要求,而且从国际传播的规律来看,这也是必然的要求。

针对海外受众的新闻报道和针对国内受众的对内报道,从报道手法、选题角度、报道语态等诸多方面都有着截然不同的要求。CGTN 也因此一直在不断发展和壮大自己的国内采访团队,只有从采编的最开始环节就用国际媒体的最高水准去要求自己,在拍摄、写稿等诸多环节都用国际化的影像语言和语态去讲述故事,才能制作出符合国际传播要求的好新闻、好作品。

这种对于一线报道的热情、对于新闻理想的追求,正是我在中传国新班所学到的。在校期间，国新班组织了一个个知名校友和新闻大家的专家讲座，正是他们对新闻事业和国际传播事业的热情和专业态度，为我推开了一扇大门，将我引入国际新闻的事业。

二、做掌握国际传播规律的全能内容生产者

1.培养全方位的能力

在 CGTN 做记者，不是一件容易的事情。除了最基本的语言能力外，记者需要完成策划、联络、采访、后期剪辑、配音等新闻成片生产全流程工作，除此之外，记者还要承担电视连线、新媒体直播、新媒体视频等许多任务。

因此，我们尤其看重记者的单兵作战能力，需要有独立“创”出一片天的开拓精神。

融媒体时代，不仅仅需要短平快的新闻，也需要深度报道去撼动国际舆论场。因此，CGTN 又提出了“新型新闻纪录片”的概念，即在重大突发、时政或公共危机事件发生后，在最短的时间里，利用前方记者团队的素材，针对国际舆论制作出国际一流水准的纪录片，真实、有力、有温度地去讲述中国故事。

在时间紧、任务急的情况下，作为记者和导演，要具有全方位的能力。下面以新闻纪录片《武汉战疫纪》的创作过程为例。

《武汉战疫纪》作为一部新闻纪录片，在 10 天左右的制作周期里，整个项目经历了确定基调、编排叙事结构、素材收集与拍摄、后期制作与修改等阶段。它融合了新闻的时效性与纪录片的深度性和艺术性，这种双重特性也就要求创作者不

2020 年 4 月，葛云飞于武汉封城期间在街头拍摄

仅要在短时间内迅速挖掘并产出新闻内容,更要具有视听编排能力,将新闻内容融合进纪录片文本中,从而产出最终的成片。

因此,本片是"记者是内容的全能生产者"的经典体现。我作为一名"记者型导演",既是突发事件报道中的一线记者,也是纪录片的现场导演、拍摄者之一,同时也参与纪录片撰稿并负责影片剪辑和后期特效制作。

由于时间和前方人手都极为紧张,《武汉战疫纪》核心团队只有四人:导演、撰稿、编辑和摄像。

导演负责现场采访、部分拍摄、剪辑、脚本大纲设计、稿件修改、后期剪辑和部分特效制作。摄像负责现场主要拍摄和航拍镜头。撰稿本身也是一名记者,同时也负责采访、稿件的撰写和修改。编辑主要负责联系重要嘉宾、导演助理、后期制作等诸多环节。

这种创作模式,我从 2019 年末香港报道开始探索,到武汉期间基本确立,一直延续至今。回想起来,这种身兼多职的创作风格与学校的培养密不可分。

那时刚进入国新班的我,对于新闻采访和电视制作可以说是一窍不通,但是在创办国新班第一个电视栏目《新闻八通线》期间,我作为栏目的主要创办人之一,需要承担写作、拍摄、采访、后期制作、节目编排、主持人出镜等诸多任务。之后国新班组织的世博会报道和基层采风经历,在央媒老师的带领下,更是让我第一次窥见了正规的新闻报道流程和标准。

正是这些充满挑战的经历,让我明白,对于记者来说,没有什么不可能。

2. 掌握国际传播规律,形成独特的叙事风格

国际传播是一个非常大的领域,塑造可信可敬可爱的中国形象,需要许许多多、形形色色、各有所长的人才在舆论引导、新闻报道、纪录片制作等诸多领域发挥自己的才能。

那么对于我来说,就是要发挥好自己作为一名影像工作者的优势,用创新的、国际化的叙事风格去讲好中国故事。

叙事不仅是故事的呈现,也是主题的呈现,叙事主题里包含了意义、情感、启发等。要打破西方受众的认知偏见,在国际传播中"破局",首先就要

在叙事主题上做到平衡，做到“客观”。尤其是基于新闻事件进行深度阐释的新闻纪录片，更要敢于面对问题，敢于回应国际关切，把客观真实的事实呈献给受众，如此才能获得国际受众的信任，从而引发共鸣，占领国际传播阵地。

《武汉战疫纪》开篇部分通过空荡的街头、流浪在地下车库的外来务工人员、拥挤的发热门诊、情绪紧张的武汉市民等视觉符号，以最为接近现场的方式向全世界呈现了武汉抗疫过程中的困难与艰辛。在武汉封城一个月的时间节点上，影片大胆提及了诸多“敏感话题”，如李文亮医生去世、超3000名医护人员感染新冠病毒、湖北“换帅”等。导演希望这种“悲凉底色”的注入能够传递出一种直面问题的态度，这不仅是对纪实影像意义的坚守，同时也是一种“赢得”观众的方式。

随着时间的推进，《武汉战疫纪》又通过奋战在一线的医生护士、积极排查居民健康状况的社区工作人员以及协助运送医疗物资的志愿者、快递小哥等积极抗疫的个体，向国际社会展现了抗疫过程中的中国速度、中国精神与中国力量，在“平衡叙事”的基础上实现了情感基调的巧妙转变。

“只有把苦难表达清楚，后期取得的成就才更有价值。”纪录片中“悲凉底色”的选择，不仅保证了全片的真实性与平衡性，也巧妙突破了西方受众的心理壁垒，提升了传播效果。

3. 记者要坚守人文关怀，创新影像叙事

宏大叙事一直是国内新闻传播长期以来的习惯，但对于国际传播来说，如何通过小人物的故事真正讲好中国故事，完成议程设置，是需要长期探索的课题。

葛云飞在拍摄纪录片

从《武汉战疫纪》到《探索无垠：中国载人航天三十年》，我在两年时间里创作了四部纪录片，基本都是以“小人物”的故事为主线。在国际传播中，

尤其是要时刻坚持人文关怀，避免“低级红、高级黑”。每个人物都不是我们完成目的所谓的“工具人”，只有一个丰满、立体、有矛盾、有冲突的人物形象，才会让我们的故事变得真实可信。

比如《武汉战疫纪》在33分钟的时间内融入了23组被摄对象，大量的内聚焦叙事不仅增加了内容的可信度，也营造了一种亲历者与受众在场对话的人际传播氛围。比如，护士对着镜头讲述每天有打不完针的病人；医生唐欣展示自己因长时间穿着防护服，全身起了荨麻疹；被及时转运至隔离点的轻症患者讲述隔离点饭菜可口；方舱医院的病人表示生活方便，国家报销全部医药费等片段。通过每一个疫情亲历者的“小叙事”，使疫情之下的真实生活变得可感可知。

这种强调人文关怀、聚焦个体、接地气的纪录手法，有利于打通国与国之间的壁垒，让许多对中国还很陌生的国际受众能够从片中的亲历者身上找到共鸣。

纪录片的国际传播尤其要注重叙事的逻辑。创制者要用事实说话，避免带有价值判断的解说，不轻易挑动观众的情绪，将情绪表达交由片中的主人公来完成，从而让观众在观看过程中完成自行的价值判断。在传统外宣纪录片制作中，历史中的当事人仅发挥辅助功能，并未成为主要叙事者。《武汉战疫纪》则将叙事的主体权利交给身处故事中的普通人，作为观察者的解说仅陈述客观事实（如疫情数据、相关政策等），从而实现了一定程度的叙事权力让渡。

三、新时代下国际传播人才的培养

作为中国传媒大学第一届国新班的毕业生，回顾自己的成长历程，可以说每一步都与当初的国新班经历密不可分。

如果没有国新班，我不会对国际传播产生兴趣；如果没有当初半年的央媒实习机会，我可能不会进入中央电视台英语新闻频道，开启自己的职业生涯；如果没有当初挂在墙上的“坚守国家立场，发出中国声音”的国新班班训，我可能不会有这样的情怀在国际传播岗位上坚守十年。

我在中国最顶尖的传媒学府不仅学到了知识和技能，和老师们在新闻伦理、新闻规律、国际传播理论等诸多领域的探讨更是一直在工作中启迪着我。

2021 年 4 月，葛云飞（右二）拍摄建党百年纪录片瞬间

习近平总书记强调，讲好中国故事，传播好中国声音，展示真实、立体、全面的中国，是加强我国国际传播能力建设的重要任务。要深刻认识新形势下加强和改进国际传播工作的重要性和必要性，下大气力加强国际传播能力建设，形成同我国综合国力和国际地位相匹配的国际话语权，为我国改革发展稳定营造有利的外部舆论环境，为推动构建人类命运共同体作出积极贡献。

作为一名在一线工作的国际传播记者和导演，我一方面深受鼓舞，另一方面也感到压力巨大。

十年前，我们可能只需要单纯做好一名文字记者或者电视记者，但是现在，我们的目标是要做一个全能式的国际传播人才，扩大自己的技能多边形，拥抱新技术，拥抱新改变，跳出自己的舒适区，以传播效果为导向，努力构建中国话语和中国叙事体系。

站位、素养与融合：浅论时政报道后备人才培养

◎ 张陨壁*

2021年5月27日，习近平总书记就《中国日报》创刊40周年致贺信。我有幸采写次日见报的头版头条英文长篇综述，报道贺信内容以及引发的热烈反响，并受报社委派，将贺信翻译成英文，一并在头版刊发。总书记在贺信中强调："更好展示真实、立体、全面的中国，为促进中国和世界交流沟通作出新的贡献。"这不仅是对《中国日报》的期望，也是对所有国际传播工作者的期望，对未来有志于从事国际传播的莘莘学子的期望。

同年5月31日中共中央政治局集体学习时，习近平总书记强调要注重把握好基调，既开放自信，也谦逊谦和，努力塑造可信、可爱、可敬的中国形象。我们要呈现什么样的中国形象，总书记给了我们最好的答案，这也是国新班学子在校学习期间努力的方向。

一、以站位、素养与融合为导向的个人实践

我在研究生期间就读于中国传媒大学首届国际新闻传播硕士班，这段学习经历对我选择现阶段职业道路有直接影响。正是在国新班的这段

---

* 中国传媒大学2009级国际新闻传播硕士班毕业生，现为中国日报社时政部主任记者、外事首席，从事中央新闻和重大涉华国际新闻报道十余年，负责要闻版面稿件采写，稿件多次荣获"中国新闻奖"。专访过杨洁篪等众多国内外领导人，参与报道了APEC北京会议、G20杭州峰会、厦门金砖峰会等重大主场活动。曾获中宣部"G20宣传先进个人"、中国日报社"十佳记者""优秀党员"等称号。

学习经历，让我无论在英语方面还是新闻业务方面，都打下了牢固的思想根底和业务根底。

1. 感知世情与国情，亮出中国声音

报道时政新闻不能只关注首都的重大活动，要尽可能走遍国内、走出国门，充分感知世情与国情，提高站位与各方面素养。

我现在主要从事中央新闻和重大涉华国际新闻的报道工作，时常需要走出国门完成采访或报道任务。出国任务普遍时间紧、任务重，有时条件艰苦，尤其在执行战乱地区、灾区、领土维权等一线报道任务时，经常会有意想不到的突发状况。

然而，正是这样复杂的条件和相对恶劣的环境，给我带来更多的锻炼，让我可以借此机会增长见识、拓展采访关系网络。作为一名国际新闻的记者，走到第一线去全方位地了解对象国家和社会的方方面面，比坐在家里看一百本书、一万条相关稿件都来得真实和全面。

执行出国采访报道任务收获颇丰。获取到的真实情况往往具有多面性，与我们在媒体上所接触的刻板印象有着巨大落差。去的国家多了，能交到很多当地的外国朋友和华人朋友，也有助于日后长线的新闻跟踪与关注。总之，深入了解其他国家国情、当地社情民情，能让我们基于中国的国情作出更好的新闻价值判断。

时政记者执行出国任务，除了从国际政界、学界和商界的重要人物那里获取信息完成新闻报道之外，在一定程度上也代表了中国的对外形象。这对于记者问题准备的尺度，以及自身态度的拿捏都提出了较高的要求，根据访谈的对象不同，所做的准备要具有极强的针对性。我的原则和处理办法是要替读者问出他们最想问又问不出来的问题。问题的安排、行文的组织要有鲜明的底线，就是必须有利于国家利益和民族利益。正是这些有着“中国相关性”的系列问题，能够展现一个国际新闻记者鲜明的国家立场和不卑不亢的报道态度。

在参加 2017 年全国记协“好记者讲好故事”演讲比赛时，我讲述了《从西沙到马尼拉　见证中国为什么会赢》的故事。通过概括提炼出的数字

张陨璧在进行采访提问

“十”“五”“三”“二”“一”，讲述了自己在西沙永兴岛、“三沙一号”大轮、南沙渚碧礁、北京和菲律宾等地以及国际多边场合的所见所感。

为什么会选择这个主题进行演讲呢？因为中国在那过去的几年中遇到了许多海洋权益方面的问题与挑战，也相应面临诸多亟待解决的困惑。作为一名时政记者，我希望能够通过采访，去探寻这些问题的答案。

有幸的是，我以一名时政记者的身份，不仅能够在北京第一时间报道政府权威发布，也有机会前往祖国的海疆前线、周边国家，参与一些重要国际会议，见证了中国的海上维权，见证了中国担当大国责任。这种多维度的经历，帮助我构建了对于复杂命题的立体认识。在比赛现场，我也用这些富有冲击力和说服力的真实经历，生动地诠释了“中国为什么会赢”。

2. 拥抱变革与挑战，推动自我成长

变革与挑战日夜涌现，时政记者感受尤深。我的职业生涯一直在不断参与、见证新技术对时政报道的革新与助推。

作为一名传统新闻从业者，我对于新技术、新手段的应用从来都是果断、坚决的。早在 2015 年 3 月进行十二届全国政协第三次会议开幕式的报道时，我因为额外配备了一个“神器”——头戴式全景摄像头，受到了来自传统媒体、社交网络的同行们的关注；2018 年两会期间，我就地进行了一场报道新闻发布会的双语直播；2020 年在英国报道疫情期间，我几乎每个月都有传播量破千万的微博、微视频作品，以及双语新闻微信 10 万 + 频现……

说起新技术对于新闻行业和从业人员的相关影响，一方面，语音输入等技术进一步解放了生产力，助力现代记者工作，把记者从采访工作中一些耗时的琐碎环节中解放了出来；另一方面，技术更新迭代也对时政记者提出了

张陨璧在党的十九大新闻中心进行现场视频直播

更高的要求。时政记者除了例行报道内容,还要更多从事高附加值、深加工、原创的新闻采写活动。

此外,中国是全球新闻资源最大的“蓝海”和强磁场,吸引来很多苦学中文的外国记者,他们的努力程度超乎我们想象。这给我们做对外报道的时政记者带来很大的压力和动力——作为中文母语者,我们的语言相对优势不断被缩小,如何比拼、超越?这是一个长期性的命题。

面对深刻的变革和不可逆转的大趋势,我认为时政新闻工作者只能积极应对,把终身学习作为自身的信条,争取在这个产业变革加速的时代做到“常变常新”。

二、以站位、素养与融合为导向的时政对外报道后备人才培养路径

在数年的在校学习当中,学子们最需要做的就是两个字:积累。要能够潜下心来多读书、多了解国情、多见识这个世界,抓住积累的窗口期,充分利用好学习的时间。

1. 打好对外报道思想、政策、知识、语言根基

时政记者需要“发现真相的眼睛”,把国家利益扛在肩上。无论做什么类型的采访,我希望更多呈现的是有“中国角度”或“中国相关性”的内容,突出“问题导向”“成果导向”:世界如何看中国?如何期待中国?与中国合作有什么新计划或亮点?存在的问题应当如何解决?……

访谈对象不同,所做的准备也都具有极强的针对性。要替读者问出他们最想问又问不出来的问题。问题的安排、行文的组织要有鲜明的底线,就是必须有利于国家利益和民族利益。

在校期间，要学习习近平新时代中国特色社会主义思想，敏感捕捉政策新动向，提炼新观点，发掘新角度。

对于未来有志于从事国际传播和对外宣传的同学，日常多使用新华社、《中国日报》、央视新闻等央媒客户端，阅读《人民日报》《求是》《学习时报》等报刊，增加自己的新闻敏锐度，不断提高政治判断力、政治领悟力、政治执行力。要多阅读政策类书籍，近期出版的《中国共产党简史》浓缩了我党历史上主要的政策部署，是很好的国情教材之一。

打好时政新闻外语写作根底，推荐仔细反复阅读《习近平谈治国理政》的第一、二、三卷外文版，和中文版对照着来看，这是提高外语表述能力非常好的材料。

日常多做知识背景的积累，如果比较关注某个领域，就要实时跟进，看媒体是怎么报道的……这样关注下来，可以慢慢了解一件事的来龙去脉。还可以跟踪了解中国对外政策和报道，比如每天登录中国外交部网站查阅头一天例行记者会的中文、英文实录。马克思主义新闻观告诉我们：事物是运动变化发展的。新闻也是如此，经过长期的摸索积累过程，进步会是巨大的。

作为国新班学子，要经常性地关注外媒涉华报道、舆情，准确认知、把握外界声音，站稳政治立场，提高政治站位。要对外讲好中国故事，首先要知道世界怎么看中国。只有知道外媒对于中国是怎样的立场，在哪些议题上面呈现怎样的态度，我们才有可能有的放矢报道。

2. 时刻做“有心人”，长期坚持学习

日常报道中有些细节，要靠记者观察、挖掘“中国角度”或“中国相关性”。比如两会期间，会场为行动不便的人提供了无障碍设施，有一位外国驻华使馆的人员腿脚不便坐着轮椅，要进人民大会堂给大使送文件，刚到天安门台阶旁的无障碍斜坡前，大会服务人员反应迅速，马上有七八个大小伙儿帮助他推上去了，使馆工作人员露出了由衷的笑容。我在现场发现了这一事件，全程跟拍，抓住这个瞬间做了个视频，收获了100多万的点击量。

两会最后部分有王毅外长的记者会，每次大会之前都有工作人员朗读采访须知，那次是孙宁即兴做翻译，我抓拍下来，完成1分半多的视频，获得了298万次播放。严肃新闻中的趣味性报道，对新媒体受众具有很强的吸引力，这类信息需要记者现场的敏锐捕捉能力。

学习是一辈子的、长期的事情，也贯穿整个工作生涯。做新闻，就是永远不停地自我学习、自我成长，不断给自己充电，这个过程中有苦有乐，但一定要有一个持之以恒、持续自我成长的心态。

3. 历练新闻策划，对标实战需求

融媒体时代记者要更加全能，中文稿、英文稿、微博、微信、微视频各种报道方式都要略知一二。我认为中国传媒大学最大的优势之一，就是注重培养学生的综合能力，当学生进入职场，就会发现这些恰恰是最实用的。

那我们应该怎样提升这些能力呢？在校期间，在完成日常报道作业，或者服务于校电视台、校网站等实践中，就要有意识地培养。在选题方面，目光不要局限于学校里的一亩三分地，"就事论事"难免会沦为"小打小闹"，最后恐怕就变成"无声无息"了。可以小切口，大视角，在国家政策和社会发展的大背景下去审视自己的选题。采访有广度，分析有深度，多做组合报道、连续报道、媒体融合报道。

通过加大主动策划力度，围绕涉外热点、重点、难点，力求"点穴"，学会回应国际社会关切。2020年，我配合报社工作部署，主动对接权威主管部门，独家采访权威消息人士，于11月30日头版见报，并以中英双语全网推送《美突击检查中国赴美人员党员身份　麦卡锡主义在美复活》。稿件在国内外产生了较大社会影响，中英文文字、视频稿件被《联合早报》等媒体广泛转载；新浪热搜话题#美突击检查中国赴美人员党员身份#阅读量近1000万，视频播放过300万；微博连同视频被《环球时报》、《参考消息》、观察者网等大V转载；通过精准策划，成套推出，迅速及时覆盖大报、App、微博、微信、秒拍视频、中文网等渠道。稿件揭露了美方制造意识形态对立、无理打压中国的新消极动向。

4. 大胆求变出新,磨砺融合报道

手机作为移动时代、融合时代的内容生产工具,所扮演的作用也越来越大。现在用手机不仅可以录制采访音视频,还可以进行文字转写、检索。大家拿手机来看新闻客户端、跟踪新闻也会非常方便。这和数十年前我们的求学时代是不可同日而语的。

作为时政新闻人,要心怀内外"两个大局",对于好的对外、对内选题,要形成多渠道、背靠背、分众推送的创作习惯,善用新媒体传播规律。在英国工作期间,我采写和编辑的各类全媒体稿件,不断涌现千万级乃至上亿级传播量爆款。其中,《武汉加油! 英国小学生用中文合唱给中国加油》系列全媒体作品总传播量达到了4.71亿。

我的摄影爱好也为我的经历增添了色彩。2011年10月13日,《中国日报》国际版在显著位置上刊发了由本人采访拍摄的新闻图片《中共中央政治局常委、国务院副总理李克强陪同越南共产党总书记阮富仲参观中关村国家高新技术区展示中心》,其中部分照片被路透社购买并采用。这是我作为文字记者"跨界"拍的第一张新闻照片。

制作时政短视频,也有许多可以学习的小技巧。例如时任中国外长的王毅2017年在马尼拉出席东亚合作系列外长会期间回应美国威胁、对华制裁的花絮视频就是我用手机、自拍杆加防抖App拍的,剪辑制作也是用手机完成的,操作过程非常简单。就是这个简单的小视频,获得了1100多万的播放量,上了"热搜"。现在回头看,中美贸易问题的争端,这段视频就是历史记录。

就微博来说,我们一般在发微博的时候会配上微视频,因为受众往往更青睐"眼见为实";而视频的选题,要注重接近性,特定场合下可以突出趣味性。找好切入点,做接地气的视频,一定要利用好自己已有的素材,有些时候花絮视频也非常受欢迎。

出校门进媒体：亲历我国国际传播能力显著提升的十二年

◎ 刁海洋*

2021 年 5 月 31 日，中共中央政治局就加强我国国际传播能力建设进行集体学习。中共中央总书记习近平在主持学习时强调，讲好中国故事，传播好中国声音，展示真实、立体、全面的中国，是加强我国国际传播能力建设的重要任务。他同时提出，要全面提升国际传播效能，建立适应新时代国际传播需要的专门人才队伍。

由此开始，有关国际传播、国家形象建设、人才培养等方面的探讨再次成为学界业界的焦点。事实上，这一领域的探讨在过去十几年间从未停止过，并随着国际形势变化和我国综合国力的提升而不断产生新的“痛点”。

我作为中国传媒大学国际新闻传播硕士班的首届毕业生和中央主要新闻单位中国新闻社记者，有幸参与并见证了过去十二年我国国际传播能力的显著提升，愿以自己的过往经历和思考为国际传播事业发展大局提供一个小切片，以作为观察的样本。

---

* 中国传媒大学 2009 级国际新闻传播硕士班毕业生，现就职于中国新闻社辽宁分社，此前曾先后就职于中国新闻社国际新闻部、美国分社，参与过 2016 年美国总统大选、国家主席习近平访美、第七十三届联合国大会等重要报道，亲历中美“贸易战”、涉新冠肺炎疫情舆论斗争等。2015 年获得第二十五届中国新闻奖国际传播类三等奖。

一、从后备到“现役”:奋力前行,始终在路上

我于2009年考入中国传媒大学,随后进入国际新闻传播硕士班学习,也是该专业的首届毕业生。作为后备人才,全班同学在学校的精心培养下,进行了国际新闻、国际传播、电视新闻采编、中英文新闻写作以及国情教育等方面的学习。系统的学习为同学们最终踏上国际新闻从业道路打下坚实基础。同时,学校还为同学们设计了许多贴近一线的实习、实践机会。一系列海外实习与研学、中央主要新闻单位实习以及科研项目的田野调查让同学们在离开校园前便找到了从业者的感觉。

在校期间,我有幸前往中国新闻社美国分社实习,并参与了时任国家主席胡锦涛访问华盛顿的报道。实习期间,我利用所学,积极参与到国际新闻报道中,在边学边干中逐渐掌握国际新闻报道的要领,体会中新社在对外报道中的独特价值。没想到,此次与中新社结缘竟成为我作为一名国际新闻记者的起点。

2017年6月,刁海洋(中间)于白宫玫瑰园

2011年毕业后,我进入中国新闻社国际新闻部工作。2014年7月赴中新社美国分社工作,担任驻华盛顿记者。2018年12月离任回国。2019年1月起重返国际新闻部工作,担任记者、部门签稿人。2020年12月起,担任中新社辽宁分社副社长,主持工作。

以工作岗位划分,这十年时间大致可分为四个阶段。如果把每一阶段用一个词概括,那么这四个词应该是积累、历练、成熟以及再出发。

在第一阶段,我从一个刚刚走出校门的毕业生逐渐成长为一名合格的中新社记者,在实践中不断加深对“中新风格”的理解和认识。2013年,我

参加了全国两会报道,首次站上战役性报道的舞台,专访多位外交人士和知名学者,撰写了多篇重磅稿件。2014 年 3 月,我作为特派记者前往马来西亚吉隆坡,采访报道马航 MH370 失联事件。此次报道前后历时一个多月,我多次在马方举行的发布会上提问,前后方通力合作,圆满完成报道任务。

2015 年 6 月,刁海洋于美国国务院

在第二阶段,我自认为业务能力再一次实现了质的提升。重大国际新闻大多出自美国,而重大美国新闻大多出自华盛顿。在美期间,我经历了一次总统大选、两届美国政府、三次高访以及百余次重要采访,全程见证了中美关系过去几年的发展变化,采访过数十位智库专家和知名学者,报道过多起突发事件,跟踪报道中美贸易战进程。

在第三阶段,我向国际新闻报道更加纵深的方向挖掘,有意识地着眼国际新闻分析、评述一类的稿件。自新冠肺炎疫情暴发以来,撰写评论成为我的一项新课题,我逐步成长为"中新时评"的稳定输出者,真正用言论这一武器进行对美舆论斗争,也填上了自己作为文字记者的最后一块拼图。

当前,我身处于第四阶段的起步阶段,在新的岗位上再出发。如何做好地方新闻、地方外宣报道成为全部工作的首要任务。特别是在媒介融合、传播主体持续多元的大背景下,做好地方新闻传播和形象构建,还有很长的路要走。

二、在新时代加强我国国际传播能力的思考

1. 当前我国国际传播能力现状

自 2008 年起,国家高度重视国际传播能力建设。十余年来,中国媒体的国际传播能力建设在硬件配置、技术运用、人员培养、海外布局等方面取得一

系列积极成果,在国际舆论场上的声音逐步显现,越来越多的国家和民众有机会了解真实的中国。

2016年2月19日,习近平总书记在党的新闻舆论工作座谈会上首次提出了“打造具有较强国际影响的外宣旗舰媒体”。这标志着中国媒体国际传播能力建设进入一个新阶段。也是从这一时间点开始,中国逐渐将自身的发展进程借助大众传媒等传播渠道,与世界紧密地联系在一起。

2017年11月,刁海洋于白宫简报室

从改革开放40周年到新中国成立70周年,从国际进口博览会到“一带一路”国际合作高峰论坛、亚洲文明对话大会,从“一带一路”倡议到人类命运共同体,借助国家发展和民族复兴之东风,中国媒体在国际舆论场上的设置议程能力越来越强,外界在一定程度上依靠中国媒体获取权威信息,并在此基础上做延展报道。可以说,中国媒体的定位已不仅是党和政府的喉舌,同时也是沟通中外的桥梁和窗口。

在党和政府的领导下,中国媒体在事关国家发展大计、民族宗教、国家统一等议题上主动出击,该斗争的时候斗争,该说理的时候说理,充分解疑释惑,努力做到更好地向世界介绍新时代的中国,更好地展现真实、立体、全面的中国。

特别是新冠肺炎疫情暴发以来,中国媒体以记录历史的方式全景呈现了新中国成立以来发生的传播速度最快、感染范围最广、防控难度最大的一次重大突发公共卫生事件。在国际上,中国媒体以及时、精准、全面、持续的报道构建出中国抗疫的真实面貌,有力回击了抹黑中国抗疫进程的“伪叙事”。

与此同时,我们也必须看到中国媒体在国际传播方面同样存在诸多问题,面临诸多考验,还有许多门槛没有迈过去。面对新的国际格局和传播格局,中国媒体必须进一步夯实自身实力,完善机制建设,在传播效果上下功夫。

2. 提升我国国际传播能力的建议

习近平总书记在中共中央政治局集体学习时明确提出,要加强国际传播的理论研究,掌握国际传播的规律,构建对外话语体系,提高传播艺术。要采用贴近不同区域、不同国家、不同群体受众的精准传播方式,推进中国故事和中国声音的全球化表达、区域化表达、分众化表达,增强国际传播的亲和力和实效性。

我对此深有感触,深表认同。驻美期间,我与数百位各阶层人士进行了接触和交流,"中国"始终是一个绕不开的话题。据观察,"中国"在不同人心目中的形象和定位大相径庭。究其根本,不同人心中的中国形象构建于他所接触的有关中国的信息。于是,信息来源对于能否准确报道中国便起到至关重要的作用。遗憾的是,以美国为代表的西方国家媒体对中国的政治制度、意识形态、生活习惯、历史文化等仍有诸多偏见和误解,导致真实的中国无法被看见、被听到。

有鉴于此,基于中国媒体当前的国际传播能力发展现状,我提出以下几点思考:

第一要做好差异化传播。中国媒体数量多、层次多,但是在国际传播中存在差异小、角度少等问题。各媒体应努力探寻差异化传播道路,避免"千媒一面",真正把宣传重点转换为传播热点。从形式到内容,都要各有不同。只有以不同面貌示人,才能获得超出预期的国际传播效果,中国媒体在国际舆论场上的公信力才能随之提升。

比如,中国媒体在全球各地的布点众多,人数也已达相当规模。在实际工作中,始终以"齐奏"的方式进行传播显然效果有限,要允许层次分明的"协奏",既能展现新闻的多个面向,也可让不同媒体发挥各自的作用。

第二要做到精准传播。世界的多样性要求中国媒体在国际传播时必须做到精准传播。如果一味考虑"以我为主",保质保量的传播则无从谈起。为提升传播效果,中国媒体应综合考虑受众的地域特点、文化背景、族裔特征等因素，量身定制适合不同受众的传播内容，以润物细无声、直抵人心的方式进行国际传播。

在我看来，国际传播同样需要“走基层”，只有真正了解受众，才能抓住“痛点”。国际传播由粗到细、由浅入深都是一个过程，很难跨越式发展。说到底，传播要讲究实效，很多工作无法一蹴而就，更不能一劳永逸。这要求我们扎实做好工作，日积跬步。

第三要做强新媒体传播。当前，如何利用新媒体进行传播已经成为国际传播领域的重要课题。中国媒体在这一方面起步较晚，但奋起直追，已经取得了一定成果。只是受国际传播格局所限，中国媒体在与受众的贴近性上还有许多差距。特别是在如何提升能见度、增加曝光率方面，中国媒体必须加以重视。

与此同时，国外社交平台针对中国的限流举措也应积极应对。诸如脸书、推特、YouTube 等平台已经形成了一套“行业标准”，贴标签、删号等操作越来越频繁。中国媒体除了通过官方渠道主张自身合法权益、揭露双标的“新闻自由”外，还应主动寻求中国声音的另一种表达。

三、“新时代国际传播专门人才”的素质要求与培养建议

我国国际传播能力建设离不开人才队伍的支撑，而人才队伍的培养离不开高校、媒体以及相关部门的通力合作。在发力前，各方应该明确习近平总书记所指的“新时代国际传播专门人才”究竟需要哪些素质和技能，有的放矢地培养才能事半功倍。

2018 年 12 月，刁海洋于华盛顿街头

在我看来，“新时代国际传播专门人才”至少应满足这几个条件：一是坚定的政治立场和过

硬的理论素养;二是过硬的新闻采编能力;三是熟练的外语能力及思维方式;四是对世情国情有精准理解和阐述的能力,懂得如何融合中西文化;五是具备在媒介环境加速变革之下的内驱力。对于高校和媒体而言,应努力为学生和从业者积极创造条件,提升上述能力。对于一名国际新闻从业者而言,政治素养是基础,是保证发稿安全、播出安全的根本;新闻采编能力和外语能力是“看家本领”,也是决定新闻质量优劣的主要评判标准;而对于国际地区形势的洞察以及文化异同的深入了解,是决定从业者能否更上一层楼的关键要素。

在国际舆论场讲好中国故事

◎ 吴　旭*

习近平总书记在党的新闻舆论工作座谈会上强调，新闻舆论工作者要提高业务能力，勤学习，多锻炼，努力成为全媒型、专家型人才。对于我们一线记者而言，这就要求我们在实际工作中增强学习意识，培养创新意识，努力提升自己的政治素养，开拓国际视野。

深入学习习近平总书记关于外交工作、国际传播等重要论述，我作为外宣领域的普通一兵，对提高国际话语权，加强国际传播能力这样的大主题有了更深刻的认识。下面，我想结合近年来的驻外经历及参与的战役性主题报道，简要谈几点心得体会。

一、结合重大活动报道，讲好中国故事

随着中国在全球发展和重大国际事务中发挥着越来越重要的作用，国内重大活动和重要国际会议为国际社会所瞩目。近年来，G20 杭州峰会、金砖国家领导人厦门会晤、“一带一路”国际合作高峰论坛、亚洲文明对话大会等都成为讲好中国故事、传播好中国声音的重要契机。

---

* 中国传媒大学 2009 级国际新闻传播硕士班毕业生，现就职于中国新闻社国际部，曾任中国新闻社首任韩国分社首席记者。参与新中国成立 70 年、全国两会、APEC 会议、“一带一路”国际合作高峰论坛、进博会、中非合作论坛、亚洲文明对话大会等主题报道，赴新加坡、越南、板门店等第一现场采访报道朝美领导人会晤、朝韩领导人会晤等重大国际热点事件。新中国成立 70 周年宣传思想文化工作突出贡献个人，获第三十一届中国新闻奖三等奖。

在中国新闻社总社国际部工作期间，我参与了全国两会、APEC 会议、“一带一路”国际合作高峰论坛、进博会、中非合作论坛、亚洲文明对话大会等重要主场外交活动，以及新中国成立 70 年、建党百年等重大战役性主题报道。在报道中，我主动挖掘选题，积极采访与会代表、中外政要，精准解读习近平总书记重要讲话精神，高质量完成了对俄、英、法、澳等十余国驻华使节和外国政要的采访。

吴旭参加“一带一路”国际合作高峰论坛采访报道

作为一名上会记者，我深刻感受到重大战役性报道对于记者的高标准和严要求，不仅要做好充足准备，“打有准备的仗”，更要时刻待命，承担突发采访任务。而在有限时间内如何更好、更快、更高质量地完成报道任务，也成为参加重大活动报道实践需要不断思考摸索的课题。

吴旭(左)在亚洲文明对话大会采访

在这些重大活动的对外报道中，我所在的总社报道组都设置了聚焦热点、贴近受众、易于传播的议题，把一篇篇体现中国特色、中国精神的新闻报道传递给海外受众。在采访实践中，我深刻认识到，重大活动报道更需要增强学习意识。只有更好地学习、把握融通中外的新概念、新范畴、新表述，才能善于在报道中发现更多新闻线索，更好地体现对人类共同命运和全球事务的认识、思考和担当。

二、提高议题设置能力，传播好中国声音

《马克思主义新闻观百问百答》中强调，要着力“提高主动设置议题能力和舆论引导力，努力在国际上赢得更大话语权和主动权”。这一论点，对驻外记者的采访实践尤其有针对性。

我于2015—2018年担任中新社首任韩国分社首席记者，承担分社筹备建社工作，负责驻外报道任务。驻外期间，多次接受重要高访任务，认真学习领会精神，做好中日韩领导人会议、中韩FTA签署、中韩文化交流等配合报道。积极发挥驻外记者特点和优势，赴新加坡、板门店、平昌等第一现场，采访报道“金特会”、板门店会晤、平昌冬奥会等重要国际新闻事件。独家专访朝韩首脑会晤“三朝元老”李钟奭，对板门店及朝韩非军事区、“萨德”部署基地星州等地进行实地探访，及时发出《板门店严阵以待朝韩首脑会晤——记者探访“和平之家”和“自由村”》《探访“萨德”部署地：“甜瓜之乡”拒绝沦为“萨德”牺牲品》等现场通讯。

从驻外经历看，报道内容大都集中于涉双边关系的时政类新闻，及有关半岛局势的重要国际性新闻。身处驻在国，在报道中如何设置好议题，不被当地媒体报道“牵着走”，使报道更好地服务于我外交大局，更好把握报道基调，成为稿件采写时需要慎重考虑的问题。

例如，在报道朝韩领导人会晤、朝美领导人会晤等重大国际热点事件时，我们着重突出了半岛问题解决和发展需多方协调，半岛局势缓和始终离不开多方共同努力这一“主线”。通过国际社会的积极评价、国际舆论的良好反响，证明中国提出的“双暂停”倡议和“双轨并行”思路是推动半岛和平进程的最佳方

吴旭（左一）带队赴越南采访朝美首脑会晤

案。这也正如《马克思主义新闻观百问百答》所讲,我们"必须旗帜鲜明发出中国声音","不能人云亦云、随波逐流"。

三、加强面向华人华侨的针对性,有效提升国际传播力

中新社是以海外华人华侨为主要受众群体的外宣媒体,稿件在海外上百家华文媒体落地。因此,有效回应华人华侨关注的热点、焦点,始终是中新社发稿的特点之一。

新冠肺炎疫情暴发后,我所在的国际部通过现场采访、亲身经历和评论言论等,客观、平实、理性地讲好中国抗疫故事,报道好外界对全球抗疫合作的关切。

在担任部门签稿人后,我参与了选题的策划、审核工作,深刻体会到好的策划是产出优秀稿件的先决条件,而全面把关审稿是产出优秀稿件的必备基础。在抗击新冠肺炎疫情报道中,我参与策划了"海外看战疫""全球战疫"等系列报道。深入采访报道抗疫中的中外典型人物,采写了《对话中国机长:我们只是执行了一次"普通"航班》《海外看战"疫":让世界看到疫情下中国人的幽默乐观——专访美国喜剧人艾杰西》等多篇通讯报道。海外看战"疫"系列代表作品也荣获第三十一届中国新闻奖三等奖。

撰写国际时评是国际部的一项重要工作。评论类稿件针对性强,紧跟舆情变化,精心选择角度,掷地有声的评论有助于形成于我有利的舆论氛围。在病毒溯源调查、世卫大会召开等关键节点上,我参与采写了《中新时评:即便"谗人罔极",亦难"交乱四国"》《中新时评:对世卫"断粮",美国输错了全球战疫的"通关密码"》等多篇评论,被海外华文媒体广泛转载,在传递中国声音的同时,也得到了海外侨胞的支持与肯定。

多年的专业学习和业务实践,让我对于新闻舆论工作有了更深刻的认识。在国际形势复杂多变的大背景下,做好涉外报道是一项重要工作。近年来,我参与了涉美、涉港、涉日、涉南海、涉疫情等重要舆论工作,在中美对话、经贸摩擦、美国大选、香港问题等问题上,谨慎、客观做好报道。通过采

访俄共领导人、南非国大党员等外国政要、国际人士和知名学者，传播更多支持我方立场的国际声音，报道力争做到有理、有据、有节。

国际新闻报道同样需要具备较强的专业知识。在日常工作中，我也注重研读有关书籍和文章，不断提高自己的专业能力。在朝鲜半岛局势、英国“脱欧”、伊核谈判、中东问题等国际重大和突发事件报道中，及时跟进相关报道，同时积极寻找第二落点，采写《向47年“盟友”说再见 英国“脱欧”是终点亦是起点》《东京奥运会的变与不变》等多篇国际观察，使报道更加立体全面。

新闻舆论工作的政治性和专业性都很强，突发性、应急性事务也很多。面对复杂的局面，需要不断加强理论学习，善于从政治上看问题，善于把握国之大者，不断提高政治判断力、政治领悟力、政治执行力。在强化主动学习意识和能力的同时，也要惯于把学习成果运用到工作、实践中。在投身大仗、硬仗、苦仗中锤炼过硬作风，把富有挑战性的岗位作为全身心投入的战位，只有坚持不懈地学习、实践、交流、提升，才能做到学以致用、学用相长。

在一线，在路上，在现场

◎ 罗　鹏*

2012 年从中国传媒大学国际新闻传播硕士班毕业后，我进入中央电视台海外传播中心，成为一名国际传播工作者。九年的职业生涯，从统筹规划、项目评估，到节目交流、品牌推广，不管在什么岗位上，我始终坚守着理想信念，坚持高度责任感和使命感，不断学习，努力成长。

我原专业是新闻学，成为媒体人是我的职业理想。经过中国传媒大学国际新闻传播硕士班两年的国际传播专业学习，又进入中央电视台、中宣部、中央广播电视总台工作，我是特别幸运的。学校老师的教导、组织的培养锻炼，不断加深我对国际传播的认识。九年的磨砺，将自己所学所思应用在工作中，我逐渐成长为一名能打硬仗的国际传播工作者。

习近平总书记在“5 · 31”重要讲话中强调：“讲好中国故事，传播好中国声音，展示真实、立体、全面的中国，是加强我国国际传播能力建设的重要任务。要深刻认识新形势下加强和改进国际传播工作的重要性和必要性，下大气力加强国际传播能力建设，形成同我国综合国力和国际地位相匹配的国际话语权，为我国改革发展稳定营造有利外部舆论环境，为推动人类命运共同体作出积极贡献。”这为新时代的国际传播建设指明了方向，作为一名国传工作者，必须加快适应新形势，牢牢把握新要求，勇于担当新使命。

---

* 中国传媒大学 2010 级国际新闻传播硕士班毕业生，现就职于中央广播电视总台国际传播规划局，曾抽调至中共中央宣传部参与相关工作，进入“亚洲文明对话大会”执委会工作组参与活动筹备，参与国际传播能力建设效果评估相关工作，参与春晚、抗疫等多个总台重点节目海外宣传推广工作。曾获第三届全国对外传播理论研讨会优秀论文、中央电视台舆情信息先进个人，并多次获评工作先进个人、考核优秀个人。

一、在一线，心中有大局

近年,在党中央的领导部署下,国际传播领域成绩显著,内外宣工作体制逐步理顺,内外宣资源进一步整合,实现一体化发展。这背后,是顶层改革的决心魄力,是制度机制的充分保障,是各项要求的坚决贯彻落实。

得益于国新班的国情教育讲座,我在踏足国际传播领域之初就明确了国际传播工作要有大局观念,从而在今后的学习工作中找准重心和目标。当下,中华民族伟大复兴的战略全局是国内大局,世界百年未有之大变局是国际大局,两个大局你中有我,我中有你,是谋划当前工作的基本出发点。身为国际传播战线的一员,只有深刻把握这两个大局,精准定位历史坐标、世界坐标,才能找准自己的定位,才能在工作中胸怀大局、服从大局,才能在岗位上守土有责、守土尽责。

工作之后,我更深刻地认识到,做好国际传播,不仅依靠台前的主持人、记者、编辑等节目生产部门的不懈努力,还需要很多身处幕后的岗位工作者的潜心耕耘和通力协作。

2012 年,我从国新班毕业,进入中央电视台海外传播中心统筹规划部。央视在节目制作方面有着非常丰富的经验,在面对海外受众和海外市场时,我们着力加强调研规划,着手建立常态化信息采集、分析、通报相关工作机制,定期编制舆情、月报等信息参考文件,让更多客观专业的数据分析和调查结果为节目制播提供参考。

其后,我和同事以纽约为试点,依托尼尔森等收视率调查数据,一起搭建 CCTV-NEWS 海外收视率体系。我们研判不同项目的评估维度,确立具有实操性的评估指标,初步搭建国际传播能力建设项目的效果评估体系,以定性评估和定量评估相结合,以自我评估和第三方评估相结合,推动项目效果评估工作朝着科学化、规范化的方向发展,完善项目科学管理业务链条。同时,通过评估优化业务布局,调整项目结构,倒逼立项改革,从前期策划、中期实施到后期评估,协力把好每一个环节,确保推出优势项目、亮点项目和精品项目。

2018 年，我开始从事对外节目交流业务，致力于推动台内精品节目在海外媒体机构落地播出，以借船出海、借筒传声的方式实现内容对海外受众的有效触达，切实扩大品牌海外传播力和影响力，潜移默化地提升海外受众对中华文化的接受度和好感度。

节目交流业务的重点在于对外沟通和对内协调，既需要掌握相关法律版权要求，了解跨文化传播知识，也需要熟稔重要外交节点和台内重点节目情况，还需要严格履行工作流程，实现交流项目的标准化和规范化管理。针对不同区域、国家、人群，我们要瞄准关键，找出重点，夯实基础，推介影响力大、针对性强、贴近性好的精品外宣内容。

罗鹏（右一）于项目会谈现场

虽然这是幕后的基础环节，却是落实中央关于“更好推动中华文化走出去，以文载道，以文传声、以文化人，向世界阐释推介更多具有中国特色、体现中国精神、蕴藏中国智慧的优秀文化”的一步。我需要牢牢守好节目对外交流的这道关卡，在实际操作中尤其注重防控版权法律风险和舆情风险。

二、在路上，心中有时代

近年来，英美等西方大国持续升级舆论遏制打压行为。2020 年，全球暴发新冠肺炎疫情，这一“黑天鹅”事件，给媒体品牌“走出去”带来不小的挑战。得益于中央广播电视总台成立之后各类优势外宣资源的整合，面对复杂严峻的海外形势，我们利用各方资源，化整为零，打破西方围堵封锁的格局。

我们面向海外推介《经典里的中国智慧——平“语”近人》《武汉 24 小

时》《生死之间》等治国理政、抗击疫情的重磅精品节目，推动习近平新时代中国特色社会主义思想的生动阐释与广泛传播，及时向海外推介中国疫情防控的成功实践，通过这些节目联通中外民心，进一步扩大了总台的海外影响力。习近平总书记在全国脱贫攻坚总结表彰大会上庄严宣告我国脱贫攻坚战取得全面胜利之际，总台及时推出了大型专题片《摆脱贫困》，全景呈现了以习近平同志为核心的党中央带领全国各族人民精准扶贫、精准脱贫的恢宏历史进程。考虑到"脱贫减贫"不仅是一个时期以来国内新闻舆论的焦点议题，也是国际舆论场共同关注的重点议题，我们精心谋划，适时向海外媒体机构推送，向世界回答为什么中国模式行，充分展示中国道路自信、理论自信、制度自信和文化自信。

罗鹏调研欧洲区域制作中心

"春晚"是"国家项目、民心工程"，也是海外宣推的重点项目之一，近年来，推介工作成效显著。一方面，"春晚"节目海外播出机构数量实现快速增长。2021 年"春晚"节目实现美、英、加、澳、巴西等百余家主流媒体机构的授权播出，传播效果数据屡创新高。另一方面，我们不断探索海外品牌推介新路径、新模式，以海外受众能接受的叙事语态对内容产品进行二次包装，借助海外媒体渠道开展品牌推广。我们不仅在纽约大屏推送"春晚"宣传片，还与国际主流媒体合作开展品牌宣发。2022 年，我们将进一步创新推广方式，拟联合 BBC、CNN，合制春节、"春晚"外宣内容产品，在其官方平台上开设"春节文化专区"，借助其渠道，开辟海外受众了解中国文化的又一重要窗口，打造"春晚"外宣超级 IP，展现中国人重视家庭和亲情的人伦理念，传递中华春节文化的传统价值，以及后疫情时代下我们对春节文化的传承和新的诠释。

时代不光有大事，还有日新月异的变革和科学技术发展。新媒体时代，传播手段推陈出新，虚拟现实、人工智能、“5G + 4K/8K + AI”等各项技术逐步应用实践，元宇宙等概念方兴未艾。

习近平总书记曾指出，宣传思想工作是专业性很强的工作，没有几把刷子是干不了的，没有高素质、好把式、真功夫是干不出漂亮活儿的。中央号召新闻舆论战线不断适应形势发展，积极改革创新，全面提升工作能力和业务水平。

对国际传播来说，不仅是一线记者亟须转型成为全媒体记者，海外品牌宣推工作，也迫切需要拥抱新技术，开拓新路径，尝试新模式，进一步贴近海外受众的信息接收需求、思维方式和接受习惯，强化外宣产品制作，扩大海外“朋友圈”，努力提升全媒体时代的网络及新媒体应用能力、外宣资源统筹协调能力、外宣项目创新策划和实施管理能力，打造全球覆盖、多渠道配合、语种多样、转化率高的新媒体传播格局，千方百计增强媒体海外传播力和影响力，让中国故事成为国际舆论关注的话题，让中国声音赢得国际社会认同。

为此，对于近年的海外品牌推广工作，我们科学制定重点区域的宣推策略，不断寻求新突破。我们筛选总台精品力作，提取海外受众接受度高、共鸣性强的内容定制外宣内容产品，以推内容来推品牌，聚力打造《典籍》《国宝》等一批“总台外宣超级 IP”，在海外受众心中形成鲜明的品牌印象，输出品牌观点，为今后跨界破圈、商业化运作奠定基础。同时，我们不断丰富海外宣推渠道，与 CNN、国家地理、探索频道、欧洲新闻台等欧美主流媒体平台开展了系列品牌合作，根据不同平台特质，共同打造观点评论、人文历史等不同类型的内容合作专区或节目时段，聚合形成“外宣主流平台推广矩阵”。随着外宣合作伙伴阵营的不断扩大，逐步形成“一键触发、多网共振”的外宣主流平台联动宣推运作机制，完善多维度、立体化的海外宣推格局，助推总台海外品牌宣推工作精准发力。

三、在现场，心中有感动

在国际传播工作中，不管是用心做好面向海外受众的节目，为观众奉上

“鲜菱笋”“活鱼虾”，还是通过加强海外合作完成一个海外项目，助推内容有效触达，抑或是举办中外文化交流活动，都是在为增强我国国际话语权履行工作职责，为“连接中外，沟通世界”贡献自身力量。

2016年，我参与中国国际电视台(CGTN)的筹备工作，进入五个项目筹备组，在各项急难险重的任务中不退缩、不迟疑，当好开播仪式的螺丝钉。看到现场习近平总书记为CGTN开播发来的贺信，我备受鼓舞。

2019年亚洲文明对话大会是由习近平总书记亲自倡议、亲自谋划和亲自指导，并出席多场重要活动、发表讲话的年度文化交流盛事。大会包括开幕式、平行分论坛、亚洲文化嘉年华、亚洲文明周活动四大板块，涉及活动110多项，参会的中外机构签署了一系列多边、双边倡议和协议，发布了一批重大项目成果和研究报道，形成了一批推动文明交流互鉴的务实举措和合作成果。

我被抽调进入“亚洲文明对话大会”执委会筹备工作组，进行会议筹备的相关工作，直至会议圆满结束。截至目前，这是我参与过的最大型、规格最高的会议筹备活动。在各级领导指挥下，我与同事一起完成了多项综合协调工作，不仅积累了丰富的大型会议活动组织经验，更被领导同事的意志品质所感动，经受住了细心、耐心、公心和信心等多项考验。

做好综合协调工作要细心观察，查漏补缺，应急处理突发状况，只有细心才能发现“缺口”。冲刺阶段，任务繁杂，头绪众多，连轴转是常态，我在工作中常为了一个细节再三核查，可能是一个名字、一个格式、一个座位的调整，都需确保万无一失，这是对耐心的考验。协调中，沟通处理数十家中央单位的诉求建议，需要秉持公心确保工作事项安排符合惯例和规定。此外，就是坚定信心，始终相信组织和伙

罗鹏于亚洲文明对话大会开幕式现场

伴，依靠组织和伙伴，全心投入，确保各项任务顺利完成。从开始筹备到亚洲文明嘉年华落幕的那一刻，我心中感慨万千。我知道功成不必在我，但功成必定有我。

成为一名优秀国际传播工作者，“亦于心之所善兮，虽九死其犹未悔”。近十载的工作，锻造了我调查研究、信息处理、沟通协调、顶层规划等多方面能力，逐步形成科学严谨的全业务链条管理思维，但同时，我也意识到必须解决好本领恐慌的问题，前进路上，还需要不断更新知识观念、提升职业素养、学习理论知识、参加业务培训、深入前方了解海外受众和海外市场，这样才能真正以海外受众喜闻乐见的方式讲好中国故事。

罗鹏于亚洲文化嘉年华现场

中央对国际传播工作的重视和期许为我们今后工作指明了方向，面对新时代、新要求、新挑战和新机遇，国际传播人才队伍的培养任重而道远。国际传播需要的不仅是一线报道记者，还需要诸多复合型人才，需要不同专业知识技能储备。

在中国传媒大学电视学院国新班学习的两年，系列国情教育讲座、采、编、摄、录的媒体技能锻炼以及中央媒体节目制作一线的实践，全方位的课程设置让我能够从容进入工作岗位。对于国际新闻传播专业的学子而言，在校期间要加强理论学习，培养国家站位、全球视野，理解世界文化的多样性，充分认识我们伟大祖国的基本国情，坚定“四个自信”，增强“四个意识”，做到“两个维护”，并且全方位锻炼自己的综合能力，提升专业素养。更为重要的是，初心如磐，牢记使命在肩。只有这样，走上工作岗位才能干事，干成事，不断解决问题，突破难题。

新闻在前方，永远在路上

◎ 包雪琳*

时光荏苒，毕业离校进入新华社工作已经八年，从总社宣武门西大街57号院到云南分社，随后外派狮城，再返回帝都……终于，在2021年立冬，北京迎来首场降雪这天，我打开电脑的照片文件夹，回顾自己工作以来的点点滴滴。

八年国际新闻一线的工作，有令旁人艳羡的“高光时刻”，也少不了深夜写不出稿子的焦灼和海量发稿压力下的灰头土脸……一路走来，不敢忘记“立德、敬业、博学、竞先”的校训以及国新班“坚守国家立场，发出中国声音”的口号，唯有兢兢业业做好报道，才能不负新闻业界对“广院人”的认可。

在我看来，国际新闻工作者应该做到站稳立场、努力抵达现场。

一、站稳立场

国际新闻报道要为国家外交大局服务。正如习近平总书记在中央政

---

* 中国传媒大学2011级国际新闻传播硕士班毕业生，现就职于新华通讯社国际部。2015年2月至2017年4月常驻新加坡，参与国家主席习近平访问新加坡及两岸领导人会见、南海仲裁案、香格里拉对话会、新加坡前总理李光耀病逝、东盟峰会及东亚合作领导人系列会议等重大事件报道，多篇稿件获评新华通讯社年度优秀新闻作品、总编室表扬稿、国际部/音视频部部级好稿，其中李光耀病逝报道被认定为2015年国际重大突发事件文字首发报道。

治局就加强我国国际传播能力建设集体学习时所强调的，下大力气加强国际传播能力建设，目的是“形成同我国综合国力和国际地位相匹配的国际话语权，为我国改革发展稳定营造有利外部舆论环境，为推动构建人类命运共同体作出积极贡献”。

在校期间，多位老师从“为谁传播”“传播什么”“如何传播”三个层面，以理论和实例相结合的方式阐述了马克思主义新闻观的相关论述，帮助我确立了“坚守中国立场”这一新闻价值取向。而工作以后经历两届香格里拉对话会和南海仲裁案的报道，让我对这一问题有了更深的理解。

在我驻外期间，正值西方一些国家借菲律宾南海仲裁案炒作南海议题，搅动地区局势。某国官员借亚太防务官员和学者讨论区域安全议题的香格里拉对话会剑指中国，声称中国在南海问题的强硬立场导致本区域安全局势恶化；一些东盟国家被所谓仲裁案的措辞迷惑而支持菲律宾的主张。

2016 年 6 月，包雪琳（左一）在第 15 届香格里拉对话会采访

2016 年 6 月，包雪琳（左一）在第 15 届香格里拉对话会写稿

面对这样的情境，作为一名中国记者，我必须以记者的方式回应：充分报道中国代表团在“香会”的发言和表态，展现我国维护领土主权和海洋权益的坚定立场；大量采访专家学者，“借嘴说话”，驳斥不利区域和平稳定的杂音，推动相关方重回对话解决争端的健康轨道。在“香会”狭小喧闹的媒体工作区扒同期，在“南海问题与区域合作发展高端智库学术研讨会”采专家的时候，我真切感受到了这个没有硝烟战场的火药味，新闻事

实、于我有利的专家观点便是最好的弹药。

二、抵达现场

2016 年 12 月,包雪琳在菲律宾总统杜特尔特“与旅居新加坡的菲律宾人见面”活动现场采访

记得一位记者前辈在讲座中说,“好的报道是一次成功的抵达”,意思是记者应尽快抵达新闻现场,捕捉现场信息完成报道。国际新闻工作者肩负“向世界展示真实、立体、全面的中国”的重要任务,要讲好中国故事,离不开在新闻现场挖掘有价值的信息。

伴随信息技术的发展,一些国际新闻的现场出现异化。记者应该尽快奔赴,寻找故事和细节的现场正在发生变化,显现新特点,为做好报道,记者需要多想一想现场在哪儿、怎样抵达。

我赴任不久就赶上新加坡前总理李光耀病重住院。尽管新加坡总理公署会定期发布李光耀病情的公告,但只言片语无法满足受众对“现场”的需求。2015 年 3 月 18 日晚,我收到编辑部提醒:美国有线电视新闻网(CNN)和国内多家媒体以社交媒体“推特”流传的一幅图片为消息源报道李光耀病逝,要求核实并迅速发稿。当时,我正在与李光耀所在 ICU 仅“一步之遥”的医院“现场”等消息,刷新总理公署网站和工作邮箱,确认没有病逝消息以后,我回复编辑部暂时没有官方发布,不宜报道。当晚刷屏的消息随后被证实是假消息,如果不加核实跟风报道,将酿成大错,后果难以想象。之后几天,我和同事 24 小时盯守,最终在 3 月 23 日凌晨 4 点多得到了李光耀病逝的准确消息。

发完快讯,完成一系列滚动报道之后,我也在思考这一事件应该如何报道。由于通过“消息人士”获取信息在新加坡几乎是不可能的事,总理公署公告成为媒体唯一的权威信源。即便身处医院,也无法获得更多有价值的信息,也就意味着这一事件近乎没有现场。作为驻站记者,除了紧盯官方消息,只有尽可能多地采访民众、专家,收集当地媒体报道,做足新闻的“第二落点”。

类似李光耀病逝这样现场出现错误的国际新闻事件其实不少,有的同样缺乏现场,而有的“人人都在现场”,还有的现场被操控和影响。现场的错误给国际新闻工作者带来更多挑战:职业记者在信息获取方面与普通网民的差异越来越小,但核准信息的难度增大,如何在时效和准确之间求得平衡?如何利用新技术抵达或还原现场,重振国际新闻报道的现场优势?现场异化以后,国际新闻似乎进入“后真相”时代,受众更容易找到自己更愿意相信的内容。海量信息中,记者怎样才能找到受众渴望的视角并赋予意义?

船到中流浪更急,人到半山路更陡。面对复杂的国际局势和迭代加速的媒介环境,我时常问自己的是:真的对某一新闻事件的来龙去脉了如指掌吗?真的能够写出“时度效”拿捏得当的稿件,做好融媒体呈现吗?回答并非总是底气十足,因而必须克服惰性、跳出“舒适圈”,直面问题与短板,努力保持“在路上”的学习和思考状态。

我的国际传播关键词

◎ 刘灵清*

“坚守国家立场，发出中国声音。”这是2013年我刚入学国新班时，教室里两侧悬挂的竖幅标语，当初看到这句话时油然而生的自豪感和责任感，至今依然鼓舞着我前进。可以说，传媒大学的七年，特别是在国新班学习的这段时间，我开始具备了基本的国际传播素养和能力，并深刻影响了我未来职业发展的规划和路径。

2016年从国新班毕业后，我有幸一直从事国际传播相关的工作。工作之后，我对这句话有了更深的理解。特别是借调中宣部工作的这段时间，我有机会从更高层次了解国家对外宣传的考虑，也更加强化了自身的责任意识。工作期间，我有幸参与了国家多场重要外交外事活动的筹办工作，如亚洲文明对话大会、北京—东京论坛、中韩媒体高层对话等。也曾配合领导人出访，在国外落地举办一系列人文交流活动。通过这一场场活动，国际传播对我不再是一个空洞的概念和理论，而是实实在在的身边发生的事情。我也深切感受到，自己的每一个动作行为、沟通判断，都是传播的一环，也真实影响到了事情的结果。后来从事相关研究工作，用数据分析提供决策参考，又是以一种观察者、记录者、研究者的视角参与国际传播。从理论到亲身实践再到理论，这不同身份的参与过程，使我对国际传播有了更深刻的思考。

---

* 中国传媒大学2013级国际新闻传播硕士班毕业生，现就职于中国外文局当代中国与世界研究院。

在新形势下，从个体的角度来说，国际传播到底需要我们做什么，具备哪些方面的素质，我想到了几个关键词，这既是我在工作中的思考和感悟，也是对自己的要求和期望。

首先是大局观。国际传播工作中，看问题的角度和高度至关重要。大局观其实就是一种立场，决定了我们如何展示自己的观点，以及发出怎样的声音。大局观最首要的就是具备政治意识，时时刻刻绷紧政治意识这根弦，如履薄冰才能行稳致远。特别是在一线工作中，会接触国际上不同的人群，听到不同的声音，心中可能会存在疑惑。只有胸怀大局观，才能在掌握和了解更多样化的信息后，不被海量信息所裹挟，作出冷静客观的判断。需时刻意识到，无论采取何种手段，时刻牢记国家利益至上。特别是在国际交往中，明枪易躲，暗箭难防，须三思后行，防止冲动。一腔热血被用错了地方，就可能成为别有用心者对抗的武器，最终无意间做出有损国家利益的事情，就会追悔莫及。因此，专业且有立场，友好但不轻信，从全局角度思考问题，方能做好真正的传播者。

其次是自信心。国际传播工作是一场持久战，需要长期不懈的努力。随着国家的日益强大，西方对我国的攻击抹黑也随之更多，在这个过程中，作为个体，在一些具体的事件中，难免受到观点的冲击，被某些言论混淆视听。这需要我们时刻保持清醒的认知和强大的自信，才不会被人牵着鼻子走。正如在新冠肺炎疫情暴发的初期，在病毒溯源尚未开展的情况下，有些所谓“公知”就在网络上引导民众“反思”，声称是我们造成的疫情给世界添了麻烦，有必要向世界道歉。这种言论看似理性，实则是一味迎合西方价值观缺乏自信的表现。自信不是自大和盲从，而是建立在独

刘灵清在 2019 年亚洲文明对话大会上

立思考之上，透过表象看到事情的本质后，发自内心的认可。这种自信伴随着国家强大和人民幸福，会越来越深刻地影响我们的判断和表达，从而在国际社会上发出更响亮、更有力的声音。

最后是多元化。展示真实立体全面的中国，塑造可信可爱可敬的中国形象，需要我们能够以更多元化的视角和手段去讲述和传播中国故事。无论是李子柒在海外的走红，还是修仙网文的海外传播，都给我们提供了另一种传播的可能性。无心插柳柳成荫，这“柳”需要我们破除思维定式，用更多样的视角去寻找。不要忽视个体和小众的力量，正所谓以小见大，见微知著，在庞大的人口基数下，有时候“小众”也不可小觑，个性化的展示代表的正是包容万象的中国。在人类命运共同体的叙事下，多元才能引发更广泛的共鸣，人人讲好自身小故事，传播起来就是最精彩的中国大故事。

每一个小我都是国际传播中的主力军。全球化的今天，没有一个人是一座孤岛，对外传播和对内传播的边界其实也越来越模糊，这使得我们需要以全局的思维、强大的自信和多元化的视角，从容不迫地面对这个世界的种种注视。身处世界百年未有之大变局，没有人可以置身事外，所以无论从事哪方面的工作，我们都可以有一分光，发一分热，为我们脚下的土地，发出自己最炙热真实的声音，汇聚成最鲜活多彩的中国力量。

“中国立场，国际表达”：国传报道一线的三场“战役”

◎ 眭黎曦*

依稀记得在大学课堂上，对“国际新闻”是这么定义的：“新闻要素跨国际之间的传播和流动。”也有更通俗的说法，国际传播就是两个方向的传播：海外新闻的对内传播和国内新闻的对外传播。

看似简单的几句话，等真正踏上工作岗位，到国际传播一线工作了，才深有体会，这寥寥数语，包含的是整个世界。

参加工作以来，刚好面临世界迎来大发展大变革的时代，对于“全球化”的国际认知发生较大的分化，加上金融危机、难民危机、民粹主义抬头等因素，进入“后全球化”的世界再也不像之前看上去的那么“岁月静好”。

国际局势风云变幻，世界政治格局暗流涌动，在这“百年未有之大变局”的节点上，国际新闻舆论场俨然转变为一个短兵相接的战场。特别感谢在国新班时受到的教育，使自己能提前做好准备，尤其是在国际传播领域，在一些同龄人还在摸索的阶段，可以快速地完成自己身份的转换，冲锋到国传的最前线。

“坚守国家立场，发出中国声音。”这句座右铭自在国新班上学时便常伴耳边，它是国新班真正的精魄所在。通过自身参与的几场实打实的国传

---

* 中国传媒大学2014级国际新闻传播硕士班毕业生，现就职于新华社国际新闻编辑部。参与过联合国生物多样性大会、上海进博会、北京服贸会、亚太经合组织会议等重要活动报道，2019年赴香港一线参与“修例风波”报道，2020年赴武汉一线参与抗击新冠肺炎疫情报道。曾获新华社“对港报道先进个人”、2020年新华社“新锐青年”、宣传系统“抗击新冠肺炎疫情先进个人”等称号。

“战役”,深深体会到国新班对国传人的爱国爱党大情怀与国际舆论中斗争精神的塑造与培养,这些正是一个一线国传人最应该具备的品格。

一、一张自拍

2019 年 6 月以来,香港反对派和一些激进势力借和平游行集会之名,进行各种激进抗争活动。他们以“反修例”为幌子,明显地进行一些有组织、有明确目标的暴力行为。

尤其是 2019 年 10 月之后,香港反中乱港暴力活动愈演愈烈,暴恐分子自制武器攻击香港警察和行人,甚至自制燃烧弹、汽油弹等杀伤力较大的爆炸物,已经演化为受境外势力和反华分子影响的恐怖主义,严重损害了广大香港市民的合法权利与自由,触犯了分裂国家的红线。

在这样的背景下,我于 2019 年 10 月,作为“修例风波”报道的增援记者,被派往新华社亚太总分社(香港)工作。刚到香港驻地时,正是黑暴分子活动不断升级的时段,他们的破坏行动频次越来越高,程度也越来越严重。记得当时刚落地,没有喘息的时间,我便马上投入到紧张的报道活动当中。

眭黎曦在香港报道现场

由于我在一线担任视频记者,需要混入游行队伍当中拍摄取材,因此在香港增援的日子里,头盔、防毒面具、护目镜与黄背心记者马甲成了我形影不离的伙伴,塑料头盔我用坏了两顶。即使在全套装备的保护下,我也曾措手不及地被催泪弹熏下满脸的鼻涕眼泪,被投掷的路边砖擦伤,被高压水枪喷溅,当然也曾被黑衣暴徒恶狠狠地威胁,可以说十足地体验了“战地报道”的感觉。

但回首这段经历，我最想说的，还是这张照片背后的故事：

这张自拍照片拍摄于2019年11月2日，晚上7点。

而在自拍的一个半小时之前，我们遭遇了骇人听闻的“11·2”新华社香港分社遭暴徒袭击纵火事件。

眭黎曦（左一）与共同增援香港的同事的自拍照

当时我在分社大楼的三楼，透过窗户看到楼下的黑衣暴徒已经拉开铁闸门冲到一楼大厅内，我和办公室内的几位同事，已经做好抵御冲击的准备。我们刚好在电视室，便把办公室内的三脚架全摞起来，堵住入口，戴好头盔。我顺便拿了个独脚架防身。

他们在大厅一通打砸抢烧后便散去。我们顿时明白了，这是在用暴力犯罪进行威胁与恐吓，妄图使我们屈服于他们所谓的“黑色恐怖”之下。

可他们错了，大错特错。就在被纵火一个半小时以后，我们视频小分队跨过一楼破碎的玻璃碴，照例“出征”，进行当晚的外拍任务。这张照片就是我们出征前的自拍。

正是国新班的教育和在新华社的实践锻炼告诉了我，在国家大义面前，一个新闻工作者的责任感和使命感是能够克服敌对势力的威胁与恐吓的。新华社就是在战火当中诞生的，勇敢与无畏其实早已刻在了我们每一个新闻人的基因里。

在这场最直观的报道“战役”中，我们面对冲击，面对人身安全受到的威胁，坚持传播事实，将暴徒的恐怖主义真面目向全世界播发，对我而言，这是由国新班培养出的国传人的精神与自觉。

二、一次归乡

2020 年初,新冠肺炎疫情如洪水猛兽般来袭,我也被选派为总社增援武汉抗击疫情一线报道团队的一员,从北京驰援武汉,加入前方指挥部,参与疫情报道。

作为增援团队的一员,大家都夸我为“逆行者”。但作为一名土生土长的武汉人,我其实只是一名普通的“归乡者”。

虽说是“归乡”,但我一次也没有“归家”。在整个增援采访期间,我可谓“三过家门而不入”。为什么不入呢?一是不敢,二是不能。不敢是因为我频繁出入医院采访,不敢把身上可能黏附的病毒带入家门;不能是因为自抵达武汉之后,时间紧,任务重,每分每秒都要用到报道当中,时间异常珍贵。

新华社武汉前方报道组合影

在自己的家乡,看着昔日繁华的街道空无一人,看着熟悉的医院外排起看病的长队,心情其实非常复杂。但是每当奔赴一个个新闻现场,记者的本能又会把我心里这股悲痛立马转化为力量,一分一秒也不想浪费。频繁进出各家医院采访拍摄,基于一个家乡人很朴素的感情,为的就是把这座城市的悲壮、坚守、奋战乃至于它的伟大,传达给每一个人。

作为国传工作者,还必须注意到,战场,不止一个——在国内,我们打的是武汉保卫战;在国外,我们打的是武汉抗疫成果保卫战。

其实自武汉疫情伊始,西方媒体中就不乏各种杂音,更有甚者,将之称为“中国病毒”“武汉病毒”,为人所不齿。一时间,许多外媒及西方政客,罔顾事实,不遗余力地甩锅中国,恶意抹黑,带着政治偏见,意图扭曲武汉为全国乃至全世界抗击疫情做出的牺牲与努力。

在这里有两幅照片，它们拍摄于2020年4月9日的武汉。4月8日，武汉正式解封，就在解封的第二天，50余家外媒，上百名外媒记者，如同等候多时的“饿狼”，一窝蜂地涌进武汉。

2020年4月9日，各外媒在医院走道等待采访

CNN、BBC、美联社、路透社、法新社、《纽约时报》、《华盛顿邮报》、《华尔街日报》……大家熟知的各个外媒的记者们从北京、上海驻地赶来。即使一些媒体没法派遣外籍记者，也会雇用本土雇员前往武汉，只为解封后第一时间进入武汉。

百名外媒记者抵汉，给了我与他们面对面交锋的机会。武汉解封后几天，我就专程跟着外媒记者们一块儿采访，没有半天的工夫，他们的司马昭之心，便昭然若揭。上文的两张照片只是其中一个缩影，他们如同饿狼扑食，径直要求到火神山、雷神山以及各个方舱医院等敏感的地方采访，采访问题充斥着不怀好意的陷阱，稍加留意，便可识破其中的含沙射影、暗箭伤人之意。

举个简单的例子,美联社记者就曾直接向雷神山医院的院长发问:“医护人员辛苦救人非常不易,但面对政府前期隐瞒病情,后期谎报死亡人数这样对医护人员工作不尊重的行为,你怎么看?”这就是一个非常标准的陷阱问题,首先在预设条件里就把我国医护工作者和政府推向了对立面,其次在问题中直指政府隐瞒病情,谎报人数,但凡回答了他的问题,就相当于默认了这两条指控,最后他还给陷阱做了一个“糖衣包装”,看似一开始是在夸赞医护人员工作的辛苦与不易,如果是一个未经训练的受访者,那么很容易就被他们的提问带跑,为他们抹黑中国的报道提供素材。

眭黎曦在武汉会议中心参与“G20 卫生部长视频连线会议”报道

此外,他们还特别积极地采访病人及康复者,但基本上不问医院是怎么治疗他们,怎么帮助他们康复的,而是刻意去问当时武汉最差的时候是什么样子,武汉人最恐慌时是什么样的状态……这些都是为了刻意渲染疫情情绪,以便在报道中添油加醋地指责中国,污蔑中国政府。

这样的污名化,我们绝不能答应。为武汉正名,为中国正名,我们在武汉现场与外媒交锋时需要做的,就是用铁一般的事实,告诉他们真相到底是什么。尤其是在这种涉及新闻真实与国家尊严的事件中,国传报道必须寸土不让,要进行针锋相对的舆论斗争,对热点逐一进行回应,对流言和污蔑各个击破。

于是,针对有外媒质疑我国确诊病例数据,我采访了卫健委负责人,给他们最权威的解释;针对有外媒质疑我国的医疗救治水平,我探访了疫情风暴的中心——武汉金银潭传染病医院,采访了我国的抗疫英雄张定宇院长,用科学严谨的态度,对外传播我国的医治方法;针对有外媒质疑我们是否真正做到“应收尽收”,我随同事一起采访了数十名武汉医治好的 90 余岁的新冠肺炎重症老人。

当时我撰写制作了融媒体稿件《一名 95 岁的武汉新冠肺炎重症康复者》，视频的英文版本在新华社的海外社交媒体平台脸书、推特和优兔上播发。看着 95 岁的新冠肺炎重症康复者徐明老爷爷在我的镜头下侃侃而谈，精神抖擞地回忆当时武汉的医生是如何一步步将他从死亡线上拉回来时，外媒沉默了，外国观众们被打动了，他们纷纷在账号下留言——原来中国真的做到了不放弃每一个生命。

春暖花开，武汉重启。疫情暂告一段落，但我的战斗远未结束。

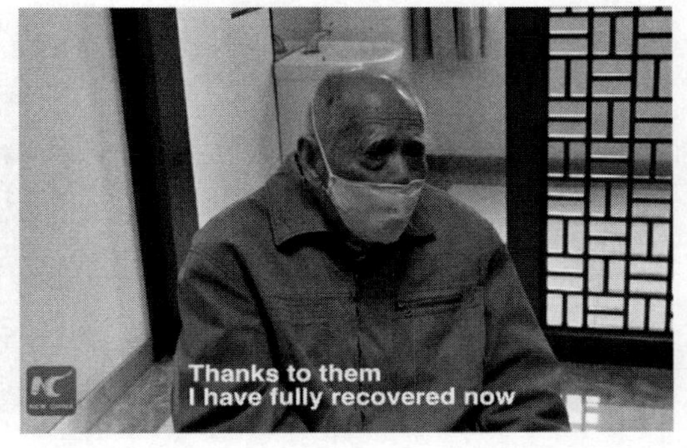

95 岁重症康复者徐明老爷爷采访视频截图

Williams Willenson
Tanks God for saving that 95 old person
27w Like Reply

Abhijit Kumar Sah
God bless you.
27w Like Reply

Abhijit Kumar Sah
Congratulations
27w Like Reply

海外网友在徐明老爷爷视频下的留言截图

三、一条动画

我的第三场战斗，贯穿了我入社工作的全部旅程，过去，现在，未来，从未停止，这就是对外舆论战争。

在武汉现场，我们已经呈现事实真相，澄清西方的阴谋谬论，可他们仍然要选择性失聪失明，继续装睡，继续抹黑泼墨。如何唤醒他们？如何在世界舆论场中占据先机，握住哪怕一次的话语权，让全世界的民众真正倾听我们的声音？

我们的回答，是一条创新小动画。

《病毒往事》动画开场截图

可能大家已经看过我们为回击西方的抹黑而制作的一条动画短片——《病毒往事》(*Once Upon a Virus*)。我们用西方受众更易接受的幽默与讽刺的方式，以兵马俑不断地尝试与自由女神沟通和合作的故事，诉说了我们的无奈，一语道破了西方针对中国的无端指责的可笑与荒谬。

短片一上线就火了，成为那段时间新华社海外社交媒体账号上最火的帖子，最终在外网获得了上亿的浏览量、几十万的评论，视频得到《纽约时报》《华盛顿邮报》等媒体的大量报道转载。更重要的是，我们赢得了广大海外网友的认可，他们甚至直接把短片贴到一些美国政客的推特账号下面，自发地为中国说话，拆穿那些政客的谎言。

通过前期在社交媒体平台上的调研，再加上新角度、新视野、新技术和新思想的运用，我们在国际舆论斗争中使出了巧劲儿，直击七寸，以“萌”的形象、“潮”的形式，以及“实”的内容和“硬”的事例打了一场针对推诿甩锅的翻身仗。

《病毒往事》短片发布截图

通过这几段国传“战役”经历，我想告诉大家的是，作为国新班培养出的国传人，在对外舆论斗争中，必须筑牢思想根基，一切国际报道的基础都是国家利益至上。正如国新班的座右铭所言：“坚守国家立场，发出中国声音。”同时要敢于触及涉华敏感话题，站稳中国立场，积极发声，抢占舆论先机。

战斗不是目的，斗争的意义在于以战止战，在于保持祖国在世界中的地位与形象。我现在依然在国传报道“战役”的一线，通过一场场斗争不断锤炼自我，努力践行“中国立场、国际表达”。

构建真实中国叙事体系　推动化解西方话语霸权

◎ 孟　哲*

作为中国的"旗舰"英文报纸,《中国日报》的主要功能之一就是代表中国的国际形象,发出中国声音,是我国对外传播体系中的重要媒体。创刊40年的《中国日报》定位于国际传播媒体,也是我国主要的外宣媒体。在面临国际舆论场近年来愈演愈烈的风险挑战时,《中国日报》站在时代潮流的浪尖之上,正在努力推动化解西方的话语霸权,构建起属于中国的叙事体系。

一、国际英文媒体背景介绍

除了国际影响力较大的英文媒体,如西方发达国家主流传统媒体 BBC、*Washington Post*、*The Wall Street Journal* 等,国际舆论场中还有很多不同类型的英文媒体,比如以 Vox 为代表的提供优质视频内容的西方技术媒体,以及 RT、AL Jazeera 等发展中国家媒体和 *South China Morning Post* 等泛西方英文媒体。

根据统计数据,西方的四大主流通讯社提供占世界新闻总量80%的新闻,而且传播于世界各地的新闻90%都是由西方垄断的。同时,部分发展中

---

* 中国传媒大学2014级国际新闻传播硕士班毕业生,现就职于中国日报社新媒体中心。在职期间多次参加两会、新中国成立70周年阅兵、建党100周年庆祝大会、上合峰会、中非论坛、"一带一路"论坛等大型主题活动、重大会议和走基层等一线报道。新闻作品数十次荣获各类新闻奖,《中国日报》季度、年度好新闻,迅速成长为新媒体中心业务骨干并多次获得表彰。新冠肺炎疫情期间投身一线,在武汉坚守报道82天(中国日报社派赴武汉工作时间最长的记者),积极用视频报道还原事实真相,发挥舆论正确导向,讲好中国抗疫故事。

国家的电视节目有60%—80%是由西方制作的,传媒市场的份额中有95%是由美国的公司制作的,并且全球电视节目75%的生产和制作都来自美国。西方正在垄断全球的新闻产业。如果以非洲为例,可以发现几乎所有国家首都都能收到BBC的节目。西方的媒体已经深入不同的民族、不同的语言和城市,外国民众也主要通过西方的主流媒体获得对中国的看法。

在西方垄断全球媒体产业的背景下,以简单的意识形态和价值观进行分类,可以发现对于中国友好的媒体阵营屈指可数,多数西方主流世界媒体的总体政治倾向都对中国不太友好。

像全球最具影响力之一的《纽约时报》,在涉华报道中就带着不少意识形态偏见。2021年1月,《纽约时报》评论版刊登题为《新疆发生种族灭绝》的文章,文章作者从未来过中国,却在文章中把自己和家人描述成中国政府实施种族灭绝的受害者,并且声称自己现在正遭受中国强制同化政策的影响。经过查找资料,我们发现他曾为反华媒体工作,发表了很多毫无依据的反华文章。西方主流媒体往往被一些政府和利益集团所利用,所以西方政府和利益集团的对华态度也就一次次地体现在这些所谓"公正"的媒体报道中。

二、中美关系对国际舆论场的影响

近几年的中美关系变化对国际舆论产生了极大影响。2017年,特朗普在演讲中把中国称为"rival"即竞争对手,而不是朋友或合作伙伴。大国竞争成为新时期中美面临的最主要的挑战之一,中国被美国认为是主要对手,中美关系也变成了战略竞争关系,所以所有美国对华政策、对华舆论,以及西方主导对华舆论场的议题都是为了应对中国现在的迅速崛起。

从宏大的理论框架和大国关系回归到媒体的具体业务和操作实践,外媒针对中国的报道倾向十分明显。在2021年东京奥运会上,《纽约时报》发布了一篇关于"中国是如何利用体育机器制造奥运选手"的文章,这篇文章把外媒的春秋笔法体现得淋漓尽致。其报道的都是片面的事实。通过描绘运动员进行的"残酷"训练,就将这个问题归结为体制的弊端,将中国运动员描写为机器人,认为他们但凡取得一定的成就,一定是因为他们被国家机器胁迫,被社会绑架,而从来不是因为自己热爱和认同。这篇文章绝口不提在美国等西方国家同样存在对体育竞技的执念,所以到底什么才是客观真实的报道,了解中国现状的读者会有自己的判断。

西方大多数媒体和企业受到大企业大财团的控制,也就会成为少数资本集团的政治同盟。打着获取政治资本的幌子,西方媒体方便了一些西方国家推行霸权,也成为一些反华政客抹黑中国的传声筒和扩音器。

三、我国的国际传播现状:外媒的话语陷阱

1. 涉疆报告

在实践中遇到的叙事话语危机近年来不断增多,其中最突出的问题就是新疆,这也是外媒报道最常出现的话题。近些年来,在西方一些学术机构、专家学者、群众演员的共同出演下,涉疆报道显著增加,构成了一个个抹黑新疆的谎言链条,严重影响了国际舆论场。

BBC 报道中的采访画面,受访的维吾尔族人个个"生活悲惨","让人同情"。《纽约时报》更是采用"中国正在兴起一场大规模囚禁穆斯林的行动,把百万人关入集中营"等博眼球的标题。"新疆的教培中心是当代集中营,里面关着非常多的维吾尔族群众,他们被鞭打被强奸",谎言重复一千遍,在西方占主导的国际舆论场上基本上就成了"真相"。

这些媒体选择性的断章取义中充满了双标和霸权,很多报道的信源也来自东突和反华的社交媒体账号,但是当中国媒体或友华声音做出揭露这种套路的视频在社交媒体上走红时,西方总是用这些人是受雇于中国政府类似的言论来回应这些合理质疑。

同时,这些话语霸权超过了报道层面,在从事起底外媒的新闻报道中,国外的媒体和记者也会对我们进行批评甚至人身攻击,其中有一些用词非常粗鲁。这时媒体人们就需要有一颗"强心脏",要认识到外媒的攻击只是因为他们没有事实证据来反驳我们的气急败坏,进而进行合理有效的反击。

2.“国家媒体”

“State media”即国家媒体是外媒抨击中国媒体时的惯用标签,其逻辑是:因为你是国家媒体,所以你不可能是自由独立的;因为你们是国家媒体,所以你们的所有报道都是不可信的。这样的逻辑必然存在巨大问题,但如果我们一味去反驳,试图证明我们是独立自由的报道,反而会落入外媒的话语圈套。

反观 BBC,就是其口中独立自由的媒体吗?作为舆论宣传主要门户,BBC 国际频道的资金主要来源于英国的外交部,在过去五年间,BBC 每年都从英国政府拿到将近 3 亿英镑的保障。除此之外,ABC 也与情报部门长期开展有针对性的合作。2018 年,BBC 的新闻网站也在报道中承认,军情五处曾经在长达十几年的时间对 BBC 所有员工进行入职审查,所以其报道存在意识形态偏见也就不足为奇了。

从某种意义上说,如果 BBC 用同样的标准、方法、框架和技巧对英国政府的抗击新冠肺炎疫情的行为作出了批判的话,可能某些机构就会把 BBC 认定为接受外国政府资助,威胁英国的国家安全,但是在对中国的报道上,正好跟英国政府的战略与需求形成了高度一致。它折射的是西方对非西方国家的傲慢以及用信息的加工和扭曲表现出的敌意。

当然,任何国家政府都需要包括媒体在内各方的批评和监督,但是这种监督和批评的目的应该是实现治理能力的提升和完善,让民众获得更高的公共服务能力,而不是制造矛盾放大问题,更不是旨在挑战政府权威,甚至颠覆政治,这在任何一个国家都是违法的。

3.“战狼外交”

早在 2019 年,中国外交就被贴上了“战狼外交”的标签。随着中美关系不断恶化,蓬佩奥等政客发表了大量关于中国制度和发展道路的恶毒言论,外交部发言人对此进行了义正词严的驳斥,被称为“战狼外交”。

西方的贴标签套路并不复杂。在于情于理都不占优势的情况下,西方就直接把大帽子扣在中国头上。正如外交部副部长乐玉成所说,所谓的“战狼外交”,不过就是又一个“中国威胁论”的翻版,目的就是让我们打不还手,骂不还口。2020 年,外交部发言人华春莹作出的一段回应在国内外都获得了非常好的传播效果。

面对霸权霸凌,毛泽东同志早就讲过:人不犯我,我不犯人;人若犯我,我必犯人。中国不主动惹事,但也不怕事,如果有些人因为中国面对毫无底线的恶意的攻击抹黑和谩骂做出回击,说明事实真相,就把中国外交比作战狼外交的话,那么为了维护中国自身的正当合法权益,为了维护中国的主权安全发展利益,为了维护国家的尊严,为了维护国际的公平正义,就做“战狼”又何妨?当时这样的外交受到了高度认可,也可以说是打破标签化紧箍咒的一次非常成功的尝试。面对西方的标签化,只要采用积极科学的应对说法,这种标签化是可以被打破的。

四、构建真实的中国叙事

“外宣”一词频繁出现在国际新闻的教育中,但像《中国日报》这样的媒体到底在做内宣还是外宣并不是二元论。在实际案例中,内宣和外宣并不能完全分离。例如,2020 年,BBC 用央视 2017 年“走基层”的画面作为报道新疆的素材,引导性的话语、有滤镜的画面、带有主观意图的镜头语言、毫无依据的解说词,对新疆不了解的人很容易被这样的报道带偏。

新冠肺炎疫情期间,BBC 在报道中国疫情防控时,用了地方公安发布的反恐演练片段,BBC 把画面中写着“反恐演练”的部分裁掉,并将画面剪辑后用作所谓警方暴力执法拘捕民众的证明。外交部发言人赵立坚还就此事和 BBC 记者在新闻发布会上就谁说谎起过争执。由此可见,混淆视听是 BBC 的惯用技巧。同时,在网络发达的现代社会,内宣和外宣的区别并不明显,任何报道都可能会被居心叵测的外媒利用。在信息化和全球连接的今天,我国的国际传播模式不能再通过内宣外宣把观众区别对待。

因此,不要让内外宣话语脱钩,现在很多新闻工作者都逐渐树立了这个意识,也就是要为自己说的话负责。媒体发布的消息从另一个角度审视会不会被别有用心的人利用,这是所有从业者需要思考的问题。发布报道时要预设别人会用什么样的眼光去解读。这也就是习近平总书记说的要加强国际传播,理解别人的文化和思维方式。

孟哲在庆祝中国共产党成立100周年庆祝大会现场报道

除了对内宣外宣问题的正确看待,有中国特色社会主义内涵的内容如何翻译也是实际的国际新闻传播中需要注意的问题。比如在地方进行采访时,一些企业或地方政府的官员会和记者说他们做了哪些工作,希望记者能帮忙“宣传”。而当外媒记者一同采访时,一些翻译会直接把“宣传”翻译成“propaganda”。但中国的中央和地方的宣传部门和机构除了政策的宣传,还有很多其他职能,当然不能被定义为“propaganda”。同时,“propaganda”一词带有负面色彩,而在中国“宣传”往往是积极正面的。很多有中国特色内涵的东西容易被误解,尤其是在做国际传播时,翻译不但要体现准确性,还要做到准确翻译其内涵。

在英文写作方面,实际操作时其实需要忘却一切技巧,注重凝练表达,试图用一些非常精准的语言来表达所关注的信息,多进行旁征博引和融会贯通,最终达到“蓦然回首,那人却在灯火阑珊处”的境界。

面对外媒的不实报道,我们也要坚持积极回应,“造谣一张嘴,辟谣跑断腿”,如果不发声,舆论发酵的空间就会增大,该有的政府部门的回应以及信息的公开透明还是很有必要的。同时我们要利用西方媒体所谓的新闻专业主义的框架模式,把我们的话语塞进他们的体系里。在关于澳洲智库的片子中,澳洲媒体在后续的报道中也采用了我们的一些观点,这也是我们回应的一种方式。

在“人人都有麦克风”的时代,我们每个个体都要勇敢发声,比如在西方媒体拍摄中国的一些场景时,当地民众是不是可以把他们拍摄的场景记录下来,这对他们也起到了一种监督作用。

对于西方媒体的恶意抹黑,我们也需要加强沟通。一些驻华记者也会遇到一些问题,比如如何采访到用英文讨论新疆问题的专家等,当中国无法提供比较好的信源，而英语世界里的信源又被几家西方媒体垄断时，一些西方媒体也只能引用几家规模较大媒体的消息。因此，更加主动地提供新闻资料，加大开放程度也是对外传播中一个重要的方面。

五、推动化解西方的话语霸权

目前，中国国际传播主要面临两个困境，一是美国自我意识和中国社会经验之间的差距。在对华的政治等问题上，美国媒体主要持否定态度，并且用他们带有偏见的政治认同来凝视中国，呈现一种自我意识，没有顾及中国独特的历史记忆和社会经验，也反映了美国主导的话语霸权。面对这样的现实，中国更需要积极应对，努力提升自己的国际话语权，并逐步建立一个开放包容的国际话语体系。

二是美国主导的现代国际体系和建立开放包容的国际话语体系之间的矛盾。国际话语权从来都是掌握在西方大国手里的，而且在传播和表达与国家利益以及承担的国际义务相关利益上的主张都反映着西方国家对国际事务和国际事件的定义权和批判权。葛兰西提出的意识形态霸权指阶级霸权，但通过意识形态而不是直接的高压政策，使被支配的阶级对现有的权力结构和社会关系产生认同和从属，这也适用于现在的国际舆论领域。

中国现在已经成为国际社会中举足轻重的大国，国际影响力不断提升。中国的国际话语权不仅仅代表着中国，还代表着广大的发展中国家，也符合西方国家对中国负责任大国的期待。但是我们的政治理论和实践没有得到西方社会的广泛认同，反而遭到了普遍的狭隘偏见。

这在社会化运行的美国媒体中体现得非常明显，特别是特朗普政府上台后，中国遭受了很多无端的指责。美国著名智库兰德公司早在 2016 年中美关系并未恶化时就给美国政府出具了这样一份报告，其中充分考虑了与中国的战争。中国媒体需要采用何种舆论方略打消美国战略的疑虑也成为一个重要课题。中国一直强调要和平崛起，要在现有的国际秩序的框架下解决国际争端，避免美国零和博弈的思维。提升软实力并不意味着身段要软，而是要实事求是，创新表达方式，以理服人，赢得国际信誉。

1. 消解外媒不实报道

2021 年的涉疆报道里，最重要的是与 BBC 的话语斗争。在新疆库车的采访中，BBC 的画面里中国的警察和相关工作人员干涉 BBC 的采访，用手挡着镜头，但警察执法记录仪中的画面显示，警察是看到 BBC 的记者没有戴口罩，擅自拍摄采访，前往询问情况，并保持了正常的沟通，没有干扰记者的采访和报道。同时可以看到 BBC 公布的画面和执法记录仪中的画面色调相差较大。BBC 的记者也许不会在后期专门调色，但在拍摄前，就已经设置成了其偏好的模式，隔着栏杆拍摄、故意选取拍摄角度等都是其惯用套路。

孟哲和同事们在新疆拍摄采访

2020 年 12 月，BBC 发表了一篇文章和报道视频，叫 *China Stained Cotton*（《被污染的中国新疆棉花》），记者声称在库车的工厂发现了强制劳动。《中国日报》记者在同一时间段前往库车，去工厂询问员工，进行实地调查，并要求警察提供现场录像，结合现场的真实情况、记者的观察以及现场采访，做出了起底 BBC 报道的影片。之后，BBC 在官网发布了声明，称要投诉中国媒体的虚假标题和虚假报道，并称中国政府给他们施加压力。BBC 还给《中国日报》记者发送了邮件，发送时间是 5 点 20 分，却在邮件中称需要今天 5 点前回复。可见，BBC 并不需要回复，只是站在自己所谓的记者的道义上假装询问，对自己所谓“客观真实”进行伪装。他们试图表明，BBC 在报道时询问了中国媒体记者，但中国媒体报道时没有询问 BBC 的记者，实际上，我们已经有了现场录像等铁证，根本不需要得到 BBC 记者的意见。

在 BBC 声明的评论区，更多的是对 BBC 的批评。其评论区的“翻车”也表明西方媒体的信誉正在逐渐被消解，已经不再是其所称的“最受信任的新闻媒体”。我们把相关评论进行收集，发布了相关文章，在微信公众号上短时间内阅读量就收获了“十万 +”，传播量较广。大家的预期是 BBC 会受到很多人支持时,BBC 在舆论场居然“翻车”了,这是我们与 BBC 在中国境内发生的一次真实交锋。

这两次话语斗争取得的结果,一是 1 月初起底 BBC 涉疆假新闻的视频引起一轮高潮,加之英国对 CGTN 播放权的取消,2021 年初,在多方合力的作用下,BBC 在中国的落地许可被取消。二是在起底 BBC 的视频播出后,BBC 驻华记者突然跑路到了台湾地区,甚至没有在大陆办理卸任手续。

这充分说明,我们要有斗争精神。过去,多数的外宣主要在讲中国的好、大美新疆等,但这会被很多人下意识地当作政治宣传,可信度可能会降低,因此媒体人需要有斗争精神,就像华春莹所说,就做战狼又何妨?

2. 合理质疑,用事实说话

孟哲团队在《中国日报》新媒体 B 站账号上推出的内容

我们不要怕与西方媒体硬刚,硬打舆论战。社交媒体时代,不是以前他们控制西方话语霸权,说什么就是什么的时代,西方媒体的报道是会被质疑的,我们为何不利用这些质疑,消解它的话语霸权?

2019 年和 2020 年,针对西方的涉疆反华叙事,我们拍摄了一些纪录片。2020 年 10 月发布的一部片子传播量超过 6000 万,其中海外社交媒体的互动量占全网互动量 60%。海外社交媒体对中国媒体的关注度较高,同时也证明了我国国际传播的内外圈非常融合,中国话语在海外的发展空间较大。这部纪录片主要通过一些证据材料以及专家专访,揭秘西方媒体如何通过某些政客甩锅中国,并揭露了某些智库和学者如何充当政客的傀儡,在反华的宣传中推波助澜。

这部片子被外交部发言人专门提到,并在记者会上播发,发言人的微博和推特也进行了转发,在海外也得到了一些片中点名人士的回应。片中点名的一些媒体和智库及反华人士直接点名此次报道,并做了长期的后续报道。

3.起底西方智库,揭秘媒体信源

中国媒体目前在国际传播中的主要工作其实就是消解西方的信源。其信源主要有媒体自采内容、智库和学者这三类,让大众知道西方舆论背后的偏见的重要方法就是打击其背后的智库。

ASPI 即澳大利亚战略政策研究所声称自己是独立的无党派智库,但实际上通过它的网页介绍,可以看出其带有很多西方国家政府的背景,资金来源有澳大利亚政府、美国国务院、英国外交和联邦事务部、美国军工企业以及各种知名科技公司等。2020—2021 年,它的财年总收入为 1000 多万澳元,其中 80% 左右来自有政府背景的组织。在这些组织背后,美国政府资助数量是最多的。美国国防部资金被用于 ASPI 的研究,很大一部分是用于研究新疆的人权、中国科技及制度影响力。这些媒体和反华智库学者互相勾结,嘴上说的是主意,心里都是生意。

作为视频节目,只是告诉观众这些知识是远远不够的,我们考虑更多的是如何呈现这些信息,如何让观众看到这些信息之后有所思考。在寻找采访对象时,我们也经历了非常多的波折。中国媒体很容易被贴上"state media"的标签,因此通过外国的可靠信源作为支撑,能让片子的影响力和说服力大大提高。

我们首先联系了澳洲前驻华大使,他的资历和政治背景非常丰厚,当时我们通过他的秘书不断周转联系到了他本人,他也非常高兴地接受了采访。我们还联系了澳洲的一名参议员,他在研究 ASPI 资金来源方面非常有经验。但当时因新冠肺炎疫情比较严重,他在家隔离,不方便接受我们的采访,但在我们不断的联系中,他给我们推荐了一些相关的网站,让我们从中获得了更多相关资料。虽然他没有在视频中出现,却为我们报道提供了非常珍贵的线索。同时外交部的新闻司听说这个项目后,也给我们提供了非常多的线索,如澳大利亚一些独立网站的报道。我们也联系并采访了网站的记者,这名记者还是一位脱口秀演员,他在海外的影响力也非常可观。视频发布后,他在海外也帮助我们进行了转推,通过网红和政治家的联合发声,这个视频也取得了非常好的传播效果。

六、做好内容运营，针对各平台特点发布信息

面对现在复杂的国际舆情形势，如果只关注一些媒体和信息，只能是管中窥豹。随着社交媒体的兴起，信息的发布途径也更加多元，西方国家内部的一些主流媒体和社交媒体的舆论场，其实也存在非常大的反差。一些所谓的主流媒体已经完全不能代表整个社会的舆论场。美国有研究表明，推特上存在大量水军，而且这些水军不仅仅使用一些虚假小号型身份混淆舆论，而是使用虚假身份，精准传播，达到制造“KOL”（关键意见领袖）的目的。如果我们在国际传播一线却不了解这些技术手段，不能规避这些问题，很可能会成为这些网络信息战的受害者。

比如推特有字数限制，其平台上消息都非常短，只有 280 个字，这也就要求内容的生产者要用精准的文字表述。另外，这也有利于观点的病毒式传播，如果信息够精练够准确，其传播效果也可以达到指数级。

在一则有关特朗普发布推文，为防止移民大规模的拥入要求暂停美国的绿卡申请的消息中，《中国日报》编辑做了事实处理，配发特朗普资料图以及他的推特截图，按照事实编写了一则推特。大约半个小时之后，俄罗斯 RT 新闻对同样的新闻做出了报道，他的帖文就比较有新意，写的是“美国梦暂停，特朗普因为新冠肺炎疫情，暂停移民进入美国”。RT 的这种写法在传达新闻事实的同时又鲜明地抒发了媒体的思想，这是境外媒体经常使用的一种写作手法，其互动量也是《中国日报》互动量的 4 倍。一些海外媒体的社交账号也可以成为中国社交媒体运营的学习对象。中国媒体在推特上会被限流，中国所有媒体都被贴上了“state-affiliated”的标签，推广效果也受到限制，但美国媒体和其他西方媒体还是能够通过广告付费的方式来推广他们的帖文。

《中国日报》也有很多在一线战斗的媒体人，《中国日报》欧盟分社社长陈卫华在推特上就非常活跃，被很多人称为“《中国日报》在推特上的首席编辑”。不同社交媒体平台有不同的算法和推荐机制，其运营方式也非常不同，如何做到精细化传播，取得更好的传播效果，依然任重道远。

国际舆论归根结底是一个意识形态问题，经济基础影响上层建筑，让世界听到中国声音需要时间，当经济基础改变的时候，上层建筑也会随之改变。在国际传播中构建真实的中国叙事体系，主要还是推动消解西方话语霸权，在海内外社交媒体上扩大我们的声音，讲好中国故事。

从东街 1 号到西街 57 号——我与国新这六年

◎ 郑锦强 *

从定福庄东街 1 号到宣武门西大街 57 号，一晃六年过去了。从东到西，一方面，我实现了从传媒大学的国新学子到新华社的国传人的身份切换；另一方面，投身于国际新闻传播和对外舆论斗争实践让我对东西话语体系有了更深的理解。这次接到邀请，就国际传播理论和具体工作实践撰写感想，内心难言没有惶恐。作为工作三年的新人，资历尚浅，也没有取得足以称道的成绩。回望国新班 12 年的办学历史，不少师哥师姐已成为行业的翘楚，名字和作品已在媒体圈广为人知。这着实鞭策作为“直系”后辈的我越发努力，以不负母校“传媒‘黄埔’”、国新班“国传正规军”之名。

回望走出核桃林这三年，既有在北京编辑部处理稿件时的字斟句酌，也有在国内一线采访时的细心聆听。这中间有过坚持后的迎刃而解，有过困顿后的豁然开朗，而在中传三年所汲取的思想营养和行动力量，则时不时如及时雨般滋养着我。比如，每次拍摄视频时的后期思维，每次编辑稿件时的

---

* 中国传媒大学 2015 级国际新闻传播硕士班毕业生，现就职于新华社国际部，从事海外社交媒体新闻采编。作为出镜记者，参与抗美援朝出国作战 70 周年、国社七大海外总分社社长连线等重大报道，参与策划、主持《迪迩秀》《严肃新闻脱口秀》等节目。参与的《全球社区，携手筑梦》《纪念抗美援朝 70 周年老兵访谈录》《疫苗大战病毒》等稿件获评中国新闻奖二等奖（集体）1 次、新华社社级好稿多次。获新华社中国新闻对外报道英文翻译大赛银奖、国际部外文口语大赛特等奖和一等奖、辽宁分社短视频大赛一等奖等。就读于中传期间曾获创新奖、国际台中南大学生对话全国一等奖。

故事意识，都是在中传学习期间入脑入心的。同时，我的导师吴敏苏教授所给予的业务指导和生活关怀至今从未间断，宛如我从未离开校园。她所开设的英语新闻采编播课程和其他专业指导更让我成为现今部门里较少的能独立完成英语新闻采、编、播各个环节的人员之一。

一、编辑：从后链条到全流程，从单媒介到全媒体

传媒生态所发生的深刻变化，我想已无须赘言，学术界已进行了详尽讨论，业界感受则如历经狂风暴雨。三年前我刚入社的时候，新华社国际部的新媒体业务仅由少部分处室、少部分人员完成，现今已发展到近乎人人涉足全媒体。哪怕不是投身于全媒体实践，也都对全媒体理论有所了解。我们的编辑工作已由传统的后链条、单媒介向全流程、全媒体演化。过去，新华社主打的新闻信息以文字、图片消息为主，编辑多处理前方记者传回的图文稿件。现今，通讯社已向全媒体机构转型，视频在日常业务中已举足轻重，加上此前已从消息之余拓展出头条、特稿、评论等多种体裁，由此带来的结果，举一例来讲，单评论本身，就有文字、漫评、脱口秀等多种形式。

入社以来，作为一名编辑，我历经了英文文字通稿、图文稿、视频等不同类型稿件的编辑，在实践中体会到了前辈们对于文字的一丝不苟、对于政治的深刻领悟、对于新闻的求真务实、对于国际传播的推陈出新。不称台湾问题为 Taiwan issue 而称 Taiwan question，不说 mainland China 而说 Chinese mainland，中国的“气变目标”不用介词 by 2030，而用 before 2030……像这样细微但体现国家立场的业务注意事项，在工作中有很多很多。

近段时间，我参与新华社国际部英文脱口秀的全流程制作中。新闻脱口秀是一种在西方颇受欢迎的传播形式，于嬉笑中传递信息，于讽刺中彰显立场，兼具新闻性、娱乐性。因为受众面广，西方一些脱口秀节目的主持人成为家喻户晓的明星人物，如 Ellen DeGeneres、Jimmy Fallon、Stephen Colbert 等。由于对语言运用、文化理解、主持演绎的高要求，这一报道样态尚鲜见于国内主流媒体的国际传播实践中。2021 年 7 月，国社小姐姐王迪迩就

郑锦强“严肃新闻脱口秀”《美国的20年vs塔利班的10天》

“武汉实验室泄露论”制作的脱口秀视频在国内外走红,开启了新华社国际部对脱口秀这一报道样态的探索。部门专门成立迪迩工作室,我成为核心成员之一,团队至今围绕中美关系的多个核心议题播发制作了多期“迪迩秀”节目,如翻唱《后妈茶话会》,盘点中美抗疫差异,如播发《20年!美国成功把阿富汗政权从塔利班换成了……塔利班》,调侃美国在阿军事行动的失败,在国内外引发了强烈反响。在工作室的机制内,我个人还策划、主持了“严肃新闻脱口秀”,如《美国的20年vs塔利班的10天》《美式战争:政客谎言为标配,时有翻车“真相了”》。为了制作好节目,我们大量观看和分析西方脱口秀节目,借鉴其成功之处,将自己浸润到西方主要社交媒体平台(包括其评论区),了解现今西方的年轻人在看什么、想什么、说什么,以便用他们喜闻乐见的语言形式回应他们对中国的关切、对中国的误解,并且尽量让他们信服。应当说新闻脱口秀是一种颇有前景同时颇具挑战性的新闻报道形式,而在中传国新班就读期间打下的基础让我有机会成为部里的几个探索者之一。

此外,我还参与了一些动画视频的配音、编发工作。新冠肺炎疫情发生以来,西方持续在病毒溯源问题、抗疫模式上对中国抹黑攻击,同时自身抗疫不力,让全球持续笼罩在疫情的阴影中。面对这种形势,我们团队以妙趣横生的动画形式主动出击,先后播发《病毒往事》系列视频和《疫苗大战病毒》,取得了良好的国际传播效果。我们选取的动画形象根据现实提炼,赋予了其鲜明的特色,让观众感到似曾相识,言之有物。比如《疫

游戏动画《疫苗大战病毒》

苗大战病毒》视频中，病毒的两个“跟班”实则为阴谋论者和反疫苗者。我至今深刻地记得为了体现他们阴险、无知又聒噪的形象，我按照导演的要求在配音间里一遍遍地把自己置身于他们的角色中，一遍遍地录制。这个片子的各个细节可谓展现了新华人做新闻产品时的“工匠精神”。

二、记者：认真记录，参与改变

2019—2020 年底，作为新华社培养新人的工作安排之一，我被派往辽宁分社担任记者一年。时间虽短，却得以阅尽社会百态：从省政府研讨工作的会议室到大连硕果累累的樱桃园，从谈古论今的市长到喜上眉梢的脱贫户，新华社记者这一身份拓宽了我的人生阅历，也让我收获了很多在编辑部未曾获得的体会。纸上得来终觉浅，绝知此事要躬行。一位新闻记者要想接近并得到真相，除了躬身于一线，别无他法。记得在出发前往辽宁前，我对这个曾经的经济“老大”的想象是：漫无边际的平原上，有着漫无边际的老工业基地；漫无边际的冬天里，人们漫无边际地吃着烧烤喝着酒。这些刻板印象很快随着一次次采访被打破。比如本溪有一段国道，那一带的山路是我这辈子经过的最长、最弯的山路；又如辽宁其实也是一个瓜果飘香的地方：丹东的草莓、大连的樱桃、北镇的南国梨；再如这里并不只有老工业基地，还有热闹的安东老街、东北地区的首个 5G 村……

一些场合也给了我品格上的锻造和精神上的历练。比如在零下 20 多度的寒冬，我和分社领衔记者攀爬山路，走访农户，由于山坡陡峭，雪天路滑，大伙儿“前赴后继”地滑倒，却乐呵呵地拿起相机拍下彼此“尴尬”而难忘的瞬间。再如志愿军烈士遗骸迎回仪式当天，我作为出镜记者，在现场完成了中英文出镜。当 117 位志愿军烈士的棺椁齐整地摆放在机场上，感觉就像是我们这一代年轻人跟六七十年前的另一代年轻人进行了一场跨越时空的无声对话。在那种情况下，心情会变得非常虔诚，对待工作也会变得一丝不苟，因为你觉得自己所面对的是一群非常纯粹的人，一群为了保家卫国纯粹到可以放弃生命的人。而我想我们作为新闻人的纯粹，则是去“认真记

郑锦强进行志愿军烈士遗骸迎回仪式出镜报道

录,参与改变”。

作为初出茅庐的记者,报道总免不了犯错。比如我曾经在直播非物质文化遗产展演的时候,把一位传承人当成了观众,因为当时她站在我认为属于观众的位置,并且手上正拿着收款码。我直接把话筒举到了她的嘴边,问她:“这是看中了什么东西,决定要买下了吗?”我永远不会忘记她脸上的尴尬,当然还有我自己发现后内心十倍于她的尴尬。我犯了当记者的一个忌讳:想当然,做预设。包括一开始作为音视频记者去街采的时候,我会认为大多数人应该是比较愿意接受新华社的采访的吧,然而实际情况并不是这样,愿意接受采访的永远只是少数,而这其中的一部分,在摄像机关机的时候畅所欲言,但摄像机一开,嘴里就只剩下“对”和“是”两个字。

当记者也要对自己的学习热情和能力提出要求,因为几乎每天都在接触截然不同的领域:今天做的是电动飞机的直播,明天则要聚焦疫情下企业的复工复产,后天则可能要探访粮库……总而言之,记者这个职业就像是在一个瓶子里装东西,装了石头,还能装下沙子;装了沙子,还能装下水。永远要保持开放、学习的心态。

离开辽宁时,我写下了在分社当记者的四点感悟——保持好奇的初心、保持学习的状态、保持记录的习惯、做出积极的改变,至今以此鞭策自己。对于我来说,记者不只是一个职业,更是一种生活方式。

三、中传国新班:我们启航的地方

总结在中传三年的学习生涯,“通识 + 专长”的培养路径让我受益匪浅。中传国新班有不少本科非传媒专业的学生,学校开设的摄影、电视编辑、电视节目制作等课程在某种程度上让这些同学对传媒行业的实务有了概览。在这基础上选修的专业课、所属导师的具体指导则让同学们能培养自己的专长。比如在入读研究生前,我从未用过专业摄像机和专业剪辑软件,而毕业前,我已能拍出合格的新闻片,并且在美联社商务部实习时编出让指导老师称道的片子。再如吴敏苏老师日常对于出镜报道的重视让我们这些“吴门弟子”总是更善于展示自己。记得以前到吴老师办公室,总说不准什么时候会被她要求就某一当时的国际热点话题阐释自己的观点,并且她还可能将我们的表现录下来,仔细回放后指出其中的问题。

国新班培养模式中的海外实习部分也提供了宝贵的增进业务、开阔视野的机会。比如,我当时前往的是中国日报社的欧盟分社。布鲁塞尔暴恐一周年纪念活动、对比利时前首相 Mark Eyskens 的面对面专访、“一带一路”国家巡礼报道,对于二十来岁的大学生来讲都是前所未有且有足够分量的经历。我们利用周末时间前往荷兰、法国、卢森堡等国家观光,让我们有机会领略欧洲国家的人文风情,而“知己知彼”对于做好国际传播从来都是不可或缺的。

郑锦强脱口秀《美式战争:政客谎言为标配,时有翻车“真相了”》

另一个值得称道的是每周五的媒介前沿系列讲座。在我就读期间,只要时间不冲突,都会前往聆听,且每次都获益匪浅,因讲者分享的往往是最新的理念、最近的尝试,或者最“内行”的信息,有助于帮助我们打开思路、增长见识,在论文写作、求职、升学等方面都能提供不少经验。至今我还记得天脉聚源赵蕾女士在 TV + 主题讲座中提到的“云、场、端、商”,王冠师哥分享的在今日俄罗斯电视台与美国嘉宾激辩南海主权背后所做的大量功课,关娟娟师姐论述如何讲好中国故事时分享的“打盹的中国人”的故事……从最现实的角度讲,如果能听完周五这些讲座,媒体校招面试中已几乎没有任何问题能把人难倒。

随着中国国际地位的提高和国际参与的深化,国际社会对中国声音的期待将越来越大,国际新闻传播无疑将越发重要。中传国新班项目可谓一个能将学生个人发展和国家发展相结合的项目。我相信将有越来越多优秀的学子加入国新班大家庭,也将有越来越多优秀的国新班毕业生活跃在国际传播的舞台上。待我国的国际传播取得突破性进展之时,大家核桃林里再聚首,共庆功。

广阔天地　大有作为——新时代做好国际新闻报道的几点思考

◎ 袁月明*

2015 年,我有幸被保送至中国传媒大学 2015 级国新班,开启了为期三年的学习时光。这段时光对我大有裨益,除了提升新闻业务能力的常规课程以外,国新班还针对国际新闻传播人才培养,设置了国情讲座、赴兰考国内暑期实践、赴法国海外暑期实践等特色活动,让我对我国的国际新闻传播工作有了较为深入的认识和了解。我还很幸运地入选了国家留学基金委员会公派海外实习项目,前往中新社纽约分社实习三个月,充分体验了驻外记者的日常工作。

这一系列难忘的经历,都让我在读研期间就坚定了未来一定要从事新闻工作的信念。于是,2018 年 7 月毕业后,我选择回到河南,成为新华社河南分社的一名记者。

三年多的基层工作经历,不断丰富着我对中国国情的认知,让我明白了我国经济社会运行的底层逻辑,也让我进一步思考:在新时代,我们究竟应该成为怎样的新闻工作者,应该做出怎样的国际新闻传播作品。

---

* 中国传媒大学 2015 级国际新闻传播硕士班毕业生,现就职于新华通讯社河南分社对外采访部。曾参与习近平总书记视察河南系列报道、庆祝中华人民共和国成立 70 周年大阅兵直播报道、河南暴雨救灾报道、河南新冠肺炎疫情报道等。作为主创人员,策划推出了《真人版〈帝后礼佛图〉》《夏文化考古地图 H5》等创意融媒体报道。多篇稿件被评为新华社社级好稿、社总编室表扬稿,并获得社级创新奖等。工作以来,连续被评为 2019 年度、2020 年度新华社河南分社先进工作者。2021 年 7 月,被评为新华社优秀共产党员。

一、坚持党性原则，把握正确政治方向和舆论导向

老实说,在上学期间,虽然学院开设了马克思主义新闻观课程,并定期组织开展党史学习教育活动,但由于接触了比较多的西方新闻理论、观点和西方媒体机构的报道作品,对于“究竟什么才是好新闻”“究竟该做什么样的新闻”也不止一次产生过迷茫。

2019 年 10 月 1 日,袁月明在庆祝中华人民共和国成立 70 周年大阅兵直播报道中担任出镜记者

进入新华社以后,对党史、社史的学习不断深入,对照自己的基层采访情况,我越发体会到:媒体人,尤其是在当下做对外报道和国际传播的媒体人,更应该时刻坚持党性原则,坚定不移跟党走,这样才能把握正确的政治方向,把握正确的舆论导向,才能为自己的报道找到“定盘星”,唱响主旋律,壮大正能量。

1. 对党忠诚,牢固树立“四个意识”

成为新华社记者的第一课,我学到的便是“对党忠诚”这四个字。

从 1931 年起一直到现在,新华社一路风雨兼程,始终坚定不移跟党走,忠实履行党中央“喉舌”“耳目”“智库”的职责。

在革命战争年代,新华人既是记者也是战士,“红色中华通讯社”的电波穿过战火硝烟,传向广袤大地,开拓、坚守舆论阵地。

从建社之初的“茅屋通讯社”“马背通讯社”“窑洞通讯社”,发展到现在拥有国内外 200 多个分支机构,以 15 个语种为全球 8000 家用户服务的世界四大通讯社之一,新华社在革命、建设、改革各个历史时期都发挥了重要作用,红色血脉代代赓续。

习近平总书记强调："党和政府主办的媒体是党和政府的宣传阵地，必须姓党。"作为一名新华社记者，我也越发感到，"党媒姓党"是何等重要和必要。

曾经有一段时期，"自由、公正、专业主义"是西方媒体的"驰名商标"，并一度甚嚣尘上，甚至影响了国内部分媒体从业者的工作实践。但近年来，新冠肺炎疫情甩锅中国、造谣新疆棉花事件、BBC 涉中新闻配套"阴间滤镜"等一系列行径，让西方媒体所谓"自由、公正、专业主义"的"画皮"被揭下，充分暴露了西方媒体不是"驰名商标"，而是"驰名双标"，在编造假故事、炮制假新闻、抹黑中国上无所不用其极，并没有做到其宣称的那般真实、客观、公正。

诚然，新闻事实无立场，但新闻人必定有立场，对于新闻要素的取舍也表明了立场。面对当前错综复杂的国际舆论斗争形势，我们就应该旗帜鲜明讲政治，旗帜鲜明做报道。

必须牢固树立"四个意识"，做到"两个维护"，这样才能在日常的新闻报道中时刻保持坚定的政治信念和清醒的政治头脑，做政治上的明白人，用一篇篇新闻报道体现党的意志，反映党的主张，维护党中央权威，维护党的团结，记录时代风云，凝聚奋进力量。

2. 秉承人民情怀，深入践行"四力"

在新华社河南分社 25 楼老食堂门口，曾挂着"勿忘人民"四个金色大字。每天去吃饭时，都会被这迎面而来的四个大字所震撼。

这是由一代新闻巨擘、新华社原社长穆青题写的，不仅是穆老新闻思想的具体体现，也是他对年轻记者的谆谆教诲、殷殷期望。

新闻报道，是连接党和人民的桥梁。而人民群众的实践，亦是记者赖以成长的沃土。所以一定要不断扎根基层，不断践行"四力"，做出人民群众喜闻乐见的报道。

具体到对外报道和国际传播领域，其实更是如此。所有鲜活而动人的报道线索，都来自基层的广阔天地。

2020 年，我曾与同事一道，在河南省南阳市镇平县进行了为期一周的

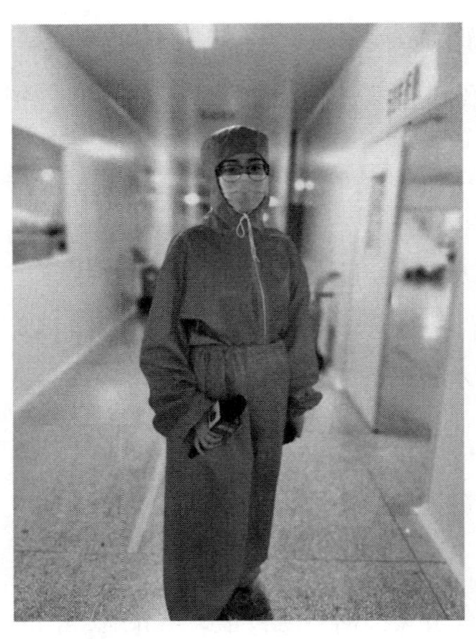

2020年3月10日,袁月明在河南圣光集团口罩生产车间采访

基层治理相关调研。在与当地群众深入交流时发现,当地有个石佛寺镇,虽然地处中原腹地,却与我国西北边陲的新疆和田因玉结缘,不仅有“玉石小镇”之称,也吸引了大批维吾尔族群众前来居住。在石佛寺镇,维汉群众和睦相处、亲如一家的生动案例比比皆是。

调研获得的线索让我激动不已,随即策划并拍摄了《从新疆到河南》三集人物短视频报道,分别聚焦维吾尔族小伙在石佛寺镇创业致富、维吾尔族女大学生投身社区工作、维吾尔族夫妇收养汉族“女儿”的故事,并使用中英双语播发。

这一系列报道也取得了良好的传播效果,尤其是在海外社交媒体平台发布后,还被国务院新闻办官方Facebook账号转载,有力反击了西方媒体对我国民族政策的恶意抹黑。

因为践行“四力”,所以我们的报道才能沾泥土、带露珠。

因为走进群众,所以我们的报道才会冒热气、有真情。

二、因题制宜,有的放矢,找准共鸣,有效“破圈”

一直以来,受制于英美等国对中国媒体机构的海外落地传播活动进行干扰、横加阻挠,以及语言、文化、社会背景等现实情况,我国媒体的声音在西方主导的国际舆论场中往往发声难、落地难,对受众产生影响也很艰难。

在种种围追堵截和恶意打压下,更需要我们找到切实有效的对外报道及国际传播策略,实现“破圈”和突围,不断提升报道话语权和影响力,向全世界充分展现真实、立体、全面的中国。

1. 聚焦人情、人性、人文，触发情感共振

2020 年春节，突如其来的新冠肺炎疫情不仅给每一个中国人留下了深刻记忆，也引发了国内国际舆论上的一系列连锁反应和高度关注。疫情期间的采访报道实践，也让我对“哪些题目更易于对外传播”有了更深理解。

对外新闻报道历来就有“讲故事”的传统，倡导“show，not tell”（呈现，而不是直接告诉）的方法，用在新闻现场发掘的小人物故事而不是生硬说理来呈现事实。

2020 年正月初七，我从地方报道员处得到一条线索，河南省周口市扶沟县人民医院一线护士刘海燕的 9 岁女儿，要来给她送饺子吃。一条看似平平无奇的报道，却因为小女孩在医院前的情感流露变得无比动人：因为疫情，饺子无法亲手送到妈妈手中，只能先由小女孩放在医院门口台阶上，刘海燕再去取。就在这一拿一放之间，小女孩看着几米外的妈妈，忍不住号啕大哭，并张开双臂，和妈妈隔空拥抱。

在被这一幕深深打动后，我立即编辑制作了短视频《医院门口，她与女儿“隔空拥抱”》，并制作了中英文版本，对内对外同时播发。

这个片子很短，甚至不足一分钟，却表现出很强的感染力和传播力。

中文稿件发布后，迅速登上微博热搜；英文稿件发布后，在新华社 Facebook 官方账号上转评赞迅速飙升，单条稿件在新华社所有海外媒体平台的总浏览量近 2 亿。

据编辑反馈，这条简短而动人的短视频，成为当年新华社所有与疫情相关的对外报道稿件当中浏览量最高的一条。

复盘后我认为，《医院门口，她与女儿“隔空拥抱”》这条稿件之所以成功“破圈”，是因为这位“护士妈妈”是奋战在抗击疫情一线的无数医务工作者的缩影，而她与女儿的“隔空拥抱”恰恰是全国上下为打赢疫情防控阻击战所做的牺牲与努力的最生动注脚。

不只刘海燕，我还采访报道了用 9 年时间带领群众修路脱贫的独臂村支书王生有、扎根基层 23 年的乡镇书记赵化录、改超市货架为书架点亮乡村阅读“微光”的李翠利……

这些闪着人性光芒的温暖故事,往往最能跨越地域和语言的阻碍,拉近与海外受众的心理距离,产生情感共鸣,从而获得认同。

2. 主动出击,回应关切,设置议程

随着我国综合国力的不断增强,我们的一举一动都会受到来自全世界的审视。正如前文所论述,在国际舆论场中,关于中国的"硬新闻"一直是自带流量的"硬通货",但国际舆论格局仍旧"西强我弱",故而西方媒体对于中国的报道取向往往趋于负面,甚至刻意抹黑,可谓"没有负面,伪造负面也要发"。

2021 年 7 月中下旬,河南多地遭遇持续暴雨,数百名群众遇难。面对历史罕见的暴雨灾难,河南人积极自救,全国各地的队伍千里驰援,向世界展示了什么叫中国人的"同舟共济",部分西方媒体却围绕灾情大做文章。

2021 年 7 月 22 日,袁月明(右)乘冲锋舟前往郑州阜外华中心血管病医院采访

面对这样莫须有的指责,我与同事第一时间联动兄弟分社,采写并报道《全球连线 | 声音 · 面对部分西方媒体的有色滤镜　中国民众这样说》,及时、有力地反击西方媒体的不实言论。

新时代,我们的对外新闻报道和国际传播尝试需要更好地确立自己的主体地位和主体价值观,以我为主,在突出中国立场和观点的基础上推动国际传播向更高层次发展。

三、内容为王,创意为上,讲好新时代的中国故事

2021 年 11 月 6 日,在新华社建社 90 周年之际,习近平总书记发来贺信,充分肯定了新华社 90 年来的奋斗事业,也对接下来新华社事业的发展提出期望:"坚持守正创新,加快融合发展,加强对外传播,努力建成国际一

流新型全媒体机构。”总书记的指示，也为我们接下来如何做好报道指明了方向。

1.“挖宝”传统文化，打造对外 IP

历史悠久、内涵丰富、源远流长的中华优秀传统文化，蕴含着深刻的哲学思想、人文智慧和文化意涵，一直以来都是国际传播和跨文化传播的“富矿”，更是对外新闻报道线索的“富矿”。

尤其在文化大省河南，从广为海外受众所喜爱的少林功夫、太极拳，到近年来频频爆红的传统节日系列节目《唐宫夜宴》《水下洛神》《龙门金刚》等，回顾我个人发过的稿件，文化类的稿件在海外的传播效果整体上看明显优于其他类型。

在外国受众眼中，文化类的内容，相对来说意识形态色彩不突出，由此，文化相关报道也更容易“出海”，成为最便于构建中国话语和中国叙事体系的报道类型。

得益于河南分社的课题组机制，我在文化课题组，长期追踪关注河南的文化、考古相关线索，并与各级文旅部门、考古队、博物院馆建立了良好关系，也策划出一些较为出彩的文化报道。2020 年，在分社领导的大力支持下，我邀请在河南的塞尔维亚女孩玛塔·内什科维奇并与她合作，策划并拍摄制作了四集《外国小姐姐看黄河》系列报道，通过对黄河嘉应观、杜甫故里、龙门石窟等多处黄河沿岸文化地标的寻访，讲述历史上发生的有趣故事，同时延展到不同文化地标背后所蕴含的中国传统诗歌文化、瓷器文化、石刻艺术等。

习近平总书记指出，要把跨越时空、超越国度、富有永恒魅力、具有当代价值的文化精神弘扬起来，把继承传统优秀文化又弘扬时代精神、立足本国又面向世界的当代中国文化创新成果传播出去。因此，我们要更加积极地从中华优秀传统文化中“挖宝”，向世界展现中华文化博大精深的历史积淀，持续提升中华优秀传统文化的感召力和吸引力。

做好文化报道国际传播的重要价值还在于，文化具有深沉而持久的力量，有助于彰显我国与时俱进的时代魅力，阐释中华文明的世界意义，完善中国价值观的世界表达。这对于塑造我国国际形象、提升我国国际话语权来说，有“润物细无声”之效。

2.创新表达形式，增强新闻体验感

近年来，在大数据、人工智能、VR/AR等高科技的引领下，全球的媒体业态都发生了巨大的变化。我国的媒体也在积极进行移动化和社交化改进，向全员、全程、全媒体的方向蓬勃发展。

都说“太阳底下无新事”。诚然，在新闻报道中，经常会遇到“四季歌”，即每年都有的常规性报道选题。但通过创新表达形式，老式“四季歌”也能唱出“新感觉”。

2021年，在分社领导的指导和支持下，我参与策划并主创了《真人版〈帝后礼佛图〉》《漫画里的百年巨变》《夏文化考古地图H5》三个重点创意融媒体报道产品。其中，《真人版〈帝后礼佛图〉》报道让我记忆尤深。

2021年初，我和同事从龙门石窟研究院得知了独家报道线索——国宝级浮雕《帝后礼佛图》的数字化复原工作正在进行中。当时便开始考虑，如何将报道策划好、呈现好，做新做活做精。经过多次商讨，最终确定，顺应现在年轻人的“古风国潮”热潮，在掌握史实资料的基础上，与专业的学术团队及服装团队合作，通过装束复原和情景演绎的方式，再现《帝后礼佛图》中的典型人物和互动场景，让文物真正“活”起来。虽然这个项目从筹备到执行，前后历时近三个月，从绩效考核角度来看，似乎“很不划算”，但这次报道获得了中央网信办全网置顶推送，获得了众多网友的认可和点赞，让我备受鼓舞。该视频的英文版发布后，国外不少网友也留言评论，惊异于片中呈现的国宝魅力，及其蕴含的珍贵历史文化信息，对中国有了更立体、更多元的了解。

总而言之，在做好内容的基础上，我认为对外报道和国际传播更应该优化报道形式，积极拥抱新媒体，强化互联网思维，大胆提出新创意、新设想，从而做出更具交互性和体验感的新闻报道。

“对党忠诚，勿忘人民，实事求是，开拓创新”，这16个字的“新华精神”，从我加入新华社的第一天起，便被众多前辈反复叮嘱。

作为一名身在基层的对外报道记者，一名国际新闻传播事业的“新兵”，面对越发激烈的国际舆论斗争，时常感觉时不我待，使命在肩。

但路漫漫其修远兮，吾辈将上下而求索。还有许多许多的故事，需要通过我们的笔和镜头向全世界传扬，在新征程上，做出新成绩，不负新时代。

植根本土　放眼全球——关于国际传播的个人体会

◎ 黄若鸿*

在中国传媒大学念本科的时候就常听师友讲起国新班，那是诸多优秀的师哥师姐前往的下一站和投身的事业，令我十分向往。当时学习小语种的我，对于国际新闻的理解还停留在表面的“新闻 + 外语”模式。本科临近毕业时，我有幸在中国国际广播电台和意大利广播电视公司实习，第一次感受到，国际新闻的含义远远不是“新闻”和“外语”的简单相加。在那之后，我加入了国新班这个大家庭，正式踏上国际传播的道路。国新班的宝贵经历令我获益匪浅，毕业三年多来，一直鼓舞着我前行。

一、国新班培养怎样的国际传播人

似乎在过去很长一段时间，国际传播人才被等同于外语人才。确实，外语是对外传播的一块敲门砖。更重要的是，学习外语的经历也是了解对象国政治经济风貌、社会文化、思想氛围的过程，对于从事国际传播而言，这恰恰是一个了解传播对象和受众的过程。通过与对象国民众的直接接触，也更加直观地体会他们对于中国和中国人的印象和看法，这也是我们进行对外传播的起点。

---

* 中国传媒大学 2015 级国际新闻传播硕士班毕业生，现就职于北京市外交人员服务局。本科毕业于中国传媒大学意大利语专业，在校期间曾赴意大利佩鲁贾外国人大学和香港浸会大学交流，并被选派赴意大利参与世博会中国馆运营。

然而，从会说一门外语到会用外语从事国际传播，中间还有很长的距离。虽然外语至今仍是国际传播一个重要的基本工具，但外语好的人不一定懂跨文化传播，也不一定适合做国际传播。国际传播考验传播者在不同文化之间游刃有余的跨文化素养，只有本着开放包容的心态，深入客我两种不同的文化环境和社会语境，了解对话双方的差异，才能求同存异，成功找到搭建桥梁的连结点，促成差异之上的对话和理解，以及核心差异之间的磋商和消弭。

立场则是国际传播的出发点，除了具备外语能力和跨文化素养之外，讲好中国故事，传播好中国声音，还需要守正创新和家国情怀，立足中国，放眼世界。植根于国情和社会文化实际，是国际传播工作的底色。在不同的意识形态和社会环境中转换，既需要不断换位思考，以寻求理解和问题的解决，也需要明辨是非界限，不断反思和学习，以达成更为宏观的长期目标。

事实上，除了新闻报道的专业技能之外，国新班在硕士阶段的培养正是着眼于上述三个角度。做好国际传播是从了解自身开始的，由部委领导和行业专家主讲的国情教育讲座，从历史纵深的角度梳理我国国情的发展，让我们对党和国家的方针政策有了更全面的认识和了解；驻扎式地深入我国扶贫工作一线的国情教育实践，则为学生提供了走进社会的宝贵机会，“同吃、同住、同劳动”，了解不同地区人民的真实诉求，记录群众生活的变迁和产业的成长。了解国情背景，有助于我们在面对新闻事件时做出正确的价值判断，也是全面解读新闻事件的前提。

此外，多元的跨文化传播课程和海外实践，则是一扇通向国际的重要窗口，由资深国际记者和外国专家主讲的国际传播讲座，提供了一个交流行业经验和探讨国际传播议题的平台，有助于学生了解国际受众关注的议题和讨论的焦点，帮助学生形成思考问题的批判性和国际关照；形式多样的海外教学实践，包括参加欧洲媒体机构的培训、与海外媒体的深入交流、参加中国媒体海外记者站的实习，甚至是进入海外高校交流、进修，大量资源的投入让我们有机会在国际化的平台上学习，实地接触海外国际新闻传播工作的业务和从业环境。许多海外顶尖的新闻传播项目也采取了类似的培养方式,这有助于我们进一步检验课堂所学,开阔国际视野,为未来的工作积累经验。

二、受众意识:讲故事的人要懂听故事的人

我们常常强调传播者要有“受众意识”,国际传播面对的“受众”更为广泛,通常具有更复杂的背景,也因此对传播者提出了更高的要求。

习近平总书记曾指出,讲好中国故事“要采用贴近不同区域、不同国家、不同群体受众的精准传播方式,推进中国故事和中国声音的全球化表达、区域化表达、分众化表达,增强国际传播的亲和力和实效性”。

面对一组新闻素材、构思一个选题时,我常常会问自己:“本次传播的目标受众是谁?”“读者为什么会对这些信息感兴趣?”以及“国际的受众为什么要通过你的平台而不是他们更为熟悉的平台来获取这些信息?”

当前,我们似乎仍能在许多国际传播的作品和活动中看到一些误区。我们有时主观地判断受众的兴趣点,认为国际受众“理应”对某些表达、形式或者话题感兴趣,主观地认为来自不同文化背景的受众,也能够按照创作者的认知去理解某些逻辑和框架。这往往削弱了传播的效果,甚至产生某些副作用。正因如此,这要求传播者真正地去研究受众,通过多种渠道广泛地接收反馈,以开放的心态体会不同受众的兴趣和思维,形成双向的有效交流。

跨文化传播常常包含了精细而微妙的工作。以翻译为例,随着日常话语和官方话语越来越多地交织,翻译的细微差别往往便能够呈现不同的形象。例如疫情期间的许多宣传标语,就像“不给政府添乱”这一句,有媒体简单译为“We must not cause trouble for the government”。民众主动配合防疫,本应体现群众的奉献精神,但反过来,在国际传播中政府的角色却不能动不动以此要求民众,有失服务人民的精神。因此有外国专家提出一种更恰当的方案:“We should avoid making the government’s job harder than it has to be.”国际传播的语言需要更多地因情境而变通,减少文化差异,积极改变

对外叙事方式。

关于中国制度、中国模式及其所取得的成绩的中文表达方式如何转换，如何采用贴近外国受众思维习惯和语言习惯的叙事方式有效地对外表达，是中国方案在国际传播实践中面临的一大难题。

在互联网时代，各种传播媒介和平台相互连通，国内外受众接收信息的渠道不仅更加多样化，语言的隔离也逐渐弱化，海外受众同样能够从原本主要面向国内受众的平台上了解信息，因而所谓内外宣的界限事实上正在不断消解。

如今的国际传播工作不再以平台作区分，不同平台的传播者都应更有国际意识，能够更谨慎地规避跨文化误读。

三、国际传播的挑战和策略

传播的工作是一门关于“说服”的艺术，一个好故事的说服力不仅在于表达的语言，更在于构成故事的素材及其组织的逻辑框架。

近两年来，在反全球化和逆全球化的浪潮下，全球传播与本土传播的叙事相互呈现，种族主义、民族中心主义、国家利益优先等现象日益凸显。在过去一段时间里，我们看到在关于新冠肺炎疫情、人权、气候、资本管控等重大议题上，中国在国际舆论环境中仍然面临挑战。

例如，当新冠肺炎疫情开始在全球蔓延的时候，国际社会对于中国的刻板印象和对病毒传播的恐惧情绪，对我国的国际舆论环境产生了负面影响。直到 2021 年初，在一次与其他国家的同学交流的机会中，一位来自某亚洲国家的同学仍指责中国人传播病毒，甚至认为中国故意散播病毒并利用疫苗获取利益。那位同学的言论随后受到同一场合许多其他国家同学的批评，但可以看到，这样的言论在疫情暴发一年之后依然存在。尽管科学理性的声音已是主流，但不可否认，这是专业理性不得不反复面对的整体性挑战的一部分，国际传播亦如此。

国际传播考验着传播者的专业精神和专业能力。国际主流媒体常常善于运用新闻框架进行强有力的议题设置,将单一新闻事件放在一定的框架和议题中进行诠释,充分利用有关背景,帮助读者提炼归纳,更易于受众理解新闻的含义,尤其是对于不同文化背景下的受众,传播效果更为直接、持久。

当前,一方面,在许多重要的议题上,我国的国际传播似乎仍常常处于被动回应的局面,主动传播难以在更大范围内产生声量。另一方面,据一些针对地区受众传播效果的调查显示,中国媒体对国际新闻缺乏关注和跟进,表达和形式上或许过于地方化。

对于国际传播而言,“自塑”必须站在世界坐标的高度上考察本土经验,应致力于报道基于全球受众信息交流所需的“全球新闻”,从而帮助来自不同文化背景的人们建立有效的对话。这有赖于传播者进一步提升深入诠释中国背景、提炼新闻框架的能力,在全球叙事中设置具有标识性概念的新闻框架。在文化差异和冷战思维的影响下,中外媒体新闻框架设置差异巨大,但国际传播需要摆脱单向的宣传思维,考虑全球叙事中外国媒体新闻框架的指向性,倾听传播对象的新闻需求,主动融入国际话语体系,才能恰当地设置新闻框架,以达到标识性概念传播的效果。

同时,随着国际新闻传播工作水平的日益提升,让优秀的国际新闻作品脱颖而出、引发关注的,越来越在于其扎实的、具有说服力的关键素材。对于国际新闻记者而言,这要求他们在具备上述国际传播素养的基础上,不应忽视提升核心的新闻采访和调查能力。尤其是在国际舆论对抗的关键领域和议题中,更需要国际新闻记者细致、系统地进行尽职调查,深入新闻地点,攻克核心新闻当事人,获取更多的第一手材料;用贴近国际受众的话语和形式做报道,也体现在国际新闻的叙事逻辑和方式的调整,提供更多细节,用事实支撑论断和表态,反复打磨和强化核心观点,避免流于形式和简单重复。

当前,一些西方国家意识形态先行,为我国的国际传播设置了许多条件和障碍。例如,许多中国媒体在海外社交媒体上被标记为“国家附属媒体”,这本身就让许多政治和社会类题材难以“出海”。相对而言,商业类题材有更大的话语空间，似乎更容易突破意识形态屏障，抵达和影响国际受众。当然，商业类题材也难以脱离社会政治经济背景而独立考察，因而对于国际传播而言同样不应被忽视。近年来，国内许多优秀的商业类内容，依靠其灵活的话语形式和扎实的新闻报道，获得了越来越多国际受众的认可。

事实上，国际传播不限于新闻工作者，也可以是企业的公共关系工作者、从事国际事务的专业人士，甚至是任何具有国际影响力的活动的参与者。讲好中国故事是有多种可能性的，需要改变本质化、简单化、标签化的思维，放下急于寻求西方肯定的心态，走出指责与反指责、批评与反批评的螺旋，直面外界对中国理解与不理解的多种维度，在全球性的视角和中国的独特性框架下，以包容、批判的态度，重建互动、信任、合作和价值共享，相信这对中国的国际传播而言，将更加具有现实的迫切性和长远的战略意义。

作为一个国际传播岗位上的新人，这仅仅是我在学习、实践和短暂的新闻工作中获得的粗浅体会。国新班教会我铁肩担道义，在国际传播的道路上不忘初心、踏实磨炼，期许未来继续创新奋进。

不忘初心　方得始终——我与国际传播的故事

◎ 陈梦笆*

2019 年夏天，怀揣着憧憬与热爱，我来到了新华社这座无数新闻人为之向往的殿堂。这里，午夜 12 点的新闻大厦依旧灯火通明，打字声不断；这里，24 小时都在向全世界发出最新的消息，传递中国的声音。而我，也成为其中的一员，努力践行着一名国际新闻工作者的初心与使命。这条道路，有辛勤与汗水，也有成长与收获。回顾自己的求学生涯以及两年半的工作历程，我想结合前行的路，讲讲我与国际传播的一些故事。

一、语言——叩响世界的敲门砖

九年前，我进入中国传媒大学学习法语，这门严谨却又无比浪漫的语言，让我徜徉在欧洲艺术文学的殿堂里，我第一次感受到，自己离世界上的另一种文明是如此之近。七年前，我前往法国读书，踏上了这片陌生却又似曾相识的土地，它与我在书本和影视作品中所感受到的相同却又不同，我用全新的视角观察着那里的一切，这是我第一次直观、近距离地触摸另一种不

* 中国传媒大学 2016 级国际新闻传播硕士班毕业生，2019 年入职新华社 CNC（中国新华新闻电视网），作为新华社记者、编辑，参与庆祝中国共产党成立 100 周年大会现场直播、全国两会、进博会、消博会、服贸会、中国—东盟博览会等重大报道，策划、采访、编辑、制作各类新闻视频稿件数百篇，所参与稿件多次获评新华社社级好稿、新华社国际传播融合平台优秀新闻作品、新华社总编室表扬稿、总编室外文表扬稿。所参与采访、编辑、制作的微纪录片《暗夜微光》，在 2021 年中央新闻单位青年记者践行“四力”活动中获“最佳推动社会建设奖”二等奖。

同的文化。那一年，我走过一座座欧洲城市，与当地的人们亲切交流，努力用他们听得懂的语言来介绍我的国家——中国。在他们一个个好奇的问题中，我逐渐意识到，原来世界对中国的认知还这么有限，两种文明之间有这么大距离与差异。如果说，语言推开了我认识世界的大门，那么让世界也能更加全面立体地认识中国，成为那一刻起我心中的一个梦想。

2021 年国际生物多样性日到来之际，陈梦笣（左一）在北京郊外采访拍摄国际野生动物保护者的故事

七年后的今天，我成为一名对外报道的新闻工作者。学生时代的梦想已经成为工作中一直求索的课题。在这条道路上，我深刻地感受到，带我叩开世界大门的钥匙，已不仅仅是语言工具这么简单。语言是思想的展现，情感的传递，也是文化交流、文明交融的基础。怎样表达才能让不同文化背景的受众听懂，用什么词汇才能把语义表达得更精准，如何在不同的话语体系、不同的思维方式、不同的逻辑结构和文化差异中，牢牢把握话语主导权，形成传播力，要求我们在对外报道中不仅要有扎实的语言功底，能够准确传递信息，还要深入了解受众国的社会文化风俗，用符合受众习惯的表达方式，将故事讲述得精彩、生动、形象、有趣。在工作实践中，我认识到要做到这些并不是一件容易的事，要在日复一日的训练和积累中不断探索、提升对外报道能力。当有一天，外语不仅仅是一种交流的语言和诉说的方法，也能成为一种思维习惯和存在方式，当我们在面对任何话题、任何场合都可以地道表达、精准阐释时，我们就能更好地在国际舆论场上传播中国声音，展示中国形象。这也是我认为做好对外报道最不可缺少的能力之一。

二、实践——脚踏实地的积累与坚持

在新华社工作的两年半时间里，我曾有幸作为前方记者参与庆祝中国共产党成立100周年大会现场直播，在天安门广场见证党的百年盛典这一历史时刻，也曾奔赴各地报道第四届中国国际进口博览会、中国—东盟博览会、世界机器人大会等国际盛会；在总社编辑部的时候，我们在各个节点主动策划选题，不仅报道两会、“一带一路”、冬奥会等重大议题，也会从小切口挖掘适合对外传播的小故事；在面对新疆棉事件、新冠病毒溯源等复杂国际舆论斗争时，我们更是主动出击、及时发声，有力回击西方谣言，表明中国立场。这期间的每一篇报道，每一次尝试与突破，都是我在实践中学习成长的宝贵经历。

2021年11月，陈梦笣在上海报道第四届中国国际进口博览会

这些工作内容，看起来是一名新闻工作者的正确打开方式。没错，记录时代、见证历史、在新闻的第一现场采访报道，做出有价值有意义的新闻作品，相信这是每一个怀揣着记者梦想的新闻人都想要实现的。但是，这个过程并非一蹴而就，不经过一次次的锻炼，没有脚踏实地的沉淀和积累，就无法走得长远和掷地有声。唯有每一步走得扎扎实实，在回过头来看时，你才会发现，你所走过的每一步，都是你人生的积累与前行的底气。

2017年夏天，我跟随中国传媒大学国际新闻传播硕士班来到河南兰考县焦裕禄同志工作过的地方进行国情教育实践。在这里，新华社老社长穆青同志写下了著名长篇通讯《县委书记的榜样——焦裕禄》，从此亿万中国人民记住了焦裕禄这个不朽的名字。在兰考，我们聆听了穆老一行如何采写焦裕禄事迹的故事。其中，“脚上沾有多少泥土，文章就有多少情感”，一直深深地印在我的脑海里，也为我从心底想要成为一名怎样的新闻工作者，埋下了一颗种子。焦裕禄同志说过，“吃别人嚼过的馍，没有味道”。只有深入基层，到群众中去，感受他们的生活，体会采访对象的酸甜苦辣，才能写出有细节、有温度、有情感、打动人的报道；待在房间里，是无法写出打动人心、经得住历史考验的作品的。

在国新班学习的第二年，我进入新华社国际部法文室实习，每天的工作内容是将最新的国际新闻稿件从英语编译为法语。这些基础编译工作，我做了整整半年，前后编译了上百篇新闻稿件。这半年的实习，让我意识到最基本的编译工作也绝非语言翻译这么简单，优秀的编辑对新闻报道发挥了至关重要的作用。这段实习经历，培养锻炼了我的新闻编辑能力，加深了我对国际重大新闻事件的理解和认识。考入新华社工作的第一年，我被安排在各个部门进行轮岗实习，从最基层的岗位开始做起，策划、采访、拍摄、写稿、翻译、编辑、配音、视频剪辑、新媒体发稿，全流程的采编实践让我在新闻生产的各个环节打下扎实的基础；从在线新闻到创意短片，从访谈到评论节目，我逐渐接触了各种类型的报道形式和节目样态。这些宝贵的实习和基层采编经历，为我现在的工作打下了坚实的基础，也让我的内心变得无比踏实和笃定。

三、突破力——没有挑战，怎么知道自己的极限在哪里

2021 年对我来说是极具挑战性的一年。1 月 1 日起，我被抽调至新华社新成立的国际传播融合平台，参与全社重点打造的全新栏目“全球连线”（GLOBALink）。这档中外文融媒栏目依托新华社遍布全球的新闻采集网络和传播渠道，聚焦海内外时事热点和舆论前沿，致力于打造国际传播新 IP。艰巨的报道任务、高标准的节目要求、高强度的发稿节奏，让我们当时仅有十人的报道团队在 2021 上半年几乎没有休息时间。摸索节目形态，联络采访资源，创新拍摄形式，寻找国际传播新思路……为了第一时间呈现报道，我们常常赶稿至凌晨。

在这样高压的工作模式下，我接到了参与七一建党百年庆祝大会直播报道的任务。作为一名新闻工作者，能够亲历这样的盛事，记录这一百年历史时刻，我感到无比光荣与激动，同时也深感使命和责任重大。由于七一报

道的重要性和特殊性，出于安全考虑和保密要求，在首次综合演练前，我们无法提前得知任何庆祝大会的现场信息，也无法携带任何无线电和电子设备进入现场，这无疑对记者的现场报道和临场发挥能力提出很高的要求。一演中，我被分配的点位是位于中山公园南门路边的云梯车上，第一次现场直播，我不仅要在距离地面30多米的高空中完成报道任务，还要独自携带摄像机完成直播报道和信号测试，抓紧有限的时间排查出一切可能存在的问题，这对于首次参与重大报道的我来说确实是不小的挑战。6月12日晚，带着兴奋、紧张的复杂心情，我独自一人前往直播点位。那晚，我在不到三平方米狭小的云梯车上度过了难忘的三个小时。第一次登上云梯在高空俯瞰天安门广场、俯瞰长安街，听着青春洋溢、铿锵有力的共青团员和少先队员代表集体献词在天安门广场上空一遍遍回响……内心汹涌澎湃，久久不能平静。

2021年7月1日上午，陈梦笣在天安门广场进行庆祝中国共产党成立100周年大会新华社大型直播现场报道

七一庆祝大会当天，我们在天安门广场迎来了第一缕朝阳。迎着晨光，我圆满完成了直播报道任务。虽然在镜头前只有短短几分钟的时间，背后却需要付出巨大的努力，这也让我深刻体会到重大报道对记者身体素质、心理素质以及专业素质的多重考验。除了直播报道，作为前方记者，我们还要在现场“捉活鱼”、抓亮点，为全社七一重点稿件提供素材。完成现场报道后，我们第一时间赶往社里，进行素材处理和视频剪辑，从采访、拍摄到后期制作，在24小时内播发了三条自制Vlog短视频，配合社里完成了五条重点稿件报道。回想起来，如果没有过去两年基层新闻采编实践的积累，没有在高强度高要求的工作环境下不断突破自我、挑战极限的抗压能力，很难在急难险重的报道任务中冲得上、顶得住。

四、初心与热爱——最持久的前进动力

常常会有人问，从事媒体工作，是否经常加班？会不会很累？答案是肯定的，但收获和付出也是成正比的。在这个过程中如何坚持下去，并从中找到自己从事这份职业的价值和意义，我想工作中的很多个瞬间都会给你热爱的理由和前进的动力。在这里，我想分享一则对我的职业生涯有着特殊意义的报道，这篇报道，让我找到了自己从事这份职业的初心。

这组题为《暗夜微光》的“新春走基层”融合报道，完成于 2021 年春节前后，讲述了年幼的罕见病患者哆哆一家在北京抗癌“助医小家”及志愿者们的帮助下，踏上造血干细胞移植这一希望之路的故事。腊月二十九这天，我前往“小家”进行了拍摄，第一次见到哆哆，我便被她灿烂的笑容所打动，在她的身上，你仿佛看不到那些病痛，但我知道，它是真实存在的，这个只有三岁半的小女孩坚强得让我心疼。在采访哆哆妈妈的过程中，听到这位母亲哽咽地讲出“在急诊室里等待的时候，特别难熬”“一进那个病房的时候，就有点儿世界末日的感觉”时，我的泪水忍不住夺眶而出……我相信这种最真情的流露，不只可以打动我，也可以打动看这个视频的每一个人。

这组报道播出后，引发了社会的大量关注，不少人在看了我们的报道后，联系到儿童希望救助基金会，伸出援手，捐款、捐物、陪伴孩子。在报道的社会影响下，首都儿研所附属儿童医院表示愿与儿童希望基金会合作，再建 2 至 3 个这样的“助医小家”……一年过去了，故事的主人公哆哆已经康复回到了老家。这组报道给哆哆一家带去了希望，也给我的职业生涯带来了巨大的鼓舞！

这些公益“助医小家”，成为陷入疾病的困难家庭寒夜里的微光。身为记者，能够做一束微光，尽自己的努力，去传递更多的光和热、希望和力量，这也是我心目中记者应该成为的样子。而这些记录人类共通情感的故事，我想也是无国界的，它会跨越一切文化的壁垒和意识形态的隔阂，走进每个人的心底。

五、契合未来——对外传播思考与感悟

最后,我也想说一说我们在国际传播工作中的一些思考和感悟。在对外报道过程中,我们一方面要讲好新时代中国故事,努力塑造可信、可爱、可敬的中国形象,让世界看到真实、立体、全面、精彩的中国;另一方面也要在国际舆论场上敢于发声,敢于斗争,回击不实报道与言论。在现实中,我们还有大量的工作需要完成,这是作为国际新闻工作者的责任和使命。让世界从看到我们、听到我们,到愿意相信我们,产生兴趣了解我们,再到最后读懂我们、敬重我们,这条路任重道远,需要我们不断去尝试、去探索、去突破、去奋斗。

让世界看到中国,这是过去一个世纪通过数代人的努力和奋斗,已经实现的愿景。让世界看好中国,这是当代新闻媒体人要为之奋斗的现实。今天的中国,世界第二大经济体,综合国力不断提升,日益走近世界舞台中央,但现在的中国,在世界舆论场上,“有理讲不清”还时有发生,我们的国际话语权和我们的国际地位并不匹配。如何在与西方媒体比高低的场域中,主动设置议题,谋求主动位置,是我们必须解决也亟待解决的问题。

在探索对外传播的道路上,这些年新华社也做了很多积极的尝试,组建国际传播融合平台,在海外社交媒体不断发力,整合资源推出更加面向世界、面向网络、面向青年的融媒体创意产品。除了传统的文字、图片、视频报道,海报、漫画、Vlog、H5、MV、RAP、脱口秀、微电影、小剧场……越来越丰富的报道样态纷纷破圈而出,在海内外引起了热烈反响。当然,无论是以什么样的形式呈现,我相信内容与思想始终是新闻报道的灵魂。将形式上的创新与内容上的创新更好地结合起来,在多元的报道样态背后,实现话语体系的建构,用有说服力的逻辑体系和有效的叙事结构进行对外报道,是未来国际传播的力道所在,也是我们在国际新闻报道中所应思考的课题。

亲历媒体驻外工作

QINLI MEITI ZHUWAI GONGZUO

祖国在心中，永远在路上

◎ 马　菲*

2009 年,我有幸成为国际新闻传播硕士班的“黄埔一期”成员。如今,我在人民日报社工作已满十年,其中有八年都坚守在驻外记者的岗位上。

“坚守国家立场,发出中国声音”——这句当年挂在教室墙上的标语,我一直铭记于心。国新班的培养不仅让我在国际新闻一线能够更加从容地应对各种挑战,也坚定了我从事国际新闻传播工作的理想和信念。

如果将驻外这八年时间绘制成一个时间轴,那么韩国总统大选、“萨德”入韩、朝韩领导人会面、中韩志愿军遗骸交接、中韩合作抗疫等新闻热点就如同无数个坐标,勾勒出我驻外工作的大致曲线。在一次次新闻事件的报道中,我开始慢慢积累驻外工作经验,对驻外记者这份职业也有了一些切身体会。

一、不断学习提升政治素养，紧贴国内了解发展动向

在国外工作期间,每当自我介绍说到“我是《人民日报》记者”这句话时,都会有种沉甸甸的责任感。对驻外记者来说,在国外没有绝对的个人身

---

* 中国传媒大学 2009 级国际新闻传播硕士班毕业生。2011 年毕业进入人民日报社工作,并于当年底赴韩国驻外。目前为第二次赴韩国常驻,驻外时间总计近八年。参与的重要报道包括两次韩国总统大选、韩国民众反对“萨德”入韩、朝韩领导人会晤等,参与及主笔的报道多次获得人民日报社年度精品奖。

份,驻外记者不仅代表个人,更多的是代表着中国媒体,甚至是中国在世界上的形象。因此,驻外记者必须有高度的政治责任感,时刻注意自己的一言一行。

政治过硬是驻外记者开展一切工作的基础。要想在海外讲好中国故事,必须首先坚持正确的政治方向。正是因为身在国外,驻外记者更应该坚持不懈加强学习,认真学习党的理论和路线方针政策,不断提高自身思想政治素养。

驻外期间,除了关注国际新闻外,阅读《人民日报》的各个版面,了解国内的各项方针政策是我每天的必修课。随着中国日益走近世界舞台的中央,世界各国了解中国的愿望和热情也日益高涨。要想讲好中国故事,驻外记者必须首先要足够了解中国各领域的发展动向,只有这样,才能更好地成为沟通中外的桥梁。

二、坚持不懈争取提问机会,设置议题引导国际舆论

2011 年 12 月,中日韩自贸区官产学联合研究会议在韩国平昌举行,这是我驻外工作开始后的第一次外出采访。当时,日本代表团表示在记者会上仅回答本国记者提问,但我还是想再争取一下,于是便在会场门口“围追堵截”,拦住代表团成员表达采访意愿。最终,一位日本官员同意接受我的采访,他还在采访中高度肯定了中日韩自贸区的意义。这次的经历让我意识到,驻外记者绝不能轻言放弃。在之后的驻外工作中,我也努力抓住各种提问机会主动出击。

对于驻外记者来说,参加各类记者会是日常工作中的一项重要内容。在各国记者云集的“战场”上,如何争夺话语权、主动设置议题、引导国际舆论,这是对驻外记者的一种考验,也需要通过一次次的实践来不断总结经验。

2019 年 1 月 10 日,韩国总统文在寅在总统府青瓦台举行新年记者会。新年记者会被视为总统阐述当年施政构想的重要场合,因此备受各界关注。

在青瓦台发布记者会通知后,我与青瓦台密切沟通并积极争取,最终参加了记者会并获得在第一排就座的机会。记者会上,我在前排持续举手示意,最终“抢”到了宝贵的提问机会,成为会上唯一提问的中国媒体记者。

在回答我提出的“如何评价中国在推动朝鲜半岛问题和平解决方面发挥的作用”这一问题时,文在寅回答称,中国在朝鲜半岛无核化和南北关系改善方面一直给予了巨大帮助,并持续发挥积极作用。文在寅表示,金正恩委员长刚刚访问中国,此次访问可以看作为第二次朝美领导人会晤做准备,预计第二次朝美领导人会晤将在不久举行,中国一直对南北对话和朝美领导人会晤表示支持。文在寅在回答中还称:“我相信,习近平主席和金正恩委员长刚刚举行的会谈,也一定会对之后朝美首脑会晤的成功举行发挥积极作用。”

文在寅举行新年记者会当天恰是朝鲜国务委员会委员长金正恩结束访华回到朝鲜之日。在这一时间节点上,文在寅在记者会上的此番表态,再次肯定了中国在解决朝鲜半岛核问题上发挥的独特和关键作用,有力地回击了当时韩国国内及国际社会上有关中国在解决半岛核问题上作用式微的舆论质疑。

当天,文在寅在回答我的提问时,正在直播记者会的韩国各大电视台纷纷在字幕上打出“中国在半岛无核化和南北关系改善方面给予积极帮助”“中国在半岛问题上发挥积极作用”等相关内容,韩联社、KBS 电视台等韩国主流媒体都对文在寅回答我提问的内容进行了详细报道,取得了很好的国际传播效果。青瓦台海外言论秘书室官员在会后向我表达祝贺,称:“《人民日报》的问题很好,提问很成功。”

在记者会上敢提问、会提问,是驻外记者必须磨炼的一项基本功。讲好中国故事要善用外嘴外脑发声,记者会便是可利用外嘴发声的一个重要平台。

2020 年 3 月,韩国总理就韩国抗疫政策举行记者会。这是疫情发生以来韩国政府首次在线下举办高规格记者会,出于防疫需求,记者会对参加人数做出严格限制。收到通知后,我第一时间报名参加,并积极联系韩方表达

2019 年韩国总统新年记者会上,马菲向韩国总统文在寅提问

提问诉求,经过几轮沟通后,最终获得了提问机会。

韩国时任总理丁世均在回答我提出的“如何评价中韩合作抗疫”问题时说道:“韩中两国都有句俗语叫‘远亲不如近邻’,在抗击疫情过程中,韩中两国不管是在中央和地方政府层面,还是两国民众之间都积极合作应对。”丁世均表示,韩中两国之间互相捐赠抗疫物资、建立沟通合作机制、分享抗疫经验,体现了面对困难时团结协作的坚定决心,向世界展现了睦邻友好、互帮互助的感人画面。

中韩两国的抗疫合作是中国与世界并肩抗疫的一个缩影。韩国总理对于中韩两国合作抗疫的高度肯定,不仅充分展现了中国负责任的国家形象,同时也具有更强的信服力和更好的传播效果。

三、广交朋友挖掘鲜活素材,脚踏实地丈量新闻现场

在我的书桌前贴着一张韩国地图,每去一个地方采访,我都会在上面画圈做上标记。这些年来,我的脚步遍布了韩国各个重要城市和地区。这张地图也时刻在提醒着我,记者一定要走出去才能写出好文章。

韩国宣布部署“萨德”后,我曾先后多次前往“萨德”部署地、韩国国防

部、反对“萨德”抗议活动现场等地进行采访报道，发回了《反对“萨德”，我们斗争到底》《韩国宣布“萨德”最终部署地引发新一轮抗议》《反对“萨德”的烛火不会熄灭》《韩国任何地方都不需要“萨德”》《反对“萨德”的声音只会更强烈》等多篇第一现场文章。

由于多次前往“萨德”部署地庆尚北道星州郡，我和那里的几位村民也成了朋友，当地有任何动向，他们便会立即和我联络。还有一次去星州郡采访，由于当地较为偏远且交通不便，而我在当晚就必须发回文章给夜班编辑，供第二天见报使用，于是，我请了一位出租车司机开车跟着我一起采访。韶成里是距离“萨德”部署地最近的一个村庄，在这里采访完一位女高中生，我得知她要去星州郡政府广场，那里正好是我的下一个采访点，于是我便提出载她同去。到达星州郡后，我要对当地民众反对“萨德”抗议现场做出镜视频直播，女孩和出租车司机两人便主动提出要当我的“助手”，一位帮我打光，一位帮我拍摄。

直播结束后，我又在附近的小饭馆开始埋头写稿，等稿子完成发回国内，已经是深夜近11点。在这期间，我的两位“助手”朋友一直陪着我，看我写完文章，顺利完成当天的最后一项任务后，他们也松了一口气。“当记者可真不容易啊!”出租车司机感慨道。“我们三个可以算得上一个采访小组了吧。”女孩还沉浸在自己初次体验摄像的兴奋之中。

四年多过去了，我还是会时常想起那次紧张忙碌却又温暖有爱的采访。在我的驻外生活中，不管是这种萍水相逢的朋友，还是多年相识的老友，都给予了我极大帮助。驻外记者必须广交朋友、深交朋友，才能对驻在国有更加深入的了解，进而挖掘出鲜活的第一手新闻素材。

新冠肺炎疫情暴发以来，除了积极深入疫区采访，我也主动挖掘了许多中韩两国共同抗疫的感人事例。给中国募集捐款的韩国教授、给中国驻韩大使馆寄去口罩的韩国留学生、将中国媒体有关疫情的新闻翻译成韩语在社交媒体上发布的韩国年轻人……这些人中既有我的老友，也有经老友推荐后又认识的新朋友，他们都被我一一写进了报道之中，成为中韩两国守望相助的生动注脚。

四、主动转型适应全新形势，磨炼本领积极应对挑战

全媒体时代给新闻传播事业带来巨大变革,也对国际新闻传播工作者提出了新的挑战。近年来,人民日报社加快推进媒体深度融合发展,已发展成为拥有报、刊、网、端、微、屏等10多种载体的新型媒体方阵。媒体融合发展的不断推进,要求驻外记者必须积极向全媒体记者的身份转变。

回顾这些年的驻外工作,在从纸媒记者向全媒体记者转变的过程中,我的工作内容和方式都发生了巨大改变。现在,除了需要撰写见报文章,我还需要实时关注各种新闻热点动态,第一时间将重要的新闻发回国内,供报社各新媒体平台使用,有时还需直接撰写英文新闻供英文客户端使用。在日常采访中,我时刻强化自己的新媒体意识,尽可能多拍摄视频,在重大新闻发生时积极进行图文和视频直播,以增强传播效果。

面对媒体融合发展的浪潮,我深刻感受到国新班当年对我们的培养是十分具有实用性和前瞻性的。国新班的课程不仅包括新闻传播学的基础理论与专业知识,还包括了英语新闻采编、电视节目制作等对未来工作大有裨益的课程,在学校的这些积淀让我在向全媒体记者转型的过程中更有底气,更从容不迫。

2018年,半岛局势开始出现新动向,朝美和朝韩领导人间多次互动。我参与报道了朝韩领导人板门店会晤、文在寅访朝、朝美领导人板门店会晤等多个重大新闻的报道,并进行了多场图文和视频直播。

2019年韩国总统文在寅访问朝鲜期间,马菲在位于韩国的主新闻中心进行采访拍摄

2021年是中国人民志愿军抗美援朝出国作战71周年。2014—2021年,中韩双方遵循人道主义原则,本着友好协商、

务实合作精神,连续八年成功交接825位在韩中国人民志愿军烈士遗骸。在此期间,我曾多次参加志愿军烈士遗骸装殓和遗骸交接的相关报道工作。

中韩合作开展在韩志愿军烈士遗骸交接工作,既充分表现出韩方对志愿军烈士的尊重,也增进了两国民众之间的友好感情。为对这一新闻事件进行充分报道,除了见报的文章和照片外,我还在烈士遗骸交接现场身兼多职,同时拍摄照片和视频,并实时传回国内。有关烈士遗骸交接的各种组图及短视频在《人民日报》的各个新媒体平台刊发后,取得了很好的传播效果。韩国国防部对我的报道给予充分肯定,他们认为这样的全媒体报道充分展示了韩方为实现遗骸成功交接所付出的努力,同时也有力烘托了两国间的友好氛围。

媒体融合发展的浪潮滚滚向前,新闻报道领域的竞争日趋激烈。全媒体时代背景下,驻外记者必须快速转变思想观念,牢固树立融合思维,不断磨炼自身本领,积极创新报道形式,只有这样,才能在日趋激烈的国际舆论竞争中占据有利地位,进而掌握主导权。

从事驻外记者工作这些年来,我深感每个国家的国情、与中国的历史渊源和交往程度都各不相同,因而他们对中国的情感和期望也存在很大差异。我们在开展外宣工作、讲述中国故事时,绝对不能硬搬教条,而是要根据对象国的情况量体裁衣,既做共性传播,也做有针对性的个性传播,只有这样,才能真正实现民心相同,达到事半功倍的效果。

翻看一年来自己写的报道,每一篇都觉得仍有可改进的余地。然而记者的工作流程是不可逆的,报道一旦刊登就永远定格,但这也正是记者这个职业的魅力所在:永远充满未知和惊喜,最满意的作品永远是下一个。

祖国在心中,永远在路上。对于长期从事驻外工作的我来说,身后的祖国是我最坚实的后盾,走过的路途是我最宝贵的财富。今后,我将继续为我所热爱的事业不懈奋斗,不忘初心,不辱使命,在海外讲好生动鲜活的中国故事,发出更响亮动听的中国声音。

因为相信，所以看见——从日内瓦到巴格达的驻外感悟

◎ 张　森*

回想过去十年，从中国传媒大学国新班到新华社，从国际新闻研究生到驻外记者，又从国际多边舞台日内瓦180度转到艰苦、战乱频发的巴格达，十年时光，真是一晃而过。

一、我们为何而来？

伊拉克多年来安全局势严峻，恐怖袭击、暴力冲突和游行示威不断，极端组织"伊斯兰国"和民兵组织频繁发动武装袭击。

2017年末报名常驻伊拉克时，正值伊拉克反恐战争结束前夕，我只能隐瞒父母，只身前往伊拉克，没想到一瞒就过了好些年。

伊拉克从来都不是安稳的国家，附近美国大使馆遭火箭弹袭击、民众游行示威冲击分社所在的"绿区"是家常便饭。这里绝大部分的日常新闻都是袭击爆炸，想要挖掘伤亡人数以外的东西，就要离现场走得更近。

我最惊险的一次采访经历发生在2021年7月宰牲节，首都巴格达东郊的萨德尔城发生严重恐怖袭击，造成大量平民伤亡。我和雇员第一时间赶

---

* 中国传媒大学2009级国际新闻传播硕士班毕业生，2011年7月进入新华通讯社国际部工作，现任巴格达分社首席记者。曾任日内瓦分社记者，从事国际战地、科技、卫生和体育等报道。曾获全国优秀共产党员、全国宣传文化系统抗击新冠肺炎疫情先进个人、新华通讯社优秀共产党员、美国科学促进会"国际科学记者奖"等荣誉，2017—2018年作为中国媒体代表参与国际足联"世界足球先生"投票。

往了爆炸现场采访录制出镜。

萨德尔城是被什叶派民兵武装控制的区域,拍摄完成后,我被门口的警察和民众武装人员控制,威胁说必须删除、清空拍摄的素材。我当时想怎么样才能把素材保留下来。因为他们不懂中文界面,我在点击“清空”素材的一瞬间,按下了所有素材“全部恢复”。看起来回收站里的素材全部清空了,民众武装人员才放了我。

靠这个“障眼法”,素材全部回到了相册里,骗过了民兵,保留下了素材。事后想想真是觉得后怕,好多朋友都跟我说你不能再这么玩火了,太危险了。

国际新闻是历史的记录,战地分社记者工作的常态是前线报道。第一次前往摩苏尔采访,我被眼前全城满目疮痍、残垣断壁,整个城市被轰炸夷为废墟的景象震惊得说不出话来。时值近50℃的夏天,第一组碰到的采访对象是清理尸体残骸的队伍,几个20岁出头的年轻人只能跟随家里长辈在废墟中清理尸体,每天收入不到人民币20元。看到被遗弃的“伊斯兰国”尸体遗骸,闻到那种恶臭气味,我不知道这些年轻人如何在炼狱里度过每一天。

前后十多次的摩苏尔前线采访,我印象最深刻的是一位叫阿勒万的父亲。这位平凡的父亲,家园在轰炸下被夷为废墟,巷战逃命时拼命救下了中弹的女儿。当我2018年夏天第一次见到他时,他正在烈日中一砖一瓦地重建家园。

然而恢复生活谈何容易,更何况家里还有残疾的女儿。几次采访接触后,我心情越发沉重,决定发动更多力量帮助他们。2019年7月,我和中资企业的员工、朋友圈中的师友为阿勒万和其他两位邻居筹得了5000多美元爱心捐款,送到

2019年7月2日,张淼在被摧毁的伊拉克摩苏尔老城

2021 年 7 月,张淼在摩苏尔努里清真寺前

了他们手里。2021 年夏天再次见到他时,阿勒万一家总算搬到了仅有一层完工的新家中。

我想这是新华社战地报道的意义,我们不是揭露伤疤,而是让更多人关注到这些正被遗忘的人道危机,关注战争中的普通个体,帮助他们走出战争阴影,重建生活。假如生活欺骗了你,事业生活并不如意,就想想这位父亲是怎么撑下来的。

在伊拉克这个特殊的国家,西方某国用炮弹炸开了潘多拉魔盒,中国石油、电建等产业的职工们却在这里帮助他们重建国家。这些故事,戴有色眼镜的西方媒体不会关注,这也是我们为何而来:在伊拉克讲好中国故事,做好有中式情怀的战地新闻。

二、疫情中,我们又能做什么?

2020 年 3 月 7 日—4 月 26 日,中国红十字会援助伊拉克抗疫医疗专家组在伊拉克逆行抗疫 50 天。疫情下,全景式记录展现中国专家组与伊拉克共筑抗疫防线,是新华社记者的工作职责所在。

从专家组在难民聚集区开展防护培训时流弹枪响近在耳边,到进入高危传染环境中的实验室和医院,这是伊拉克抗疫的真实写照。专家们去哪儿,身为记者,我们也必须去。分社雇员都上有老下有小,我无牵无挂,进污染区采访拍摄最合适。

距离新冠病毒最近的一次,是 2020 年 3 月我跟“90 后”专家杨鸿辉先后辗转进入两家实验室工作,上午进入中国援建实验室全程跟拍质控测试,下午进入了检测压力巨大的伊拉克中央实验室工作采访。长时间全身身着闷热难耐的防护服,高强度采访下来,脸上全是 N95 口罩和护目镜的勒痕,整个人几乎缺氧虚脱，“瘫了”，“脑子累得不转了”。

那段时间的高强度工作，使我在日内瓦驻外落下的支气管炎病根又犯了。采访中、写稿中、编片中一直不断地咳嗽，加上我进过污染区多次，当时把很多人吓得够呛。中国专家组老师说你这么一直咳下去不行呀，援助实验室和 CT 机房落成时，专家们第一时间给我做了检测，一来算是检测设备运行，二是帮我打消后顾之忧。

50 天深入海外抗疫最前线的采访，我完成了不少中英文深度、融媒体和内参调研稿件。专家组领队陶中权结束任务时对我说：“你也是名战士！”

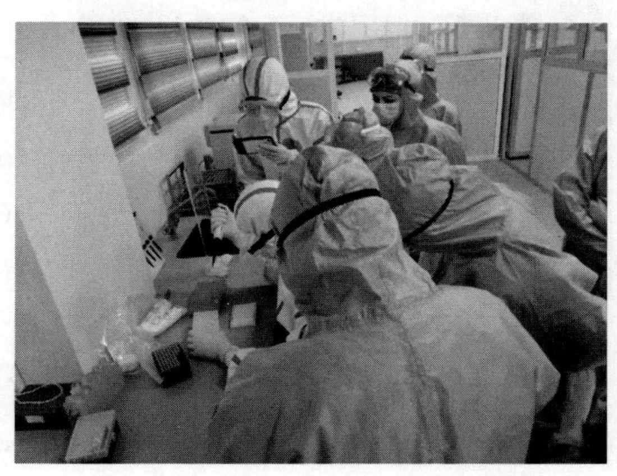

2020 年 3 月 26 日，张淼（持手机者）在中国援建伊拉克新冠核酸检测实验室内拍摄质控测试和检测培训

做好参考报道是发挥新华社记者独特价值的重要途径，这也是党和国家赋予新华社记者的职责和使命，通过内参渠道反映情况和政策倡导，我们责无旁贷。

2020 年 4 月，我在采访中获得中国援建伊拉克核酸检测实验室被叫停的重大新闻线索，但当时专家组成员对上报情况略有顾忌。为了对顶着压力“吹哨”的实验室伊方主任负责，为了保证国家建立的实验室资源不被浪费，我在总分社帮助下第一时间采写了参考报道。

时值中国向海外派出海外专家组援助抗疫的关键节点，这条内参稿件得到了习近平主席批示，中央专门成立跨部门联合工作组，迅速推动问题圆满解决。

随着海外疫情恶化，中国在伊拉克海外项目的困难与日俱增。感谢很多中国驻伊员工相信新华社记者，第一时间反馈碰到的问题和困难。经过调研，我采写的反映中国 1.1 万名“一带一路”建设者滞留伊拉克多时、伊南部卡尔巴拉炼油厂项目百余名中方员工出现严重聚集性感染事件的内参稿件又获得国务院总理李克强批示,有效推动了中伊间航班复航、积极救治海外确诊员工。

当前国际舆论和话语权斗争激烈复杂,病毒溯源等问题被外媒和居心叵测的团体大肆炒作。作为国社记者,我们更要在国际传播一线主动发声,坚决维护国家形象。

2020 年 3 月 24 日,张淼(左一)与中国专家组当日在巴格达新冠定点医院结束工作后合影

2020 年 3 月 31 日,世界卫生组织伊拉克办事处发布疫情新闻公报,存在"罔顾事实,抹黑中国"的错误表述。公报指出"绝大多数伊拉克确诊病例有过伊朗、中国和欧洲旅行史",这明显扭曲了事实。

多年国际卫生报道经验,跟联合国和国际组织打交道,是我的优势,我立即决定向世卫组织提出反驳,第一时间致信世卫组织驻伊拉克代表阿扎姆·阿卜杜勒-穆奈姆和新闻官,摆出客观事实,提出质疑,成功敦促其承认、改正新闻公报中的错误。公报经过修改后的表述为"初始阶段,伊拉克新冠确诊病例可追溯至有过前往受疫情影响国家的旅行史,这包括伊朗和欧洲某些地区",去除了无故抹黑中国的部分。

三、逼自己一把,也许就有不一样的结果

2017 年 6 月 17 日,我结束在日内瓦三年半的驻外工作正式离任,分社首席施建国老师送我到机场,目送我离开。走出日内瓦海关后,在瑞工作期间的点点滴滴一时全部涌上心头,我的情绪再也无法控制,哭到几乎抽搐。

我安慰自己,这三年多了无遗憾。

作为科技记者,我在日内瓦工作的主业是国际科技卫生报道,兼管国际奥委会、国际足联等体育报道。刚到不久,我在万国宫新闻发布 3 厅外碰到

了一位亲切的面孔——中国国际广播电台常驻日内瓦的刘素云老师。

传媒大学读研期间,学校邀请了不少业界专家来班里讲课,其中印象最深的就是刘老师。刘老师曾是常驻以色列的战地记者、韬奋新闻奖获得者,她在巴以冲突中采写以色列青年拯救加沙落水儿童不幸离世的录音报道《让爱的阳光融化冰雪》,至今仍是新闻采编的典范。像刘老师一样做有温度的国际新闻,也成为我看齐的目标。

当时其他央媒派驻日内瓦的还有央视英语频道的知名主播刘欣,前来支援的新华社资深体育记者王子江、张寒以及央视记者陆幽也都成为并肩战斗的伙伴,身边围绕的都是中国最有名的记者,我没有太多报道经验,英语也一般,压力可想而知,很多情况只能硬着头皮来。我至今仍深深记得:

2014 年 5 月,张淼(右一)与中国国际广播电台驻日内瓦记者刘素云老师在世界卫生大会采访

采访丁肇中教授领导的暗物质研究,半夜写深度解读稿件时近乎被逼到崩溃……

截稿时间一般是凌晨 3 点,因为那是北京白班编辑上班的时间,我经常是全天泡在联合国发布会或者车展、发明展会场采访,晚上扒口饭后,利用北京跟日内瓦的 7 小时时差写稿。

分社白天杂事多,大多数的稿子都是夜里写的,日内瓦的夜晚都有我的身影。虽然这种追时差的工作方式无比疲惫,但当看到成品稿件签发的那一刻,那真是无法形容的职业满足感。现在回头来看,我必须感谢那些主客观逼迫自己的时刻,如果当时没逼自己,可能很多稿件就放弃了。有时候逼自己一把,也许就有不一样的结果。

2014 年西非三国暴发埃博拉疫情,全世界的目光都聚焦世界卫生组织。从疫情升级为国际关注的突发公共卫生事件到失控扩散、呼吁国际社会援助、开展疫苗实验、反思疫情，在一场又一场的发布会中，一条接一条的稿件中，我边报道边学，也逐步意识到新华社报道的力量。

年末的时候，一位参编部同事打电话找到我，兴奋地说："你那条埃博拉疫情的调研报道，获得了习近平主席和其他中央常委的全部批示。"这条反映西非医卫系统接近崩溃、亟须援助的新华社内参，直接推动中国向西非派出大规模医疗队。

多年后，新冠肺炎疫情改变了世界。当今传播生态剧变，短视频兴起，新闻娱乐化和碎片化下更凸显专业卫生报道和公共政策倡导的可贵，也坚定了我继续关注国际健康传播、全球治理的决心。

这条路并不好走，希望我别放弃。

四、写在最后

接到母校的"约稿电"，我内心惴惴不安许久。因为我只是一名最普通的驻外记者，能够分享的也只是些平平凡凡的感悟。

驻外工作，实际上离光鲜亮丽的幕前工作很远，但这是一份能最大限度实现人生理想、诠释家国情怀的工作。

驻外工作，有苦也有乐。只有经历过在寂寞中采访调研写稿的"苦"，才能感受到新闻落地对社会产生影响力时的"乐"。

如今，提升国际传播能力，讲好中国故事，对一线记者提出了更高的要求。我更时常处于自我怀疑、自我否定的循环中，我还能不能做好这份工作？

不少前辈都是专注某一领域二三十年的专家型记者，这需要持续不断的学习和严格的自律。这是我所欠缺的，也是希望新一代的国新朋友们能够坚持的地方。无论是枯燥的外语训练、写作练习，还是国际关系的积累、对国际问题的研究，只有坚持不懈的努力，才是日后持续输出的基础。

传媒大学毕业十年,驻外七载。从日内瓦国际多边报道,到走进伊拉克烽火一线、战后废墟,作为一名还算年轻的记者,我要感谢母校的培养,感谢时刻关心我工作生活的导师田智辉教授,感谢国社和我们所处的时代,给予了我们去认识世界、在国际传播舞台上发光发热的机遇。

我的非洲报道经历与思考

◎ 韩　蓄*

一、从职场新人到驻外记者

2011 年 7 月，作为首届国际新闻传播硕士班的毕业生，我进入了中央电视台国际新闻部工作。看到这个部门的名字，想必大家一定觉得我何其幸运，去到了一个和专业百分之百契合的部门。确实，央视的国际新闻部是负责处理全球驻外记者报道的部门，不过它除了下设的几个业务编辑部门以外，还专门设置了一个叫作“海协策划组”的部门。该部门全称是“海外记者业务协调和策划组”，除了负责整合协调前后方各种选题策划之外，还负责统计全球记者工作量等很多杂事。说实话，一开始知道自己被分配到了这个组，我其实有些困惑。因为好不容易被分到了看似对口的国际新闻部，但是工作并不是真正外出采访或进行新闻编辑，自己甚至略有些失望。上班第一天，部门的组长葛老师把我和另一位北外同传专业毕业的小姑娘一起领进了办公室，并向我们介绍了组里的成员：顾老师，资深欧

* 中国传媒大学 2009 级国际新闻传播硕士班毕业生。2011 年进入中央电视台国际新闻部工作，2012—2016 年被派往位于肯尼亚的央视非洲分台担任驻外记者，2016 年至今在中央广播电视总台驻塞内加尔达喀尔站担任驻外记者。在非洲近十年间，足迹遍及近 40 个非洲国家，经历并报道了利比里亚埃博拉疫情，肯尼亚、马里恐怖袭击，索马里大选，埃及局势，冈比亚与中国复交，几内亚军事政变等多个新闻事件，专访过利比里亚前总统埃伦・约翰逊 – 瑟利夫、冈比亚前总统叶海亚・贾梅等多位非洲政要。

洲记者，曾是报道1999年北约空袭南联盟的战地记者；王老师，资深记者，曾是央视北美站最早的记者之一；此外，组里的其他老师如赵老师、奚老师等也都是国际新闻编辑组的资深员工。这一下子让我对这个神秘的部门产生了一种“不明觉厉”的感觉。

通过半年多的熟悉与磨合，我逐步适应了在海协策划组的工作。我有时会负责和全球各站点记者进行电话沟通，传达国际部报道建议和要求，有时需要统计全球记者的工作量，有时需要去外交部参加新闻司的例行会议并将报道精神整理传达，有时还需要将前方记者遇到的各种问题进行汇总和处理。可以说，通过半年的工作，我对央视国际新闻前后方的配合以及新闻制作流程有了大体的了解。直到有一天，我突然接到一个电话，原海外记者部的一位老师在核对了我的姓名后在电话里说让我做好准备去内罗毕驻站。挂了电话的我一头雾水，内罗毕在哪儿？驻站？后来组里的葛老师还特地帮我打电话确认了一番，最终确认了我将会作为新一批驻外人员前往当时刚刚成立不久的非洲分台驻站。

说实话，我对于驻外并不是没有憧憬过，因为毕竟自己所在的组里有很多位驻外记者，平常也经常听他们讲述驻外的各种故事。不过当时据我了解，以往的驻外记者似乎都是需要自己报名并通过台内考试之后才能驻外的。但可能是因为我入台那会儿正好赶上国家大力推进国际传播能力建设，而且刚刚成立的非洲分台也缺人手，再加上我本来就是首届国际新闻传播硕士班的毕业生，各种因素综合起来，让我有了这样一个机会，在入台不到一年之际便可以成为驻外记者。当年20多岁的我怎么也没想到，自己会将未来的十年青春奉献给遥远的非洲大陆。

二、从驻外新兵成长为非洲老记者

2012年6月1日，我和同一批驻外的同事抵达肯尼亚首都内罗毕。和我想象中的非洲不一样，6月的内罗毕天气凉爽，甚至还有些寒意，可能是由于平均海拔在1000多米的原因，这里的云朵似乎也离我们的头顶更近，仿佛伸手就能摸到。毕竟是年轻人,并且国新班的培养也让我有了较为扎实的业务基础,熟悉新的生活和业务环境还是比较迅速的。经过一两个月的时间,我们已经基本熟悉了站内的工作。由于我所在的肯尼亚是非洲总站,除了肯尼亚的报道之外,平时我们还会不定期出差兼顾非洲50多个国家的新闻报道。我至今无法忘记,我第一次出差是去肯尼亚的邻国索马里。

2012年8月,索马里举行议会及总统选举,我跟随站内的老记者们一起飞赴索马里首都摩加迪沙进行报道。在飞机上,一位老记者似乎看出了我有些紧张,便笑着问我:“你是不是有点儿紧张?第一次出差就把你带到索马里。”我故作镇静,但内心想着:这谁不紧张,这咋第一次出差就来索马里。现在的我回想起来,真的感谢非洲领导和老记者们对我的锻炼和培养,这是一次多么难得的机会呀!如果不是职业的原因,我可能一辈子都不会有这样的经历。

由于当地确实存在恐怖袭击风险,所以我们的报道团队在摩加迪沙雇用了安保人员随行。每次出门时我们的车辆前后都会各有一辆载有持枪安保人员的皮卡车随行,那场面现在回想起来真的和电影中的一样。虽然从没出过差的我内心确实有些忐忑,但我很快就被这片全新的世界和全新的工作状态吸引了。我们顺利报道了该国的议会和总统选举,探访了内战后该国的民生百态。第一次在摩加迪沙举起CCTV话筒出镜时,我突然有一种很神圣崇高的感觉:这个时候的我不能再是那个刚刚毕业不久的学生了,我必须调整自己的状态,让自己作为一名合格的中国国际新闻记者,在遥远的摩加迪沙进行报道。由于刚刚接触一线报道,在出镜和采访中有时我会略显稚嫩,但是非常感谢我们宽容的摄像和耐心的资深同事给我细心的指导和鼓励,我的多篇报道以及出镜被《新闻联播》选用。我的第一次出差不仅让我有了一次完整的国际新闻报道体验,更让我深深地从内心感受到了国际新闻记者这份职业的独特魅力。

在接下来的驻外生涯中,我有机会去到了更多的非洲国家,接触了各种类型的报道题材。在埃塞俄比亚举行的第35届非盟峰会、埃及首都开罗动荡的解放广场、利比亚的黎波里的街头、曼德拉去世后的南非纪念活动现场、马里的通布图古城、肯尼亚加里萨发生恐怖袭击的校园外等地点都曾留下我的脚印。不知不觉中，我对出差越来越适应，对报道也越来越得心应手，甚至在一些报道中还尝试加入了自己的发挥和创新。

2012 年 8 月，韩蕃在索马里首都摩加迪沙报道当地安全局势

2014 年，有一次我去东非国家乌干达出差。当时我要做一个非洲特色饮食的报道，是一个软性的文化选题。其实这本来就是个常规的任务，因为乌干达盛产香蕉，所以当地有一种饭是用香蕉做的，叫作马托基。我和一位中国摄像同事搭档同行，这位摄像也是中国传媒大学毕业的，叫杨立峰。在拍摄过程中，我一早就发现给我们演示香蕉饭制作的女孩似乎特别喜欢立峰。拍摄过程中我了解到，由于立峰身材稍胖，而乌干达女性觉得比较胖的男性特别有吸引力。就在我们拍摄的休息间隙，惊人的一幕出现了：这位乌干达女孩突然拿起一朵花，单膝下跪，主动向我们的摄像求婚，但是因为立峰已经结婚了，所以拒绝了女孩。女孩失望地把花放在地上，继续在锅里蒸马托基香蕉饭。巧的是，当时摄像机正好在我旁边，我顺手就拿机器完整拍摄记录下了这个过程。之后我把这段花絮加入我的片子里，还专门给女孩扔在地上的花瓣加了一个特写，并在片子中加了一句文字转场：虽然爱情之花凋谢了，但是锅里的马托基已经做好了。片子播出后在网上引起了很大的反响。我现在回想起来也觉得挺有意思的，这个花絮的加入让本来一个很普通的报道瞬间增加了不少人情味和幽默感。

三、从东非到西非，从印度洋到大西洋

从地图上看，也许大家无法想象，从东非国家肯尼亚飞往非洲大陆最西端的国家塞内加尔大约需要十个小时。非洲的面积相当大，这片被东西两

侧的印度洋和大西洋所包裹的大陆蕴含着太多的故事,而我在非洲的驻外经历也恰巧随着时间的推移逐渐从前期的东非转向西非。

2014 年,西非三国利比里亚、塞拉利昂、几内亚暴发埃博拉疫情,埃博拉病毒的致死率在 90% 以上。当时我和站里的一位女同事主动请缨,一起前往利比里亚进行报道。我们在疫区记录了中国协助当地建设埃博拉诊疗中心的过程,以及坚守在利比里亚的中国维和部队的工作。中国维和部队也为我们的采访提供了极大的支持,他们协调车辆并且提供安全保障,让我们能在疫情下的蒙罗维亚各地进行采访报道。我当时专访了利比里亚总统瑟利夫,还拍摄了当地音乐人为宣传抗疫知识而创作抗疫歌曲的故事。疫情发生后,有一个特殊的群体叫“埃博拉孤儿”,有上百人之多。这些孩子的父母都因感染埃博拉病毒而离开人世,但由于埃博拉可怕的名声,没有人愿意抚养这些孩子。在利比里亚,我们采访了一位当地孤儿院的负责人,他专门收留照看这些“埃博拉孤儿”。拍摄期间,这位负责人专门把我们带到了一个令人不寒而栗的房间里。他告诉我,这间屋子里曾有 11 个人因感染埃博拉而死亡,他们留下的 23 个孩子也都成了“埃博拉孤儿”。我们进到这个屋子里做了拍摄和出镜。虽然这间屋子已经被当地卫生部门做了消毒处理,但是现在想想还是挺后怕的。

2016 年 6 月,我从东非国家肯尼亚被调往西非国家塞内加尔常驻,在达喀尔站继续我的驻外生涯。就在我抵达塞内加尔后不久,邻国马里北部的加奥联合国维和营区遭遇恐怖袭击,造成一名中国维和士兵死亡,另有两名中国维和士兵重伤,这两名重伤员被转移到塞内加尔进行救治。我第一时间和中国维和部队方面取得了联系,对两名重伤员抵达塞内加尔到最后病情稳定离开全过程做了及时完整的报道。其间有一天,中国驻塞内加尔大使前往医院看望两名重伤员并交代他们好好休养,其中一名伤员司崇昶对大使说:“我不想放弃,不想因为这次受伤就中断自己的维和任务,半途而废,我想回到马里和我的战友在一起。”当时的场面非常感人,我也记录下了这个场景并保留了原始的全部同期声,该报道也被《新闻联播》评为优秀报道,并得到了台内领导的表扬。

同样是在2016年，中国外交部部长王毅与时任冈比亚外长盖伊在北京签署《中华人民共和国和冈比亚伊斯兰共和国关于恢复外交关系的联合公报》，两国决定恢复大使级外交关系。中国与冈比亚于1974年建交。1995年，冈政府和“台湾当局”恢复所谓的“外交关系”，中国随后宣布中止同冈比亚的外交关系。2013年，冈比亚宣布同台湾“断交”。此次中冈复交让我有机会前往这个神秘的非洲国家一探究竟。冈比亚西临大西洋，其东、北、南三面都被塞内加尔包围。我第一次到达班珠尔是2016年5月，飞机一起一降，乘务员都还没来得及分发一杯水，我们就到达了目的地。我在冈比亚采访了当地年轻人对于中冈两国复交的看法。让我惊讶的是，很多冈比亚人都看过央视的英语节目，并且很多冈比亚人还是央视英语纪录片频道的忠实粉丝。一些冈比亚人告诉我，他们很小的时候就听说过很多关于中国的故事，比如他们当地人也很喜欢喝茶，而小时候他们的父母总是告诉他们中国的绿茶非常好。我在我的一个片子的出镜中总结道：“虽然对于大部分中国人来说，冈比亚可能还是遥远和陌生的，但是接受我们采访的大部分冈比亚人却对中国展现出了一种非常质朴的友好情感。”

2018年1月，韩蕾在圣多美和普林西比采访王毅外长

根据冈比亚的国家宪法，该国总统每年都需要进行一到两次的全国巡视。2016年5月中旬，为期大约两周的巡视再次拉开帷幕。作为唯一的一名中国记者，我有幸跟随时任冈比亚总统叶海亚·贾梅的车队感受了巡视中的几段路程。最有意思的是在其中一个小村落停留时，贾梅总统到当地一些奶农的身边和他们交流。我因为比较好奇，也跟着我的摄像靠近了想听个究竟，但无奈贾梅和当地人交流用的都是当地土语，我一句也听不懂。但就在这时，贾梅总统可能是看到我也在附近，突然用英语问我：“You have an interpreter?”（你需要一个翻译吗？）我在感到惊讶之余，也立即回应：

"Yes, I need."(是的,我需要。)于是贾梅总统为我用英语做了以下介绍:"这是我们当地做的酸奶,你知道我们这边不同部族有各自的本领和技能。这些人都是富拉尼人,他们很会养牛,但是却没有很多牛,所以他们有的时候会从朱拉人这里偷牛。刚才这位女士跟我开玩笑说朱拉人不懂怎么做牛奶,我告诉她那是因为他们把我们的牛都给偷走了。但是现在我们其实经常雇用他们来帮我们管理牛群,因为他们真的很善于养牛。"

1994 年,29 岁的贾梅率领部队发动军事政变,推翻了冈比亚前总统贾瓦拉,之后便在冈比亚开始了长达 20 多年的统治。能够在冈比亚对贾梅进行采访算是我几次冈比亚行程中最令人印象深刻的一段经历了。2016 年 7 月 27 日下午 5 点半至晚上 8 点,贾梅总统在总统府接受了我们的采访。能够看出贾梅对于此次采访非常重视,因为除了我自己的摄像以外,贾梅同时还要求冈比亚国家电视台同步拍摄。更让我感到惊讶的是,他还安排冈比亚政府青年部长、新闻部长等官员列席旁听并记录。在长达两个半小时的采访期间,贾梅总统对中冈两国恢复外交关系、中冈未来合作、冈比亚的发展规划、世界对于冈比亚的误解及不了解等问题进行了详尽的回答。在当天的采访中,贾梅总统多次特别对中央电视台 *Africa Live*(《非洲直播室》)等外语新闻节目内容提出赞赏,表示他一直十分关注央视的非洲节目。在与其他国际媒体进行对比之后,他认为央视的节目专业、客观、全面地展示了非洲的真实情况,所以他也愿意给予央视从未有过的如此长时间的采访机会。

在采访结束前还有一个有趣的小插曲:得知中央电视台的非洲总部设立在肯尼亚后,贾梅总统提出非常希望央视能够在冈比亚设立站点甚至分台,冈比亚政府将会非常欢迎。我告诉他我就在冈比亚邻国塞内加尔驻站,只要我能申请下来冈比亚的多次往返签证,来冈比亚也十分方便。没想到贾梅总统坚决回答:"不行,你们必须在这里开设一个站点,要不然以后我就再也不接受你们的采访了。"说完哈哈大笑。但是谁都没有想到,一句玩笑话,却一语成谶。2016 年 12 月 1 日,冈比亚举行总统大选,贾梅败给阿达马·巴罗,统治了冈比亚 20 多年的贾梅最终交出了权力。2017 年 1 月 21 日晚间,贾梅坐上了为他准备的一架飞机，飞往赤道几内亚，开始他的海外流亡生涯。

四、独闯疫情加政变下的几内亚，感受中国媒体影响力的提升

2021年9月5日，塞内加尔的邻国几内亚发生了军事政变，政变军人扣押了总统孔戴并宣布解散政府。当天早间，几内亚首都科纳克里总统府附近爆发激烈枪战，随后，几内亚特种部队指挥官马马迪·敦布亚身披国旗出现在几内亚国家电视台的画面中，称其部队已掌握国家政权并扣押孔戴，暂时关闭边界，同时成立“全国团结和发展委员会”并接管权力。由于政变的缘故，塞内加尔和几内亚之间的航班在当时全部被取消。虽然无法从塞内加尔前往几内亚，但我所在的塞内加尔首都达喀尔记者站是离几内亚最近的地方。我于9月5日晚间第一时间联系并采访了中国驻几内亚大使馆发言人，及时向观众传递了中国官方对几内亚局势的介绍和相关安全提醒。我还联络了在科纳克里的中国企业员工，他们用自己拍摄视频的方式讲述了政变当天他们在科纳克里的见闻。几内亚发生政变后，我其实一直在与旅行社保持沟通，终于在9月8日早上得到了好消息：几内亚重新开放空中边境，并且可以购买从塞内加尔飞往几内亚的机票。我在塞内加尔和几内亚两国复航后迅速前往科纳克里，并且也是唯一一名在科纳克里报道几内亚政变的中国记者。

2021年9月16日，韩蕾在科纳克里对中国驻几内亚大使黄巍就几内亚政变进行独家专访

在几内亚期间，我和我的塞内加尔摄像相互配合，克服当地疫情和政变的双重风险，完成了多个独家报道。我们探访几内亚政变后首都的街头以及中国同胞的状况，相关视频在几内亚华人圈引起了巨大的反响，很多当地

华人华侨对我们的报道表示感谢,他们说在这个时候关于几内亚的中文报道能让远在祖国的亲人们更好地了解他们在几内亚的现状,让家人放心。想到能给几内亚的华人华侨和他们远在祖国的亲人带来一点点帮助,我们也感受到了自己这份工作的价值和责任。

在采访几内亚政变后全国协商会议的新闻时,虽然现场非常混乱,但是在我和摄像的努力下,我们还是采访到了很多与会党派负责人。我印象很深的是,可能由于我是唯一一名在现场的中国记者,并且拿着总台的台标,很多与会代表主动过来跟我打招呼并表示愿意接受我的采访。这些采访对象跟我说,他们欢迎中国媒体,相信中国媒体,认为我们不会歪曲他们的国家,能做出反映真实情况的新闻。这让我想起有一次在肯尼亚采访恐怖袭击事件,原本当地人都拒绝接受采访,但看到我拿出了 CCTV 的台标之后,他们询问我是否和 CCTV Africa 有关系,我回答是的,而且我们的采访也会在英语频道《非洲直播室》里播出。之后这些当地人表示他们看过我们的英文非洲新闻,非常信赖我们的报道,所以愿意接受我们的采访。可见不论是在东非还是西非,经过所有中国媒体同事的努力,如今中国媒体在非洲当地人心中已经有了越来越多的公信力和影响力。

2018 年 5 月 31 日,韩蕾于肯尼亚蒙内铁路通车一周年之际在列车上拍摄采访

五、回首非洲报道十年,展望新的起点

不得不感慨时光如梭,从 20 多岁到 30 多岁,年轻时的我从来也没想过我会把最美好的青春时光留在非洲大陆。在非洲十年,我见证了中国的国

际新闻报道从编译到自采的转变,见证了央视国际新闻拍摄从标清到高清的转变,见证了中国的国际新闻报道从仰视西方到平视西方的转变。悲欢离合,酸甜苦辣,我个人也因为这份职业收获了太多的经历与感悟。有时我真的觉得自己非常幸运,当初能够在国家不断加强国际传播能力建设的大背景下有机会在国新班进行学习和提升,如今可以成为一名在前方一线的中国国际新闻工作者。

过去十年,作为一名驻外记者,我深切地体会到中国的国际传播能力在持续提升。2012 年,位于肯尼亚首都内罗毕的中央电视台非洲分台正式开播,这是央视在海外建成的首个分台。2016 年,中国国际电视台成立,改变了中央电视台外语频道分散化的现象,使中央电视台的国际传播能力得到了进一步提升。2018 年,中央电视台(中国国际电视台)、中央人民广播电台、中国国际广播电台三家中央主流媒体合并成中央广播电视总台,三台的合并,代表着中国拥有了更加强大的广播电视事业。2021 年,中共中央总书记习近平在主持学习时强调,讲好中国故事,传播好中国声音,展示真实、立体、全面的中国,是加强我国国际传播能力建设的重要任务。回首过去十年,站在新的起点,作为中国的国际新闻工作者,我们将继续努力。

这里是终点，也是起点——写在我做“国新人”的第十年

◎ 韩　茜*

2021 年秋，我结束了七年驻外记者生活回到北京，一段职业生涯告一段落，新的征程即将开启。我想这时我最该回到母校，回到我梦开始的地方。漫步在中传文化广场上，看到这样一句话，“这里是终点，也是起点”，顿觉百感交集，这句话恰好映射出了我此时的心境。

2011 年，我从中传毕业走上新闻工作岗位，那是我职业生涯的起点。时光如梭，转眼间我已在国际新闻这条路上走过十年，从一个稚嫩的毕业生成为有一定专业积累的国际新闻人。然而在专业上追求卓越，应该让我们的脚步永不停歇。十年后的今天，我总觉得一切才刚刚开始。尤其是回到母校，看着阳光洒在《校园里有一排年轻的白杨》曲谱上，拨弄着跳跃的音符，熟悉的校歌回响耳畔，仿佛又回到了十年前的起点。

于是提笔记录这十年来走过的路和路上的思考与感悟，好为一段航程画上句号，为新的航程扬起风帆。

2011 年，作为首届国际新闻传播硕士毕业生，我很荣幸地加入了新华

---

* 中国传媒大学 2009 级国际新闻传播硕士班毕业生，现就职于中央广播电视总台 CGTN 英语环球节目中心。在国家主流媒体和一流企业从事国际新闻和国际传播工作，2011—2020 年就职于新华通讯社，分别任新华通讯社总社音视频部英语新闻编辑、新华通讯社非洲总分社英语新闻发稿人、新华通讯社巴黎分社视频记者；2020 年 3 月—2021 年 8 月任华为公司公共及政府事务部媒体经理，在法国从事华为公司的国际传播和国际品牌塑造工作。在新华通讯社任职期间，直播报道《巴黎爆发“黄马甲”抗议活动折射法国中产困境》获新华社 2019 年度社级优秀新闻作品奖，参与制作微纪录片《众创空间》获第 21 届中国电视纪录片最佳微纪录作品。出版个人纪实文学作品《遇见非洲》，该书于 2019 年 8 月入选教育部全国中小学生课外读物推荐书目。

社，在国内经过三年的工作和实践后，我决定驻外，到国际新闻的一线去锤炼自己。从2014年8月到2021年8月，我在海外工作了七年，先后任新华社非洲总分社英语新闻发稿人和新华社巴黎分社出镜记者。我对这两段经历充满了感恩，这些经历使我不但在业务上得到了锻炼和成长，在不同大洲的记者从业经历更是从多维度拓宽了我的眼界，使我的世界观和新闻观更加成熟立体。在七年的驻外工作中，有几件事对我颇有触动，它们促使我思考如何提升自己的国际新闻技能，也让我更加深刻地认识到新时期国际传播事业的时代使命。

一、亲历2017年法国总统大选

1. 从"零"开始

在巴黎的驻外记者生活是从报道2017年法国总统大选开始的，能在任期内赶上驻在国如此重要的新闻事件是我的幸运，因为相比无大选年，大选年能让记者以更为鲜活的方式和更多维的视角观察驻在国的政治生态和社会动向。选情的错综复杂和瞬息万变牵动着记者的新闻嗅觉，脚力、眼力、脑力、笔力都被注入了强烈的兴奋感。

要想深入理解选情和民意，就要从跟访各大党派的竞选活动开始，去观察、去倾听、去记录。初期我的报道资源和线索都很匮乏，那时我刚到法国不足三个月，还没有建立起本地雇员团队，所有环节都得自己来，于是我一方面利用已有资源，想办法进入各党派的媒体名单，以便及时收到竞选动向，另一方面开始着手建立雇员团队。然而敲开党派竞选团队的大门并不容易，发出去的邮件和信息往往石沉大海，收集到的竞选负责人电话往往无人接听，于是我开始用最笨也是最直接的办法——哪里有集会就到哪里去。

最开始经常吃闭门羹，因为重要的竞选活动只接受注册在案的媒体到现场进行报道，但我每次都耐着性子与竞选团队协商，告诉他们我是中国国家通讯社记者，希望被纳入受邀名单。就这样，经过一段时间的不懈努力之

2017 年 4 月,韩茜在马克龙竞选集会现场

后,我终于进入了热门候选人菲永、勒庞和马克龙各自党派的受邀媒体名单。

2. 他们的眼神说明一切

说起马克龙的党派——“共和国前进”运动(原为“前进运动”),我见证了它从一个不知名的中间派政党一步步成为法国执政党的全过程。在这个过程中,最触动我的一个瞬间是马克龙胜选当晚,我在卢浮宫广场上采访时,用镜头捕捉到的现场民众的眼神。当时我从他们的眼神中读出了热切的期盼和希望,可让我不禁感叹的是,他们眼神中饱含着的期盼与希望似乎在四年后的今天逐渐消散了。

马克龙胜选之后的从政之路可谓荆棘丛生,从退休制度改革受挫到之后的燃油税改革引爆“黄马甲运动”,该运动牵动着法国社会的多重矛盾,一度在巴黎等核心城市街头演变为暴力运动,让国际社会看到浪漫之都的社会顽疾。2019 年,法国巴黎圣母院遭遇大火,全世界为它流泪。2020 年,新冠肺炎疫情席卷全球,法国政府的防控工作至今仍只是做到“一波未平一波又起”。近期,法国又与美英澳等盟友不断出现摩擦与分歧。在这些动荡中,我记录着法国命运的风起云涌,也一直在试图捕捉我曾经采访的那些民众的眼神。我常常想再次找到他们,再问他们同样的问题:“你希望马克龙总统为你带来什么?”“你觉得法国需要怎样的变革?”

3. 在巴黎“走基层”

法国需要怎样的变革? 2017 年总统大选之后,这便成为我观察和报道法国的一个重要出发点。带着对这个问题的探知欲,我要求自己一定要到最核心的新闻现场,到法国民众中去做采访,这是国际新闻报道工作中的“走基层”。

“黄马甲运动”爆发后，我是仅有的一两个真正深入游行队伍中进行直播报道的中国记者。天没亮就起床，跟着游行示威队伍一起上街，与抗议者边走边聊，身边不时飞来瓶子、烟幕弹和不明物体，可是只要直播信号不断，我就只管继续播。

在一次直播过程中跟一个示威者聊起他的抗议诉求，我敏感地嗅到了这个受访者可以很好地讲出法国现行体制的问题和西方民主制度的根源性弊病。于是我对他进行了20多分钟的直播采访，用层层深入的提问结构和巧妙的提问方式，使得那一次的直播成为非常典型的“借嘴说话”式报道，加上直播平台是海外社交媒体，更加凸显了其国际传播价值。

那一次的直播报道出乎意料地获得了新华社最高荣誉社级好稿的奖励。但我在制作和播出的过程中从未想过之后这篇报道是否会获奖，我想到的只有作为记者的职责，在这样的重大新闻事件面前我该做什么、怎么做。

4. 中国记者要讲述不一样的新闻

如今想来，促使我天不亮就走进游行队伍的是新闻热情和探知欲，而能让我在直播过程中找准角度、切中要害的是作为中国记者的新闻敏感度。整个过程中，我只是履行好了一个记者的职责。这种使命感和职业精神其实是学生时代母校在我心中播下的种子，它至今仍然鲜活而富有生命力，并在人生的每一个十字路口为我指引方向。

从业十年，我常常思考一个问题：作为中国的国际新闻人，我们应该用什么样的视角去报道世界、报道西方、报道自己？答案有很多，我在不断地摸索。但有一点是明确的，中国的新闻报道应该让来自不同国家的受众听到不一样的声音，看到不一样的观点；中国新闻人作为信息的集成者和观点的输出者，有责任让真相的不同侧面被大众所熟知和认可。

在校期间，老师常说要“讲好中国故事，传播中国声音”，从业十年之后，我才真正体会到这两句话的内涵和真谛。这两句话不仅要贯彻在国内新闻对外报道中，更要贯彻于国际新闻的对内和对外报道中，尤其是在当今的舆论环境下，它更有着非凡的意义，可以让我们在没有硝烟的舆论战场上于无声处听惊雷、于无声处动人心。

二、有关中美博弈的一个真相

1. 换一个视角,让真相更清晰

中美博弈是今天的中国记者无论身在何处都要面对的议题。法国虽然不是中美博弈最直接的舆论场,却为我提供了洞察和理解中美博弈的一条颇有价值的路径,让我站在第三方的立场上看到了博弈的真相。

2019 年初夏,我有幸作为主要记者参与了新华社巴黎分社策划的对《美国陷阱》作者皮耶鲁奇先生的专访。我们的报道使得皮耶鲁奇先生开始被广大中国媒体和受众所熟知,每当华为孟晚舟事件到一个节点时,我们总会再度看到有关《美国陷阱》和皮耶鲁奇本人的报道。

我对皮耶鲁奇先生充满感激,他的勇气和意志力令人钦佩,与他的交谈让我看清了美国"长臂管辖"的本质,这对我日后观察和报道国际新闻产生了深远的影响。

2019 年 5 月,韩茜在新华社巴黎分社专访《美国陷阱》作者皮耶鲁奇先生

作为法国阿尔斯通前高管,皮耶鲁奇亲历了美国不择手段吞噬阿尔斯通业务的全过程,他本人也因此身陷囹圄,遭遇了常人无法想象的屈辱和磨难。而法国企业因为站在美国盟友这一阵营里,无法或没有选择坚定地斗争,最终被美国成功打压。美国对来自不同国家的竞争对手如法炮制,才得以在多领域常年称霸全球。在采访中,皮耶鲁奇先生对我说:"我认为只有中国企业能扛得住美国打压,因为你们的国家和政府会支持自己的企业。"他的这句话让我体会到中美博弈将如何深刻地改变未来世界的格局,也让我更加坚定地以一个新闻人的身份参与到这场博弈中。

2. 这是国际新闻人“最好的时代”

当今我们正处在百年未有之大变局中,新冠肺炎疫情让国际局势变得纷繁复杂,也让中美博弈愈演愈烈。也许这会让人觉得“这是最坏的时代”,可对于国际新闻人来说,这何尝不是属于我们的“最好的时代”。磨炼功力,展示实力,此时不搏,更待何时!时代需要听到我们的声音,国家需要我们的奔赴守护。

从法国的角度观察中美博弈的过程让我意识到,对同一个新闻事件的解读可以有多个维度和多种方式。不同的思想、文化和思维方式都对记者如何呈现新闻有所影响。比如对《美国陷阱》这本书的报道,中国媒体、法国媒体和美国媒体的视角和观点便是不同的。

作为中国新闻人,我们要不断提升自己的认知水平,拓展认知边界,让自己具有洞察真相的敏锐眼光;同时我们更要加强对本国文化的理解,从博大精深的中国文化中汲取养分,从日新月异的时代故事中获取灵感。我们只有对自己的过去和今天有深入的理解,才能在报道中站稳立场、找准角度,才能让中国新闻在国际上立得住、传得远。

三、非洲是我的力量之源

1. 到最艰苦的地方丰盈内心

2014—2016 年,我在位于肯尼亚首都内罗毕的新华社非洲总分社担任英语新闻发稿人。虽然当时外采的机会不多,但我在每天处理大量稿件的过程中积累了对非洲那片陌生大陆的认知。

回首那段时光,我经常在业余时间拿着照相机到处采风,内罗毕的贫民窟、广袤的大草原、民间手艺人、索马里难民等,都曾是我采访和拍摄的对象。虽然身处贫瘠的大陆,但我浑身的新闻细胞是跳跃的,内心是丰盈的。

当时我采访过的贫民窟艺术家、年轻的难民妈妈等命运悲惨的小人物,

2016 年 6 月,韩茜在肯尼亚采访贫民窟的长跑运动小将

如今都是我的力量源泉。每当遇到挫折时,我总会提醒自己,在这个地球的另一端,有一群人正在超乎我们承受范围的困苦环境中坚守着生命,所以我们更应该感恩、奋进。

2. 用纯粹之心灌溉理想

这就是记者这个职业最大的魅力,它不会让我们在经济上成为最富有的人,却能让我们在心灵上成为最富有的人。它让我们在看尽世间的美与丑之后,仍然坚守内心的纯与善,因为不纯净的内心做不出好新闻。

我想我的这份新闻情怀来自母校,在校期间听过的每一堂课、读过的每一本书、看过的每一个案例分析都在为我书写着这份情怀。学校为我开启了新闻这扇窗,从此广阔的天地铺展开来,理想像风筝一般翱翔天空。这么多年过去了,我一直觉得有一根绳牵着这份理想,每次做报道时,都仿佛听到老师在耳畔说:“这样做是不是更好?”这种牵引让我在专业的道路上永不满足、永不止步。

感谢中传,为我奠定了职业生涯的良好开端。走过十年的国际新闻从业之路,我想我到达了一个终点,同时又迎来了一个新的起点。如今走在焕然一新的校园里,我觉得自己仿佛又回到了学生时代,依然是少年,依然懵懂,因为“讲好中国故事,传播中国声音”是要用一生去坚守和耕耘的事业,在这项事业中,我还很稚嫩,一切才刚刚开始。

期待下一个十年,我能站在另一个终点回望今天的起点。在起点与终点之间,母校永远会像灯塔一般照亮我们的航程。

星辰大海　不忘初心

◎ 何欣蕾*

一、“我们全班都是党员！”2010 级中传国新班的口号很响

“我们全班都是党员！”这是 2010 级中传国际新闻传播硕士班的同学们在班级宣传片、校外交流活动甚至是毕业纪念短片等各种场合，经常说出的一句话。这八个字中，毫无疑问有着骄傲自豪、壮志雄心，更包含了年青一代的国际传播“新芽们”对心中向往的事业的憧憬期许和干劲闯劲。2010—2012 年，这短短两年在国新班的日子，扎扎实实为我的国际新闻梦培土施肥，打下了坚实的基础，也正是因为在国新班得到的专业训练和理想教育，才让现在的我拥有了如此激动人心的驻外工作经历。

仔细算算，我已经从国新班毕业将近十年了，借着这次征文的宝贵机会，终于得以好好总结来时路，用“望远镜”看看第一届国新班师哥师姐们取得的成绩，再左右环顾同届以及后辈们在国际传播事业中怀揣梦想、辛勤耕耘的身影，我更加有一种“既然选择出发，便要风雨兼程”的紧迫感。从 2016 年作为中央广播电视总台驻日本记者开始，这几年我在国际传播的一

---

* 中国传媒大学 2010 级国际新闻传播硕士班毕业生，传播学博士，现就职于中央广播电视总台。自 2016 年起，作为驻东京记者站记者，参与过 APEC、G20、香港回归 20 周年、澳门回归 20 周年、雅加达亚运会、东京奥运会等重要报道；连续四年前往日本福岛，关注福岛核事故后续并进行跟踪报道。

线,深切感受到中国越来越具备在国际社会中发声的能力与智慧,同时我也日益坚信我们在国际传播事业中需要做的还有很多,还可以做得更好。

我能够获得驻日本的工作机会,和国新班对我的教育密不可分。回想起2010年的国新班选拔,真是一场激烈的竞争。当时第一届国新班的师哥师姐还没毕业,谁也不知道未来国新班毕业生的出路究竟如何,但是国新班的教育质量如何好,国新班培养的学生如何优秀,这些消息在全校硕士新生当中都传开了。大家争先恐后地报名,录取比例大约是四进一,可以说是优中选优。我过五关斩六将,考进了国新班。记得第一次班会上老师提了很多学习要求,其中有一点就是作为未来的国际传播人才,我们必须要重视培养自己的外语能力。当时班上大部分同学的第一外语都是英语,老师便建议我们再发展一门第二外语。原本老师鼓励我去学西班牙语,因为这是联合国的官方语言而且覆盖的区域广。但是刚入学课程紧张,我迟迟没有开始自己的第二外语学习,直到2011年3月日本发生了东日本大地震和福岛核电站核泄漏事故。灾难发生当周,我们就在国新班的课堂上观看了一部两小时左右的纪录片,了解了灾区最真实的情况。国新班的教学紧跟国际时事的速度,可以和日本当地的高校相比肩。还记得那个纪录片开始是一个长镜头,没有配乐,没有同期声,只能听见福岛的风声,画面里是福岛当地倒塌的房屋和在残垣断壁间收拾家园的灾民,从那些灾民的表情中看不出悲喜,他们只是在默默地整理着什么。这样静默的片段持续了一会儿,开始进行日语解说,但是我一句也听不懂。当时我便下定决心,要把日语作为第二外语,希望以后有机会去报道福岛核事故的后续。那时我们便知道,福岛核事故是世界上罕见的严重核事故,它的影响至少会持续几十年。没想到

2021年,何欣蕾在福岛集会现场采访反对排污入海的日本民众

毕业六年后,我真的在福岛开始了连续五年的福岛核事故后续跟踪报道。

“梦想还是要有的,万一实现了呢?”在余下一年多的国新班学习时间里,我从零开始学日语,一年之内接连考过了日语二级、日语一级。当时就连我的日语老师都很惊讶,我的学习进度竟然这么快。或许这离不开国新班给我带来的那份自信和紧迫感。因为过五关斩六将好不容易才考进国新班,所以我总是相信自己有能力去完成好各项学习任务;同时,看到第一届国新班的前辈以及同班同学各有各的优秀,我又总想着时不我待,要加紧锻炼自己的本事。

在国新班的学习过程中,同学们一起上国情教育课,听来自国家部委的领导、专家介绍国情国策;大家一起去井冈山青年政治学院锻炼学习,和复旦、清华等几大友校的国新班同学比拼完成采编新闻的作业,你追我赶,意气风发;还有传媒大学国新班专门开设的电视新闻采编节目,需要大家自主策划选题、独立采编制作、全英文写稿配音、专业化制作成片播出。在国新班受到的国际新闻与传播的专业训练,为我们打牢了专业的理论和实践基础,让我们具备了基于中国国情去看待国际环境的眼光和意识。

二、驻日记者都这样:地震来了!先发完稿再想怎么跑

走出校门,步入社会,光阴荏苒。作为一名记者,我已经在日本工作五年,采访话题涉及时政、经济、社会生活、文化交流等诸多方面,从东京都的首相官邸到福岛县的避难者住宅,从北海道的地震灾区到冲绳县的美军基地,我几乎跑遍了日本各个都道府县。日本是我们一衣带水的邻邦,但是由于近现代历史的缘故,我们看待日本总是蒙着一层纱,谈起日本时心情也难免复杂。如何在中日关系中“坚定国家立场,传递中国声音”,如何客观介绍邻国日本的发展现状,以及如何用文字和影像去真实记录发生在日本的热点新闻事件,是一名驻日本记者的工作和责任。

说起日本,大部分国人都感觉很熟悉,但是要细致讲起来,又觉得很多方面不甚了解。作为一名在国际传播一线从事新闻报道的驻外记者,我希

望通过介绍驻日工作经历,来分享个人的感受和思考。日本位于地质板块交界处,所以容易发生地震。实际上,在世界范围内发生的里氏 6 级以上的地震中,超过两成是在日本及其周边发生的。所以我在日本渐渐练就了一个“特异功能”,只要东京发生了有震感的地震,哪怕是在凌晨两三点熟睡之中,我也能立刻从睡梦中醒来,速度快到醒来时还能明显感觉到床的震动。然而,醒来的一瞬间我想到的不是逃命,而是抓起枕边的手机,往北京发回关于地震的突发消息。

三、“对人的关注”是国际新闻的温情与风度

只要在日本工作几年,就一定会遇到令人印象深刻的灾害现场报道。

时光倒回 2018 年 9 月 6 日东京时间凌晨 3 点 8 分,北海道地区发生6.9 级地震,震源深度 40 千米,震源位于胆振地方中东部,没有海啸危险,但地震造成当地海陆空交通受阻,包括来自中国的大批旅客被滞留在北海道。那天早上六七点钟,我的同事已经在东京演播室做了早间时段的连线报道,介绍了地震的基本情况。8 点多的时候,我接到了工作任务,无论如何需要在当天抵达北海道。北海道的所有机场已经停运了,从东京出发坐新干线往北走最远可以到达新青森,和北海道还隔着一道津轻海峡,必须要坐渡轮才能到达北海道的函馆。但是因为地震,渡轮也停运了。根据所有交通情况的分析,我唯一可以做的努力就是到达新青森,等待最快的一班渡轮。

下午 2 点不到,我们一行三人到达新青森码头等最早运营的一班渡轮,购票窗口挂着渡轮延误的牌子,开船时间从 3 点推迟到 4 点再到 5 点,最后在将近晚上 7 点,我们终于买到了从新青森前往函馆的船票。整个航程要四个多小时,在船上,新闻频道每个小时约一档电话连线,从北海道交通受阻到船上有来自青森县、福岛县、岩守县等日本各地去往北海道参与救援的消防员同行,再到函馆因为地震大面积停电,我们不停地收集、总结最新受灾情况,把消息传递出去。北海道函馆是日本三大夜景观赏地之一,这是我第一次去那里,然而迎接我的不是霓虹绚烂的海港,而

是一片漆黑。正是因为这样，我对这块土地有着不同一般的记忆和感情。

到达北海道的第二天，一大早我们找到一辆车，一路奔向震中区域。开车的是一位60多岁的日本老人，他的儿子作为救援人员昨天已经去了震中。一路上，我们一边拍摄一边在车上写稿，拍到了因为地震停电坏掉的公路信号灯、食物货架几乎被抢空的便利店、正在抢修的道路和桥梁等。北京后方编辑部每隔一个小时都要确认我们到了哪里，什么时候可以到达震中进行视频连线介绍当地的最新情况。刚刚经历过强震的北海道，公路上几乎没什么车，我在心里默念：快一点儿，再快一点儿，让我们赶紧抵达震中。那位日本司机了解到我们是来自中国的记者，非常关心北海道的灾情后，觉得很感动，一直铆足了劲开车，每次中途休息只是喝口水，去趟洗手间，不愿耽误一点儿时间。下午3点多，我们到达了受灾最为严重的厚真町。进入灾区内部的部分道路因地震而遭到损坏，作为进村要塞的桥梁也出现严重裂痕，到处都是抢修和救援的景象。到达震中，我们第一件事情就是打开视频直播设备找信号，灾区的信号很弱，很难连接上，我们在路面裂开、树木倒下、房屋坍塌的区域不停移动，到处寻找信号，希望能在第一时间把灾区的景象传递出去。最后那场直播连线成功了，我记得直播前灾区飘起了小雨，我们三个工作人员只顾着保护摄像机和直播设备，都没有顾得上打伞，那位日本司机默默从后备厢拿出伞来帮我们遮雨。那天工作结束后，那位从函馆赶来的司机需要在当天赶回去，分别的时候，他笑着对我们说："要加油哦，注意安全。"硬汉脸上露出略带腼腆的笑容，一切仿佛就在昨天。

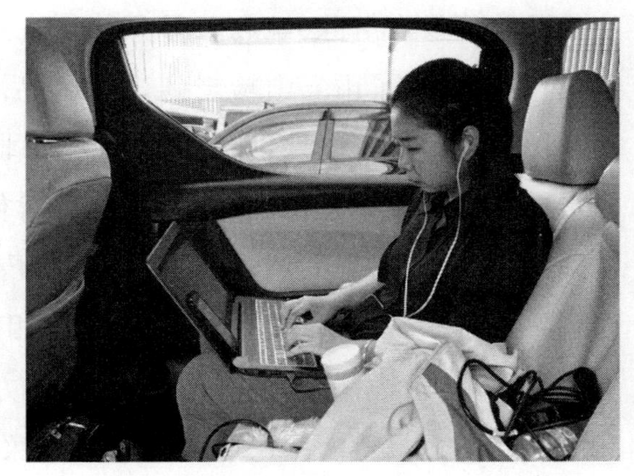

2018年，何欣蕾在报道北海道地震情况的采访路上编发稿件

关于北海道地震，我们在一线持续报道了一个星期，直到所有灾后搜救工作结束。从灾民的安置、灾后的救援，到中国驻札幌总领馆在新千岁机场协调帮助同胞顺利回国,有生命的新闻报道永远离不开对人的关注。在北海道的第三天,当地政府大楼门口的信息栏上,不断更新着地震伤亡人数以及避难所的情况。在那里,我们遇到了正在查看最新消息的避难者山崎美菜。得知来自中国的媒体非常关心目前地震灾区的情况,17 岁的山崎美菜主动提议向我们介绍一下避难所的生活。山崎和父母三人目前都在町政府后面的"综合福祉中心"避难所过夜。山崎说,在避难所她最想做的事情是洗澡,地震发生之后,由于缺水,基本的洗漱都很难保证,不过在前一天,避难所临时搭起了澡堂,她可以排队去洗澡了。山崎的家在山里面,附近有山体滑坡,这两天她本来想回家去拿一些个人用品,但是由于余震以及次生灾害的危险还没有解除,她和父母只能留在避难所。那天下午将近 3 点的时候,厚真町下起了雨。山崎想到,地震之后很多地方土壤松动,降雨可能会加大山体滑坡的可能性,她不禁担心起在北海道旭川的外祖父母,打算给外祖母打个电话。在征得同意后,我们也对他们的通话进行了采访。在挂掉电话的那一刻,山崎的语气有些哽咽,眼睛也红了。在日本这样一个自然灾害频发的国家,人们面对天灾或许可以相对平静,但是对家人的牵挂和担心,永远都会击中每个人心里最柔软的地方。

我们前方报道团队在北海道地震中采编的内容被不少媒体采用,其中还包括几家境外媒体,究其原因,是国际新闻报道中"对人的关注"常常能够把那些看似很遥远的事件,拉近到受众的身边,让人产生共情、共鸣。

四、传媒大学的校训告诉我们:先做个好人,再努力做个好记者

一线驻外记者在国际新闻工作中的敬业、专业和温情,往往不仅代表自己,更代表中国媒体的形象;而国际新闻报道中有温度的人物和故事,也总是会润物细无声地展现今日中国的风采和气度。习近平总书记在中共中央政治局第三十次集体学习时强调加强和改进国际传播工作,其中提到"努力塑造可信、可爱、可敬的中国形象""增强国际传播的亲和力和实效性"。作为一名驻外记者,我想应该从各方面严格要求自己,用严谨专业的工作表现

让人觉得可信,以积极包容的姿态让人觉得可爱,以吃苦耐劳、敢为人先的风范让人觉得可敬,因为在面对采访对象的时候,我们代表着中国媒体的形象,在各种重要的国际场合,我们的表现甚至会影响到外方对中国的印象。

我认为在工作态度、人格魅力等方面的自我要求,是一场"修心之旅",对于驻外记者而言不可或缺。坚持在这些方面严于律己、勤于反思、不断精进,或许在短时间内,不会感到自己有明显的变化和进步,但走过一段工作之路后再回头看,你一定能发现自己的成长与进步,甚至常常会有意外惊喜。对我来说,最近一次的"意外惊喜"就发生在东京奥运会诞生首金的赛场上,女子10米气步枪冠军运动员杨倩登上领奖台后做了一个大大的比心动作。后来通过采访,很多观众了解到杨倩比心的原因,是为了回应我和我的同事总台记者王梦当时在采访区冲着领奖台先做出的比心动作。当天类似"给杨倩比心的记者小姐姐找到了"等词条冲上了中文网络热搜,甚至多年未联系的老同学也给我发来了信息,这的确让我很意外。作为东京奥运首金得主,杨倩的比心镜头也被众多国际媒体刊载、播出,外界通过杨倩比心的动作,看到的是中国运动员的可爱、友好、亲切。而现在要说为什么我和同事会在那样的一个场合比心,终归还是因为疫情之下举办的东京奥运会几乎取消了现场观众,所有的运动员在重重防疫措施之下历经挑战终于站在了奥运赛场上。作为一个跟踪报道东京奥运会一年多的驻日记者,站在奥运首金诞生的赛场,我能够真切地感受到运动员们的兴奋、紧张与释放。而在禁止欢呼的颁奖仪式上,自然而然的一个比心动作,就是最真诚的情感表达。这样一份友好的善意,在国际传播中是有空间、有能量的。

2021年,何欣蕾在报道东京奥运会的过程中进行电视直播连线报道

"立德、敬业、博学、竞先",这是中国传媒大学的校训,把立德放在首位,是在告诉我们:要先做一个好人,再做一个好

记者,再做一个好的国际新闻记者。未来,我已经把国际新闻作为人生的星辰大海,立志一生在其间耕耘探索,但愿我能一直怀着十年前考进国新班的初心,始终“坚定中国立场,传播中国声音”。在日本,受到国际社会关注的深刻社会话题还有很多,比如驻日美军问题、社会老龄化问题、福岛核污染问题、商业捕鲸问题等。在日本做国际新闻记者,面对这些有历史纵深感的选题,无疑是一种挑战,但在每一次出发去采访的路上,我仍旧时常有澎湃的心情。而这颗激动的、热情的、乐此不疲的种子,早在国新班学习期间就已经深深地种进了我的心田。

记者，是记录者，也是思考者

◎曾　鼐*

“飞机即将抵达首都机场。”

2021年6月，我穿着厚厚的防护服抵达首都机场，结束了三年的驻韩工作。九年前，同样在这里，我拎着大包小包等待飞往澳洲，那是我第一次体验驻外生活。

中国著名报人徐铸成曾说，历史是昨天的新闻，新闻是明天的历史。我是一名记者，也是一个记录者。

一、驻外序曲：感谢2012年的夏天

1.着火的卡车

2012年算是我记者生涯的前奏。

那是毕业前一年，着实有点儿手忙脚乱：部长课、国内基层、海外实

---

* 中国传媒大学2011级国际新闻传播硕士班毕业生，现为中国新闻网视频中心副总监、总裁办副主任、主任记者。2013年进入中新社工作，曾参与全国两会、党的十九大、“一带一路”国际合作高峰论坛等重大报道，多次获得《北京新闻奖》一等奖、《北京市人大好新闻奖》一等奖。参与撰写的《“十九大十九问”系列报道》获第二十八届中国新闻奖一等奖。2017年，在全国新闻界第四届“好记者讲好故事”比赛中当选优胜选手，在全国多地巡讲。2018年被派驻韩国分社任首席记者，出色完成韩朝首脑会谈、韩朝离散家属团聚、志愿军遗骸交接等重大报道。多次获评中新社优秀干部、优秀员工；文字、摄影、视频作品连续多年入选中新社年度好稿、中新社总编辑奖。2021年6月结束任期后进入中新社视频部工作，负责视频新媒体业务，协调中新社大型学理性专栏《东西问》视频报道，负责《东西问·中外网红对话》等栏目，运营《鼐看》工作室。

习……“白加黑”是常态，每天要读的资料厚厚一摞。如果非要用当下流行语“卷”来形容，那卷有所值。

一直记得贵州山里偶遇的交通事故。2012 年我们在贵州“走基层”，山路蜿蜒不绝，一车人正迷迷糊糊，突然一声响，旁边的卡车翻了。

“着火了！”瞬间，火苗蹿腾，司机冲出车开始紧急灭火。“新闻来了！”我心中一惊，有点儿紧张，也有点儿兴奋。还没等我缓过神，旁边的同学已经嗖地跳下车，抱着摄像机冲进火海。那是一群“新兵蛋子”稚嫩的新闻热情，但也是鲁莽的、危险的。

后来，带队老师一个个将我们撵回来，狠狠“批评”：“生命高于新闻。”

这句话我一直记得。所幸那天无伤亡。

记者不可避免是一份危险的职业。2020 年韩国疫情暴发，我多次进入“重灾区”，每一次都严格做好安全防护。新闻是危险的，记者难免遭遇险情，只有“万事俱备”方可行动。保护好自己是对新闻的基本尊重。

我感谢那辆着火的卡车。

2. 蒙塔日的中法情

2012 年夏天，我在法国参与海外实践，第一次知道了蒙塔日。

蒙塔日的阳光刺眼，一团团花球挤满法式阳台，微风拂过，鸢尾花的清香扑面而来。沿街而行，多栋建筑旁“藏”着一块中法双语标牌——纪念中国留法勤工俭学运动。

自 1919 年起，大批中国青年赴法勤工俭学，包括邓小平、蔡和森、陈毅、蔡畅等 300 多人先后来到蒙塔日。谁曾想，这座人口不到 10 万的法国小镇，在中国革命史上留下了重要一笔。

我在蒙塔日遇到了王培文，她如今是法中友好协会会长。

王培文带着两个混血女儿，谈起她的故事：从法国丈夫口中无意间获悉这段历史，20 多年持续收集史料，去当地人家中一张张搜寻老照片、旧账单……那天，她站在一棵大树下，幽默讲述中国留学生曾下榻的公寓，突然感慨“我也挺难的”。

探寻历史的确很难。每一张照片、每一个故事背后，都有一群默默的记录者。拨开历史的迷雾,靠的正是这群史册上的无名英雄。到中新社工作后,我接触过很多如王培文一样的海外侨胞,有风华正茂的侨领,也有普通的异国"打工人",为了中外交流和中外友好而尽心竭力。尽管时代在变、境遇起伏、身份各异,但他们对祖国(籍)的深情,令人动容。正是一个个平凡之辈,撑起了中国和世界的交流史。

令人欣慰的是,近年来蒙塔日逐渐被人所知,当地文物保护得到了两国政府的支持。2014 年,为纪念在法勤工俭学的中国领导人邓小平,蒙塔日市将火车站前的广场命名为"邓小平广场"。

我后来没再见过王培文,但我一直记得蒙塔日的花香。感谢蒙塔日,让我看见了记录的价值。

3. 澳大利亚的"风平浪静"

2012 年,我第一次开始驻外生活。

当飞机跃过云层,划过湛蓝色的海滨降落,一股夹杂着咸腥味的海风扑面而来,我在中新社澳大利亚分社的驻外实习开始了。

悉尼是风情万种的海港之城。在这里,蓝色是主色调,碧空和海水相映,海水拍岸的声浪,令人神清气爽。唯一恼人的是海鸥,它们太喜欢横冲直撞,经常成群结队"抢夺"行人手中的美食。

在悉尼的日子风平浪静。第一次驻外看什么都新鲜,我每天多跑多见,恨不得把 24 小时掰开了用。

印象最深的是去采访"国学班"。"国学班"是由当地侨团开设的,主要面向华侨华人子女。

走进课堂,一个个身着汉服的"小夫子"活蹦乱跳,最小的还不到 6 岁,还有几个金发碧眼的"小混血"。铃声一响,嬉闹的孩子瞬间安静,立刻手捧书卷,开始诵读。

一瞬间我有些恍惚,一瞬间我看到了传承。

那一刻我突然明白,文化的力量无须多费口舌,不用修饰,美在举手投足间。

澳洲人是热爱生活的,对华人挺友好。

我常去的一家连锁面包店，主要卖一种酥皮派，中间夹馅儿，酥皮外用酱汁画着大大的笑脸。卖酥皮派的小哥经常与我聊天："中国人早上吃什么？""听说中国人现在很有钱？""有没有推荐的中餐？"……小哥的问题五花八门，有时令人忍俊不禁，但他咧开嘴的笑容我至今记忆犹新，那是一种发自内心的真诚、友好。

走在路上，我常遇到陌生人问好，买个冰激凌店家会多加几勺，深夜坐火车也不会担心。每一次坐公交车，乘客下车时都会欢快地和司机说一声"谢谢"。

我喜欢澳洲人的热情，也没遇到过歧视。但令人唏嘘的是，如今情况似乎变了。

近年来，澳大利亚种族主义抬头明显，中国留学生遭辱骂、殴打的恶性事件屡见报端。2020 年中，澳大利亚情报机构对部分中国驻澳记者住所展开"突袭"，扣押记者私人物品。由于澳大利亚针对亚裔的歧视性事件猛增，2020 年 6 月和 2021 年 2 月，中国教育部两次发布赴澳留学预警。

当今国际风云诡谲，发出中国声音，我们能做什么？我们又该改变什么？当中国越来越靠近世界舞台的中心，误解、陷阱、敌意与日俱增。作为记者，更要在众声喧哗的时代，保持清醒；在人云亦云面前，独立思考。不能单纯地将道德因素和理想主义作为评判准则。

奈何风云变幻，媒体是国际秩序的维护者，是社会的良心。

感谢驻外初体验，它让我明白，记者是行者，也是思考者。

二、走进"三八线"：似近又远的韩国

2018 年，我开始到韩国驻外。

"韩国人太不了解中国了。"这是我经常听到的一句话。这个观点也许没错，一些韩国人对中国确实误解颇深，但在韩国生活三年后，我不禁想问："难道我们就真的了解韩国吗？"

著名历史学家葛兆光曾说："中国和日本、朝鲜的文化差异，未必比中国

和法兰西、英吉利的文化差异要小。”

对此,我深表认同。韩国从地理上看是个“小国”,但在文化产业等领域实现了爆发式增长。韩国,对于中国来说,其实是一个“似近又远”的地方。

1.韩国人在想什么?

初来韩国,中国人在文化上不会有疏离感,但生活久了,又觉得似乎哪里都“格格不入”。

每每走在首尔街头,除了韩语广告牌,从未觉得陌生,甚至你会发现很多街口与北京神似。打开首尔报纸:雾霾、学区房、“天价”补习班、大城市病……顿时让人产生一种时空恍惚感。

韩国人谦逊、勤奋、团结,极重礼仪,学习能力强。在生活中,他们嗜爱饮酒,有极强的“酒文化”;在社会交往中,“关系”烙印极深,曾有学者专门研究韩国的“关系社会”和“面子文化”。

我在韩国这些年,迷路了遇到过路人主动帮我找家,沟通不畅常有陌生人出手“相救”,但是,我坐出租车“被宰过”,买东西也被骗过钱。于我而言,这些经历皆为个案,也似曾相识,遇到好心人,心怀感激;当几次冤大头,也释然了。

如果说在韩国生活与在西方最大的不同,那便是:在欧美,肤色、长相决定了你有很鲜明的“局外人”身份,但在韩国不一样。

有好多次我在首尔被韩国阿姨拦下问路,尴尬地表明自己是“外国人”后,对方总是一脸惊讶。如此现象同样发生在中国。我在抵达首都机场后等待核酸检测,眼瞅着工作人员用中文对着几个韩国美女喊了 N 遍注意事项,美女们无动于衷,搞得工作人员一头雾水。

其实,中西方间很难逾越的文化鸿沟,让民间交流有一定的心理预期,但越是像中韩这样的“小差异”,反而越容易造成断层式的心理落差——双方都觉得你应该理解我啊。

中韩的历史观是不一致的。例如,韩国学界、社会一直对明朝评价很高。随便翻两页《燕行录》,朝鲜使臣对明朝的推崇与衷心,以及对清朝“礼崩乐坏”的不屑,便跃然纸上。这种认知在一定程度上决定了当代韩国人的历史观。

而在中国,我们有汉唐盛世、康乾盛世等,尽管前几年《明朝那些事》火了一把,但我们很少会将明朝置于那么高的历史地位去评价。

2019 年 4 月,曾霈(左一)在韩朝边境采访

诸如此类差异,比比皆是。19 世纪后,朝鲜半岛经历了日本殖民、朝鲜战争,尤其是韩国走上现代化道路后,政治、经济、社会发生了翻天覆地的变化。所以今天讨论韩国、了解韩国之前,首先要承认的就是,我们有时候是不一样的。

中国是大国,有五千多年灿烂文明,大国心态应该是不卑不亢不傲,这正是与邻国的相处之道,不应戴着“大小国论”的有色眼镜谈论韩国。

2. 一个优秀的“营销大国”

在韩国当驻外记者,单就工作环境而言,困难不大。韩国文化产业高度发达,有成熟的媒体环境,尤其是外媒服务水平较高,自成体系。

在韩国的新闻大厦,有专供外国记者工作的媒体间,会定期针对外媒举行发布会等。韩方也有专门对接外媒的团队,重大报道会组织外媒统一报名。

韩国还专门针对外国记者开设了韩语培训班,除了需要自购教材外,全部免费。

当然,韩国外媒服务也有诸多问题,例如以语言、地区等划分 POOL 采访团(分组采访),西方、日本媒体话语权较高,个别国家记者“抱团”形成极其封闭的小圈子,难以保障采访的公平性。

不过,总而言之,采访环境大多是令人满意的。韩国高官要员接受媒体采访很热情,当然,作为职业政客,各有算盘。要说在韩国最大的感触,是普通工作人员的热情。

我多次在休息时间,“骚扰”过韩国多个部门的媒体对接人,也麻烦外信等组织帮忙联系过采访。每一次即便是让我吃了“闭门羹”,工作人员的态度都“非常非常有耐心”,很多时候甚至令我备受感动。

这就是韩国人最厉害的一点。有人说,韩国是一个优秀的“营销大国”,一点儿也没错。

韩国的文化经济嗅觉,更是相当敏锐。

诸多火爆的韩剧被开发成旅游线路,例如以《冬季恋歌》拍摄地为主开发了南怡岛;在《寄生虫》斩获奥斯卡小金人后,首尔市立刻推出取景地“打卡路线”;2018 年韩朝关系暂缓后,双方商议互撤非军事区 11 个警备哨所,韩方直接提出“出于历史意义考虑,保留一个”,舆论猜测未来或建成观光地等。

这就是韩国的文化产业思维。基于此,也不难理解,为什么夹在“诸强之间”的韩国,短短几十年时间,在文化产业领域创造了令人咂舌的成绩,以举国体制成就了“文化立国”。

3. 初探韩国媒体圈极强的职业荣誉感

“我感到很荣幸,能把这份材料给你。”我不止一次听到工作人员这样对我说。我问过几位对接外媒的韩国朋友,他们称:“这是一份让我感到骄傲的工作。”无论是韩国媒体从业者,还是与之相关的部门,都有很强的职业荣誉感和职业抱负。

韩国媒体人是极其敬业的,大媒体集团入行门槛很高。

例如,震惊全球的“N 号房”事件,是一名韩国记者无意中发现的,他“潜伏”了一年多,不仅深入调查,而且持续收集证据辅助警方。

再如,“胜利门”事件中,正是多家韩媒持续曝光,最终引发了娱乐圈大地震,至今余波未平。

可以说,自 19 世纪末期朝鲜半岛近代报业诞生后,新闻业一直带有很强的“民族意识”和“反抗传统”,尤其是在朝鲜战争后,历经政治局势变动,韩国媒体人普遍带有很强的使命感。

2020 年 3 月疫情期间,曾肅在韩国街头采访

尽管如今韩国媒体深受政党派系影响,也陷入假新闻之困,甚至社会出现“记垃圾”一词(“垃圾”和“记者”两个词语组合而成),但不能否认,韩国媒体业是高度成熟、专业的,尤其是在调查报道领域。

有学者统计过,韩国的新闻奖项五花八门,其数量之高、种类之多,业内少见。但这正从侧面印证了韩国媒体圈的荣誉感之强。

高度发达的媒体业,和韩国的政治环境有一定关联。

韩国政客不少出身于媒体,例如现任韩国国会议长朴炳锡是经济领域记者出身,曾常驻香港;现任江原道道知事崔文洵从政前,一直就职于电视台;前任总理李洛渊做了 21 年记者,曾常驻日本;还有多位国会议员均是记者出身……类似情况在西方也并不罕见。

总之,韩国社会有较高的媒介素养,尤其是政府公关、大企业公关组织化程度高、专业性强,令人印象深刻。

三、新媒体,我们来了

仿佛一夜间,人人都开始拍短视频,国际传播进入全媒时代。

2021 年 6 月,我回到了北京,负责视频新闻新媒体业务。我一度以为自己又干回了电视“老本行”,但很快发现自己错了,这是一个截然不同的新赛道。

1. 被看见的权利

我很喜欢快手发布的一个宣传片《看见》。没有明星,没有高光,全部是平凡之举和普通民众,他们在大山里起舞,在菜地里高歌……每个场景单调到乏味,但又让人不时热泪盈眶——因为你我都有“被看见的权利”。

正如奥吉在《奇迹男孩》的片尾所言，每个普通人都应该有一次上台的机会。

如果站在专业角度评判，抖音、快手上的众多短视频难登“大雅之堂”，毫无剪辑逻辑，但细琢磨，你会发现其中别有风味：那是一种未经雕琢的生活美。其实很多年前，专家们早就提出了“以日常生活取代虚构故事”的真实美学。

如今，不再是“你说我听”，而是“大家说”。新媒体不是简单的文字视频化，也非一味追求短时短片。它有一套新的叙事逻辑、剪辑规则、推荐算法和运营技巧，最重要的，是要对话和共情。

2021 年 8 月，曾鼐在北京录制《东西问 · 中外网红对话》

2021 年东京奥运会期间，中新网、中新视频微博等发起运动员连麦。其中，在与乒乓球国手孙颖莎、樊振东等人连麦时，网友一度“挤爆”直播间，导致记者卡断下线，单场观看量超过 2600 万人次。连麦不是传统直播，不是新闻采访，它再造了一个虚拟直播间：在这里，不是记者和被访者的你问我答，而是一群志同道合者在聊天。

这就是新媒体，不是传授，而是对话。

最近，我们做了一档网络视频节目叫《东西问 · 中外网红对话》，每期邀请两位中国和外国博主进行访谈。这些人中没有政客，也不是专家，但他们都是生活的记录者。在谈音乐、聊舞蹈、唠家常中，你会看到中外文化的差异，也有共同的喜怒哀乐。

每一段生活都值得被记录。对话生活，就是一种文化传播。

2. 发出中国声音，新媒体能“弯道超车”吗？

“这条涨粉高”“这个完播率太低了”……我每天到办公室的第一件事，便是看数据。新媒体时代，新闻传播逐步被指标量化。但正所谓成也流量，败也流量。

传统媒体进军新媒体,有两大掣肘:第一,分发平台和账号运营的定位抉择;第二,“流量为王”和“内容为王”的激烈博弈。

中新网抖音账号目前有近2000万粉丝,播放量1亿以上的“爆款”视频有个共性:情绪化。情绪传播是当下学界和业界共同的焦点,也是痛点。情绪化信息,更易引导传播,但与新闻媒体崇尚的客观、理性、真实天然相悖。作为主流媒体,在流量悖论中如何破局而出?这需要智慧,更需要定力。

新媒体时代,要玩得会潮流、经得起诱惑、耐得住寂寞。

国际传播中更是如此:要快,更要放长线,最重要的是要精准。对外传播不是大水漫灌的填鸭式输出,而要一国一策,分地域、分平台探索新媒体传播规律。

“发出中国声音”很重要,但更重要的是让世界“听到中国声音”,不仅要把新媒体当“嘴巴”,更要让它成为外国人的“耳朵”,才能让可信可爱可敬的中国形象摸得着、看得见、传得远,这尤其需要扭转误解、消除偏见。海外社交平台不仅是政府、机构的推介平台,更为普通人的交流构建了新的桥梁,提供了更广阔的空间。

新媒体在国际传播中大有可为。这是新时代国新人的征程,也是责任。

著名诗人乌尔曼有一句名言:“年年岁岁只在你的额上留下皱纹,但你在生活中如果缺少热情,你的心灵就将布满皱纹了。”

愿每位记录者,永葆热情。

难忘德意志：我做驻外实习记者的感与悟

◎ 郭　泰*

一、在德国实习的感与悟

在国际新闻传播硕士班就读期间，我有幸参加了优秀国际新闻传播硕士海外实习项目。在短暂的90天里，在中新社德国分社首席记者彭大伟老师的指导下，我共发表署名文字稿件64篇，图片28张，新媒体微信推送1条，新媒体直播1次，调研报告1份。这些成果，既要感谢自己的努力，更要感谢实习单位中国新闻社提供的实习平台和指导老师彭老师的信任。

郭泰(右)与彭大伟老师在德国采访

除了看得见的稿件成果，更多看不见的收获则是在策划、采访、写稿之中获得的。在

* 中国传媒大学2016级国际新闻传播硕士班毕业生，现就职于中国石油天然气集团有限公司国际事业部，从事能源贸易和国际合作相关工作。研究生期间赴中国新闻社德国分社开展实习，发表署名稿件64篇，围绕中德双边重大新闻发表观察类深度稿件，涵盖德国政府组阁、汉诺威工业博览会等重大新闻事件，实习期间专访奥地利总统范德贝伦、中国前驻德国大使史明德。代表作：《复盘德国马拉松式组阁：新政府面临诸多考验》《专访奥地利总统范德贝伦：积极看待“一带一路”》《中国驻德大使谈默克尔访华：中德关系站在了新的起点上》。

采访中，我有幸结识了中央媒体驻德国各位记者老师，见证了中德两国人民和友好人士对中德两国关系发展作出的努力和贡献，近距离关注了中德两国关系的发展。在短短的 90 天里，我增长了学识，积攒了经验，开阔了眼界，加深了对中德两国关系的理解，体会到了一名驻外记者的酸甜苦辣。

时间拉回到 2018 年 3 月 4 日，德国漫长的冬季还未完全走远，我来到了实习所在地——德国柏林。记得国际部田冰主任在临行前叮嘱我，此次机会难得，到德国后一定要尽量“早出稿，多出稿，出好稿”。我不敢怠慢，抓紧时间买了所需家具，收拾好住处，尽快进入驻外记者的工作状态，并主动向彭老师提出希望尽早开启实习工作。3 月 5 日，我与彭老师在亚历山大广场附近的巴尔扎克咖啡馆会面并于随后开始采访，正式开启了我的海外实习生涯。

1. 保证准确性——常怀对稿件的敬畏之心

由于缺乏经验，在刚开始采写的过程中，我经手的稿件逐渐暴露出一些共性问题，比如表述不够严谨、政治人物的头衔有时没有核实、消息写作不够规范、标题仍不够醒目等，这一点要感谢彭老师的细心把关和耐心指导。每次犯错后，我都将所犯错误记在本子上，避免下次再犯，并且将中新社自己编印的新闻采写错误汇编等材料牢记于心，培养对新闻稿件的敬畏之心。

郭泰工作照

作为国家通讯社，中新社必须保证自己的消息准确，同时还要有自己的特色。记者要保证出现在稿件中的电头、时间、人物、地点、发言等基本信息全部准确无误，这就需要记者本人在写每一个字时都要心存敬畏，集中精力，且要与新闻事实不断核对，避免出现差错。每写完一篇稿件，我都会耐着性子默读两遍，朗读一遍，保证自己上交的稿子没有事实错误和细节瑕疵。我逐渐感到自己的耐心和细心方面都有所进步，之后上交的稿件基本不会再出现类似错误。这算是我海外实习学到的第一课。

2. 增强实效性——驻外记者时刻准备着

由于通讯社与其他纸媒相比，对时效性的要求更高，因此记者更需要时刻准备着，既要完成国内交给的“规定动作”，同时还要时刻准备应对突发新闻。如果没有特殊情况，分社的稿件一般在德国当地时间的 0 点之前提交，以保证国内读者在第二天一早就能看到报道。这需要驻外记者有打硬仗的能力，在保证稿件准确性的基础上尽量满足时效性的要求。

我印象最深刻的一次报道是 4 月 23 日我独自前往汉诺威工博会进行采访报道。我一天跑了四场活动，采访了将近十位对象，由于需要当天乘火车往返，到达柏林的住处已经是晚上 9 点半了。此时我的身体已经极度疲惫，但由于时效性的要求，必须尽量在当天提交稿件，于是我奋笔疾书，与时间赛跑，终于在凌晨 1 点完成了《在汉诺威工博会感受中国“走出去”的决心》的初稿。

还有一次，我在一天之内完成了三篇稿件，可谓时间紧，任务重。这既需要驻外记者有强大的抗压能力，也需要有良好的身体素质。新闻不等人，驻外记者必须时刻准备着。

3. 发挥能动性——争取高层人士专访机会

在实习期间，我有幸赶上了奥地利总统率“史上最高规格”代表团访华、默克尔总理第十一次访华等重大新闻事件。实习期间我一直在琢磨，如果能够采访到有代表性的中奥、中德高层人士，无疑会增加稿件的影响力和传播力。对奥地利总统范德贝伦的独家专访便是分社老师与我充分发挥主观能动性、积极策划的具体成果。

由于奥地利总统 4 月对中国的国事访问十分成功，且出席了博鳌亚洲论坛年会，我便提出对奥地利总统进行一次回访。在获得分社老师的同意后，我用一天时间详细梳理了中奥关系及两国高层交往情况，精心起草了一

郭泰（左一）采访中国前驻德国大使史明德

份采访邮件，详细写明了我们的采访意图、采访问题，附上了此前中新社国内记者老师对总统访华的报道，将上述材料整理汇总好后发给总统府，并亲自打电话向对方确认保证对方收到邮件。

在等待了两周之后，我们收到了奥地利总统的书面回复，马上整理编发了稿件《专访奥地利总统范德贝伦：积极看待“一带一路”》，独家披露了总统前往奥地利火车站迎接中欧班列的信息，实现了中新社德国分社对德语地区国家元首专访零的突破，也让我充分认识到了驻外记者发挥主观能动性的重要作用。此外，对中国驻奥地利大使、中国驻德国大使的专访也是分社指导老师多次与对方接洽联系、反复沟通的结果，上述专访在海内外都收获了较大影响，对于当时的中德、中奥关系都营造了良好的舆论氛围。

4. 提高前瞻性——朝“专家型记者”方向努力

这里的前瞻性，有两层含义。第一层含义是指记者在选题方面要有前瞻性，要提前做好议程设置。比如实习结束前夕，正值默克尔总理访华，我与分社指导老师密切分工协作，在得知访问消息后马上着手准备，分别从中德政治、经济、人文交流等角度对中德两国关系近年来的发展进行回顾，对默克尔总理访华进行前瞻。其中《中国驻德大使谈默克尔访华：中德关系站在了新的起点上》《中德经济界人士：期待两国合作续写“成功故事”》《智库合作助推中德人文交流行稳致远》三篇报道为默克尔访华做了充分预热，得到了通讯社领导的点名表扬。

第二层含义指的是记者的稿件本身也要有前瞻性，主要体现在记者的观察类稿件，能否替读者对事件本身进行分析和解读，对该事件的后续进展给出前瞻。增加稿件的前瞻性既要通过对该领域的专家进行采访，增加稿件的深度和厚度，同时也要记者本身对事件有长时间的积累，不然不可能形成成熟的观察和思考。我在德国分社实习期间，采访了包括中国国际问题研究院欧洲所所长崔洪建等多位专家，撰写了《复盘德国马拉松式组阁：新政府面临诸多考验》《德国“欢迎文化”还能坚持多久？》《国际观察：是否引渡加区前主席考验德国政治智慧》等多篇国际观察，分别对德国的政治、社会和司法进行了分析，体现了驻外记者自身对重大新闻事件的观察和思考，引导国内受众客观、全面、理性看待上述事件。

5. 培养全面性——记者要做多面手

“单兵作战”是驻外记者的常态，通讯社驻外记者更是要外语、文字、图片样样在行。很多时候分社指导老师和我都是录音笔、照相机、笔记本同时开工记录，确保不遗漏任何要点。采访结束往往是记者工作的开始，我们需要将遗漏的信息补充完整形成文字稿件，挑选照片上传完毕后，才能稍稍松一口气。

新媒体时代对驻外记者提出了更多的要求，比如记者要尝试直播、微信等多种新媒体形态。在德期间，我跟分社老师在柏林滕珀尔霍夫机场共同完成了一场电动汽车方程式赛车比赛的新媒体直播。平日幕后写稿的指导老师也拿起话筒，在镜头前边走边说。直播结束后，我跟老师收起手机云台，又拿起了相机，迅速开始奔波于赛场的各个角落，拍摄比赛照片，可谓马不停蹄。

此外，驻外记者的报道形态不仅要多样，涉猎的体裁也要尽可能全面。实习伊始，由于我对德国的政治生态较为感兴趣，大多数写的都是时政类报道，写得也较为顺手。后来在指导老师的提醒下，我也开始尝试涉猎不同题材的稿件，于是便有了自己主笔的《德国商业景气指数创近11个月来新低》《德国公布世界杯初选名单　诺伊尔入选格策无缘》等经济、体育类稿件。

这让我想起了原新华社记者马晓霖老师关于驻外记者素质的一段话：文武全才、知识全面、外语过硬、品格过关、身体强健、心理素质、良好习惯，较好地概括了一名合格驻外记者应该具备的全面素质。

6. 永葆敬业心——敬业加专业方能行稳致远

通过近距离和驻德记者前辈老师的接触和交流，我发现驻外记者表面光鲜，实则是一个辛苦的差事，不仅要在异国他乡打开工作局面，建立各种联系，还要忍受身在异地的孤独和寂寞，尤其是在海外疫情肆虐的今天，更要在驻在国坚守报道一线，承受的心理压力可想而知。在实习过程中，在柏林的记者前辈们表现出的敬业精神和对国际新闻事业的热爱始终让我印象深刻。

郭泰在柏林实习留影

例如，我的指导老师彭大伟老师是中新社在德国唯一的派驻记者，作为通讯社的记者，发稿任务量相当繁重，政治、经济、文化、社会无所不包，采访、连线、直播、写作样样都干，结束了一天的新闻写作工作，还要在晚上与总部沟通，掌握国内报道政策和报道重点，经常忙到凌晨才能休息。这种高强度和快节奏的工作是驻外记者工作的常态，但他们却几年甚至十几年如一日，坚守在海外新闻一线，为国内带来最新鲜的第一手资讯。这种敬业精神和专业态度，值得我们国新学子学习。

二、我在国新班的收获与成长

回顾在国新班的成长点滴，我深刻意识到，国新班带给国新学子的绝不仅仅是新闻技巧上的帮助，更有理想信念的打磨、家国情怀的塑造、国际视野的养成和团队协作能力的锻炼。近年来，国新班不仅为主流媒体培养了大量新闻人才，更为各大机关部委、中央企事业单位输送了大量优秀人才，他们活跃在各条战线上，贡献着智慧和力量。回忆自身的经历，我始终对国新班的培养心怀感恩，简要思索过后，我将在国新班的收获和成长主要概括为以下几点：

1. 心怀“国之大者”，政治素质过硬

国新班的教室内悬挂着“坚守国家立场，发出中国声音”的红色条幅，这句话在每一位国新学子的心中都打下了深深的烙印，也赋予了国新学子“站稳国家立场”的责任感和使命感。在国新班，我们系统接受了马克思主义新闻观的教育，有机会聆听国情讲座，近距离与中央主流媒体的记者前辈进行面对面的交流，并有机会赴基层一线采访调研。这些难得的经历培养了我们“旗帜鲜明讲政治”的思想自觉和政治自觉，让我们在政治上更加坚定，思想上更加成熟，对中国国情了解更加深刻，让我们在步入职场前就心怀“国之大者”，这对我们的职业选择和职业规划都产生了深刻的影响。我们的同学，既有活跃在各大中央媒体从事新闻工作的记者，也有在国家部委、中央企业从事外交和经济工作的业务骨干，还有在高校从事教育和科研工作的老师，他们绝大多数从事的工作都与国家同呼吸、共命运，充分体现了国新学子的理想和担当。

2. 培养国际视野，更好认识世界

不管是从事国际新闻工作还是外交和国际合作，国际视野永远是国新学子必须具备的素质，也是经济全球化对人才的具体要求。虽然国际视野听起来似乎有些虚，但我认为它对我们今后的学习和工作都有很大的帮助。回顾国新班三年的学习和实践，我的国际视野得到了拓宽，从此前单纯的语言学习变成了从国际传播角度去认识世界，看待东西方话语权的不对等。宝贵的海外实习经历，让我能够有机会以记者的视角去观察所在国家的风云变幻，在新闻发生的最前沿与当地的政府官员、专家、学者和普通民众交流沟通，上述经历让我深刻体会到了国与国在制度、文化上的巨大差异，也感受到了中国在全球与日俱增的影响力，更加认识到习近平总书记对于当今世界“百年未有之大变局”论断的前瞻性和科学性。进入能源行业之后，我更加感受到,国际视野对于认识全球能源格局、理解能源背后的地缘政治博弈都具有显著帮助作用。

3. 培养团队意识,加强沟通能力

在职场,我有一个突出感受是,任何工作都离不开团队内部和团队之间的沟通与协作。在国新班期间,我们既做过《新闻八通线》,也负责过国情讲座的组织与筹备,以上项目极大地锻炼了我们的沟通与协作能力,并且将其应用在我们如今的工作之中。以《新闻八通线》为例,当时正值中央宣布成立雄安新区,我和小伙伴第一时间奔赴雄安新区采访,记录了雄安新区破土动工前的景象,在短时间内制作出了《开往雄安的春天专列》新闻专题片。虽然现在看略显稚嫩,但这仍然是国新班同学团队协作的成果,也成为一段难忘的回忆。此外,在国新班的国情讲座上,我们有机会与各大部委和中央媒体的领导前辈们交流、沟通,甚至抛出不少尖锐的问题,极大锻炼了我们的沟通与协调能力,为我们走上工作岗位开展交流与合作打下了坚实基础。

来自公共外交领域的声音

LAIZI GONGGONG WAIJIAO LINGYU DE SHENGYIN

从新闻人到“传播人”：对加强国际传播能力建设的思考

◎ 梁淋淋[*]

2021 年 5 月 31 日下午，中共中央政治局就加强我国国际传播能力建设进行第三十次集体学习。中共中央总书记习近平在主持学习时强调，讲好中国故事，传播好中国声音，展示真实、立体、全面的中国，是加强我国国际传播能力建设的重要任务。要深刻认识新形势下加强和改进国际传播工作的重要性和必要性，下大气力加强国际传播能力建设，形成同我国综合国力和国际地位相匹配的国际话语权，为我国改革发展稳定营造有利外部舆论环境，为推动构建人类命运共同体作出积极贡献。

结合国际国内局势，在百年未有之大变局中，在极不平凡的 2021 年，习近平总书记对加强中国国际传播能力建设的论断发人深省。2021 年，全球范围内新冠肺炎疫情仍在演化加剧，但疫苗战略推进与防控措施正筑起保障生产生活和社会运转的重要防线，主要经济体陆续走出衰退泥潭；经历疫情“大考”后，中国经济、供应链和治理模式展现强劲韧性。2021 年也是中国“十四五”开局之年，中国在全面建设社会主义现代化国家的道路上开启新的征程。目前世界 500 强中的中国企业数量跻身首位，中国人均国民总

---

* 中国传媒大学 2009 级国际新闻传播硕士班毕业生，先后任职于新华通讯社、中欧数字协会、欧盟中国商会秘书处。参加的重要报道包括：美国前总统奥巴马、英国前首相卡梅伦等外国政要访华，国际事务论坛如 APEC、中美战略与经济对话，中欧领导人会晤，欧洲理事会、欧盟委员会、欧洲议会、欧洲中央银行、欧洲投资银行、欧盟统计局相关决策报道和涉华事务，中欧经贸关系发展、中国企业“走出去”、“一带一路”项目在欧发展等。多篇稿件获新华通讯社社级好稿、国内部好稿等表彰。

收入迈过 1 万美元门槛。和硬实力崛起相对应,建设提升中国软实力已逐渐成为现实需要和国家战略需求。在西强我弱的国际舆论场,国际传播能力不足将掣肘中国在国际舞台上发挥和经济实力相匹配的话语权,大量消耗我国外交资源,不利于打破大国崛起的悖论,间接造成中国在多边场合和国际标准制定中的被动局面,不利于为中国继续深化改革、稳定发展营造有利外部舆论环境。

2009 年,中国传媒大学首届国际新闻传播人才后备班诞生,正是国家提升国际传播能力建设整体部署计划的一部分。2021 年,首届国新班已毕业十年,此时亦是回顾国家和母校国新人才培养、探讨中国国际传播能力建设的一个"节点"。结合个人毕业后十年在中央媒体和国际协会的有关工作经历,我将从小的切口和角度为国家宏大和战略性的国际传播能力建设与发展提供一份或许还较局限的观察样本。

一、十年:从"新闻人"到"传播人"

在国新班学习期间,我被分配至新华社国内部中央新闻采访中心(央采中心)实习,继而对国家通讯社这一核心采访部门产生了浓厚兴趣,随后经笔试、面试和岗前实习等一系列招聘手续,于 2011 年 7 月加入新华社国内部。2011—2015 年上半年,我在新华社国内部发稿中心和央采中心外事采访室工作,其间还借调至国内部"新华视点"新媒体办公室、新华社四川分社、全国两会发稿中心等不同岗位,以文字记者、中英双语记者和新媒体记者等不同"身份"游走。2015 年 6 月,我被派驻到位于欧洲"心脏"比利时布鲁塞尔的新华社欧洲总分社,负责欧盟经济、金融与商业领域报道,为期两年。2017 年,我从新华社离职,之后先后加入欧盟知名友华国际商业协会"ChinaEU"(中欧数字协会)和由李克强总理揭牌成立的欧盟中国商会,一直在欧工作至今。

2011—2017 年在新华社央采中心和欧洲总分社工作期间,我专职从事国际新闻传播工作。在国内任央采中心外事采访室中英双语记者时,我参与报道了时任美国总统奥巴马、时任英国首相卡梅伦等外国政要访华,以及国际事务论坛,如 APEC、中美战略与经济对话等;我也和同事们“跑口”外交部、国防部、全国友协和国新办等部委,参加全国两会和国庆等重大主题报道,多篇稿件获新华社社级好稿、国内部好稿等表彰。

在新华社欧洲总分社负责“跑”欧盟经济事务和中欧经贸关系时,我参与报道了国家领导人访欧、中欧领导人会晤,欧洲理事会、欧盟委员会和欧洲议会经济事务和涉华事务,欧洲中央银行、欧洲投资银行、欧盟统计局相关决策报道和涉华事务,中国驻欧盟使团、经济商务参赞处、中国企业对欧投资等;关注欧洲经济形势、中欧经贸关系发展、钢铁产能过剩、欧盟反倾销措施、中国企业“走出去”等话题。此外,我还参与组织协调大型专题报道如“一带一路”项目在欧发展、中国企业对欧投资壁垒、中欧贸易摩擦等;管理外籍雇员团队,协调新华社对欧洲议会全会、欧盟事务外籍雇员报道等。

2016 年 5 月,梁淋淋在欧委会新闻发布厅

ChinaEU 中文名为“中欧数字协会”,旨在促进中欧数字、科技和商业关系。在 ChinaEU 工作期间,我负责参与发展该协会对中国中央媒体及国际媒体关系,提供协会有关媒体服务,如回应彭博社、《纽约时报》、半岛电视台和芬兰广播公司等相关采访申请,撰写协会主席参加世界互联网大会、博鳌亚洲论坛“亚欧领袖合作对话”等相关演讲稿件和中英评论稿件等,协会相关文章在《中国日报》、《环球时报》(中英文版)、《文明的醒狮》(广东出版社 2019 年出版)等刊发。

欧盟中国商会于 2018 年在比利时布鲁塞尔注册。2019 年 4 月,第二十一次中欧领导人会晤在布鲁塞尔举行期间,商会正式揭牌成立。目前会员单位已近 70 家,代表近 1000 家在欧中资企业,肩负“商通中欧、共创繁荣”的共同使命。我于 2020 年 9 月开始就职于欧盟中国商会。

毕业十年间,我经历了从“新闻人”到“传播人”的角色调整、从中国到欧洲的地理变迁,不变的是我一直站在国际新闻传播的前沿。在新华社国内部央采中心,需要把中国故事讲好,让国内外受众都感兴趣;在新华社欧洲总分社,要把中欧故事讲好,让欧洲和全球听到中国声音;在ChinaEU,要把友华欧洲人士对中国和中欧事务的看法阐释清楚,还要符合不同媒体口味,向国际受众讲好观点;在欧盟中国商会,要维护中国广大在欧企业利益,向不公平和歧视性的欧盟立法说“不”,还要有理有据地和欧洲政策决策层、欧洲媒体和其他国际媒体“摆事实,讲道理”。

二、个案:国际新闻传播教育助力国家传播能力建设

在不同职业阶段,我对国际新闻传播能力建设的理解越来越丰富,也更加感受到中国传媒大学国新班培养对小至个体职业生涯,大至中国国际传播能力建设的卓越贡献。下面,我将借助不同时期的几个案例加以说明。

1. 中国媒体稿件如何更好落地国际媒体?

新华社是国际性通讯社,在我工作期间,评判稿件国际传播能力的重要指标之一是其在国际主流媒体的“落地率”,也就是稿件被主要外媒采用的情况。新华社国际部当时做了很多创新,如撰写辛辣英文时事评论,时常被《纽约时报》《华盛顿邮报》等国际大报采用。受此激励,我在担任央采中心中英双语记者期间,也注意发掘新闻事件背后的中国视角与背景。2014 年 12 月 2 日,我赴国防部八一大楼报道中澳军事会见,由于是一个常规外事报道,中文稿字数不多,不超 200 字。英文报道如果只如实翻译的话,很容易堆砌套话,基本是“零采用”。而双语记者惯用处理手法是对英文报道适当“加料”,补充更多丰满的现场细节和背景资料,以满足不同受众群体的阅读习惯和需要。我处理过的英文稿件刊发后立即被法新社采用,并在标题中表明信源为新华社。

这其实是日常国际新闻传播中微不足道的一个小案例,并不值得渲染。但它背后蕴藏了些许“硬”知识:在中国的本土新闻战场进行国际新闻传播

时，中国媒体其实具有得天独厚的优势——有渠道，更利于在本土挖掘独家消息。在此情况下，写法上稍做变通，以外国读者更习惯和更容易接受的方式组织和讲述新闻故事，便容易实现国际新闻传播的突破。

这或许涉及一些“技法”层面的能力，包括语言能力、理解文化差异和媒介受众分析等。在这方面，中国传媒大学国新班对提高语言教学和实践的有关设置，如聘请外教、自制《新闻八通线》电视新闻节目和国际新闻采编训练等，为我入职新华社后迅速进入状态，适应双语记者的工作打下了良好基础。

2. 站稳中国立场，不被西方舆论牵着走

在欧洲从事新闻采编工作期间，我更深切地体会到了中西方在历史、文化、制度和意识形态上的差异，以及国际传播的不易。我所在的比利时布鲁塞尔是欧盟总部所在地，汇聚了数量庞大的全球媒体、外交使节、政治团体和游说团体等；布鲁塞尔常住居民中，一半左右都不是比利时本国人，而是来自欧盟和全球各地。行走在大街上，落座在餐厅里，法语、英语、荷兰语、德语、意大利语、西班牙语等不同语言此起彼伏。

2015 年，梁淋淋在巴黎采访

布鲁塞尔也有不少中国媒体驻站，有的规模还不小，但总体上看，我方声音在 EU bubble(“欧盟泡沫”，即欧委会、欧洲理事会和欧洲议会等欧盟机构办公所在的区域)舆论场上影响仍属弱势。

这就使得驻外报道时坚守中国立场显得尤为关键和重要，不能被强势西方媒体观点带着走。在这方面，中国传媒大学国新班的国情教育结结实实地派上了用场。首届国新班组织我们参加了很多部委部长或副部长级宣讲，这让几年后我在报道欧洲议会关于西藏的内部讨论等敏感议题时更显游刃有余。

2015—2017 年，在我负责报道的欧盟经贸领域，中欧间有贸易摩擦，有欧洲钢铁行业组织游行抗议中国所谓钢铁过剩，有欧盟拖到最后一刻仍不愿承认中国市场经济地位。在中国市场经济地位问题上，欧盟宣布推出反倾销“替代国”的做法，欧委会发言人和法务专家们费了很大劲向记者们解释这种做法的合法性和合理性，而英国《金融时报》等众多欧美媒体报道倾向于欧方向中方“退让”，局势有利于中方。但我所在的新华社欧洲总分社经贸事务报道团队经过采访和分析研判认为，“替代国”做法是变相的歧视性贸易壁垒，于是迅速在报道、深度报道和评论等文章中提出质疑。中国商务部后来就欧盟“替代国”做法向世贸组织提出了申诉，也证实了我们相关报道不跟风，从中国立场和利益出发的正确性。

要做到不被别的媒体牵着鼻子走，得绷紧媒介批判理论的弦，坚持专业主义，厘清新闻事件背后的来龙去脉和是非曲直，更重要的是要了解中国立场与中国利益，理解中国国情，真正做到为中国发声。这方面，国新班高屋建瓴的国情教育的确目光长远，也帮助我们经受住了业务和生活的不断淬炼。

3. 参与欧盟立法，维护中国企业利益

离开新华社后，我先后加入位于布鲁塞尔的友华国际协会 ChinaEU 和维护在欧企业利益的欧盟中国商会。虽不在新闻报道第一线，我却也站在了维护中国经贸利益、促进中欧合作的最前沿。

欧盟中国商会是一个非常“年轻”的中国企业海外商会，注册成立至今不到五年。它的诞生离不开中国广大企业积极走出国门，在海外市场谋篇布局。近年来，受地缘政治等因素影响，欧洲作为中国企业投资目的地的重要性显著上升。自 2020 年 9 月入职以来，我在商会主要负责传播和调研事务。2021 年 7—10 月，我主要参与商会最重要的年度出版物《深化互利合作，共塑中欧未来——2021 年中国企业在欧盟发展报告》。全报告约 6 万字，共五章，涵盖中欧总体经贸发展情况、中国企业在欧盟发展现状、中国企业对欧盟营商环境的评价、绿色和数字领域合作，以及提出对促进中欧合作十大领域的近70项具体建议。报告引发了各界高度关注和强烈反响：商务部发言人束珏婷10月21日回应报告发布；截至11月8日，包括《人民日报》、新华社、中央广播电视总台、西班牙埃菲社和意大利安莎社在内的70余家中外主流媒体和相关机构报道转载报告发布，以中、英、法、德、意、西和日等多语种，文字、广播、视频等多形态在中国、欧洲和全球范围内传播；此外，微信、推特和脸书等社交媒体也对报告发布进行了二次传播，进一步扩大了影响力和品牌力。

2020年，梁淋淋任职欧盟中国商会

商会报告引发中外主流媒体关注的关键是其有"干货"。建立在两次调研和深度访谈基础上，报告反映了中国企业对《欧盟外商直接投资审查条例》、外国政府补贴"白皮书"、可持续公司治理和国际政府采购工具等欧盟经贸单边立法工具的具体关切。但这并非商会引发中外主流媒体关注的孤例。此前，商会对欧盟外国政府补贴的有关反馈受到路透社、彭博社、《华尔街日报》等众多国际媒体、欧洲当地媒体和经贸法律领域专业媒体的关注和报道，在发出中国企业声音和关切上，取得了积极突破和突出成绩。

在当前商会媒体关系发展和欧盟政策调研岗位中，国新班带给我的重要财富包括媒介素养培育和深度调研技能培养。和国际新闻记者生涯相结合，毕业后几年间，我更加了解了欧洲和国际媒体的生态及运作方式，扩大了媒体"朋友圈"，有益于传播工作的开展。另外，得益于中国经贸实力的崛起和在世界舞台重要性的上升，西方媒体需要、也越来越重视来自中国的声音。

三、对加强国际新闻传播人才培养的浅见

一路走来,中国传媒大学国新班助推了中国国际传播能力建设。它科学、系统、踏实地为媒体、机构、企业等培育了一批批“召之即来,来之即战”的国际新闻传播专业人士,播撒坚守中国立场和中国利益的种子,向世界发出更强的中国音。展望未来,改变国际舆论场西强我弱局势仍任重道远,我对加强国际新闻传播人才培养有如下浅见:

第一,坚持国情教育,坚守中国立场。继续加强部委和学校联系合作,做好高端政策讲座、暑期实践等,创造“上接天气,下接地气”的国情学习良好环境,为国际新闻传播能力建设夯实基础。

第二,着力提升语言能力和业务能力。良好的语言能力和采编业务能力是国际传播队伍建设的重要支柱,也是未来我国整体国际新闻传播能力提升的助推器。

第三,深入理解文化差异和媒介批判理论。引入更多西方历史、哲学、政治等领域人文通识课程或讲座,开阔视野,培养有世界眼光和胸怀的国新人才。

第四,适当介绍中西法律和多边主义等相关知识。中国崛起离不开融入世界多边主义,而大国关系较量和变迁常与或有“长臂管辖”效应的国内法相联系。建议适当介绍中西方相关法律基本知识,与国际多边组织机构如联合国、世界贸易组织、世界卫生组织等加强交流合作,拓深拓展国新人才培养视野。

从商务外交视角浅谈国际传播人才培养

◎ 沈亚萍*

今天是2021年11月13日，我自中国传媒大学国际新闻传播硕士班毕业的第五年零五个月。五年里，我从国家商务部的一颗小螺丝钉被派到中国驻非洲加纳使馆承担援外培训工作，再到驻美使馆，奋斗在中美经贸外交的第一线。我无时无刻不感恩母校对我的培养。在中国传媒大学度过的七年时光，母校给我埋下了理想信念的种子，给予我扎实的本领和国际视野，为我今天从事商务外交工作打下了良好基础。

一、商务外交工作中的国际传播

1. 钢铁产能过剩全球论坛——为捍卫中国利益发声

在2008年国际经济危机的系统性影响下，全球在2015—2019年经历了一轮钢铁产能过剩。一些国家在经济不景气、产业老化、内部矛盾重重的情况下，将问题全部归咎于中国。仅2016年1—11月，我国钢铁产品就遭遇了16个国家和地区发起的41起贸易救济调查。一些国家领导人和媒体公然宣称中国钢铁“肮脏”。

---

* 中国传媒大学2013级国际新闻传播硕士班毕业生，2016年6月毕业后就职于国家商务部。2019年任中国驻加纳使馆经商处随员，负责援外培训工作。2021年任中国驻美国使馆经商处三秘，参与中美经贸外交一线工作。

我参加工作的第一项任务,就是成为G20“钢铁产能过剩全球论坛”中方工作组的一员,与全球33个主要产钢国分享产能和政策信息,制定解决钢铁产能过剩问题的办法。三年时间里,我翻译了数十万字的外文资料和谈参,实地考察了我国很多钢铁企业,参与了论坛公报中方文本的拟定,和各部委、行业协会、企业共同努力,在十余次会议上,向33国代表宣介中国钢铁产业不断向清洁生产升级转型的真实情况,中国去产能的艰苦努力、巨大代价和责任担当,协助中方代表团团长就政策问题与美欧代表据理力争,维护中国钢铁产业的利益。

2. 援外培训——传播中国发展成就和经验

当今世界,保护主义、民粹主义抬头,以西方国家为首掀起逆全球化浪潮。中国秉承人类命运共同体理念,以共商共建、共享共赢的“一带一路”对接非洲发展,以中非合作论坛、中非经贸博览会、中国国际进口博览会等平台切实推动中非合作。中国自身的发展成就和经验,“真、实、亲、诚”的对非政策理念,对渴望摆脱动荡与贫困、实现发展与壮大的广大非洲国家来说,无疑是迷雾中的一座灯塔,照亮了非洲发展之路。在加纳工作的两年里,我感受到了越来越强烈的“向东看”思潮。加纳人渴望学习中文、到中国留学;羡慕中国的建设成就,希望学习中国的治理经验。2019年,加纳每1000个家庭里就有一个孩子在中国接受教育。在这里,最需要传播的是中国的发展成就和经验。

沈亚萍(一排右四)与加纳学员聚会合影

2019年,经我送往中国交流学习的加纳人达828名。他们来自各行各业,带着好奇出发,满载对中国的钦佩与好感归来。我定期组织毕业生参观在加纳发展的中资企业和援外项目,通过媒体,让加纳人了解新时代中国企业的社会责任、中国对加纳的实在帮助。在我的任内,加纳毕业生们在使馆支持下建立了联谊会,为中加友谊、经贸合作持续贡献力量。

3. 对美经贸外交一线——传播互利共赢的理念

在新冠肺炎疫情叠加百年未有之大变局的特殊时期，来到中国驻美使馆服务于中美经贸关系大局，对我而言是莫大的荣誉和挑战。在这里，我更深切地感受到国际传播工作的重要意义和现实需求。大部分美国人对中国的认识停留在20世纪，在政客的鼓吹下，他们把中国当作偷走美国知识产权、抢走美国人工作的敌手。伴随着中国产业升级，中美在经贸领域的竞争逐渐增强。中国经济体量的攀升，牵动着美国人的民族自尊心。未来中美关系走向何方，将决定世界格局，影响每个人的生活。

沈亚萍（下图右一）与美国青年总裁组织视频交流

我每天的工作都要和美国企业打交道。一方面，帮助他们加大对中国的贸易投资，积极参与融入中国经济双循环新格局，做大中美经贸互利共赢的蛋糕；另一方面，向美国企业强调中方发展不冲突、不对抗、互相尊重、合作共赢的对美关系的一贯立场，宣传对外开放的新举措、出台的各类新政策、中国市场的新机遇，澄清美国社会对中国的错误认知和不实指控。

二、国新班带给我的成长

1. 一份初心使命

“铁肩担道义，妙手著文章”是大多数在中国传媒大学追求新闻事业的学生的理想。国新班的学生更是如此。我们每个人都是光荣的共产党员，每个人都主动选择扛起国际传播的职责使命。学校还会定期组织到遵义、重庆等地开展红色主题教育实践。

2. 一段国际经验

中宣部等联合培养单位、学校和老师们对国新班倾注了大量资源和心血。三年的硕士生涯，学生们可以获得各种各样的国际经验，让国际传播人才的“国际”二字名副其实：参加双硕士项目，去国外高校学习；参与一年一度的暑期实践，到法国等地接受培训；申请《中国日报》等媒体在海外的实习机会；到国外参加国际一流大学的国际传播论坛；和外国在华留学生全天候交流；等等。

沈亚萍采访伦敦市副市长

3. 一种包容理念

还记得当年参加国新班招生面试,虽然我不是成绩顶尖、外貌出众的学生,但我交给了面试考官们一份充实的个人简历——四年来,我每个寒暑假都在各大媒体实习,足以证明我对国际传播事业的热忱;一场漂亮的问答——展现我所学所想所求,我的世界观、价值观、人生观。我意外地以当批次笔试面试第一名的成绩获得了保送机会,这是国新班带给我的最大成长:一份对过往努力的认可,一份继续勇往直前的信心。在这里,学生们是高度具有个性的,拳拳热忱和赤子之心都会被看见和肯定。

三、关于国际传播人才的素养

在此,我也想谈一谈对国际传播人才素养的粗浅思考。总的来说,我想表达砥砺思想比锤炼技能更重要。正如学校教会我们要树立马克思主义新闻观,有了正确的价值取向、洞悉事物本质的能力、对世界和国家大事的深刻理解,才有可能去打破西方话语体系,对外塑造可信可亲可爱的中国形象。

1. 理性的世界观和独立的价值体系

能否建立相对理性的世界观和独立的价值体系,决定了一个国际传播人才的底气。回想自己的学生时代,是相对缺乏道路、理论、制度和文化自信的。工作后我发现,一名外交官如果去阿拉伯国家常驻,看到的是"阿拉伯之春"如何变成"阿拉伯之冬",原本繁荣发展的国家,匆忙进行西式改造后陷入危机和衰退;如果去非洲常驻,看到的是那些脱离本国经济基础条件,学西方搞一人一票民主选举的国家如何在选举政治中反复开倒车、推翻前任的政绩,错失发展机遇。在美国常驻,我看到新冠肺炎疫情之下,在资本利益和普通百姓生命安全之间,一个国家作出的选择,以及资本控制下的媒体的推波助澜。以前中国人羡慕美国追求素质教育,今天我看到教育质量低下又追求绝对自由的美国,关于疫情的错误信息满天飞,很多人不了解、不相信科学，整个国家耗时一年多，牺牲几十万人的生命都无法对戴口罩这件事达成一致。

今天的非洲海岸线上，有很多西方建设的奴隶堡。在加纳，我有机会下到暗无天日的当年英国殖民者关押黑人奴隶的地下囚室。解说员告诉我，10 平方米的囚室里曾经关押了 100 多个奴隶。他们中一半以上会在长达一年多等待船只的过程中因为饥饿、疾病惨死，剩下的一半，大部分死在去往美洲的航途中。在囚室的上方，是白人的住所和基督教堂。在那里，他们一边屠戮，一边祈祷歌颂真善美。这给了我很大震撼。一个民族的灵丹，或许是另一个民族的毒药。国际传播人才讲好中国故事的前提，就是脱离西方语境独立思考，建立自身的价值体系。例如最基本的，理解一人一票未必是真民主。

2. 穿透现象看本质的能力

当今世界纷繁复杂，百年未有之大变局隐藏诸多挑战。在一些中西方、国内外、各阶层意见交锋激烈的问题上，如果无法穿透现象看本质，就很容易落入认知陷阱。例如，针对一段时间以来的中美经贸摩擦，以及中美之间战略竞争、科技创新战略竞争格局，对其背后原因的认识，不能陷入中国的大国外交过于强势论，纠结于所谓“中国对韬光养晦战略的偏离”，或是误判中国没有彻底融入西方选举式民主制度体系而引发价值意识形态竞争等一系列简单或狭隘的思维。中美经贸关系是双方综合实力到了关键碰撞期的必然结果。看本质的能力来自辩证思维、博古通今、与时俱进。

3. 对探究时代问题的兴趣

高水平的国际传播，绝不仅仅是事实的传递，更是思想的碰撞交锋。国际传播人才，既需要着眼当下，努力学习知识技能，也应该去思考事关人类前途命运的大问题，去理解国家大政方针背后的逻辑。例如，中美关系与世界格局的走向、气候变化与经济发展的关系、企业发展与社会福祉的关系；又例如，一个积贫积弱的民族如何能够在如此短的时间里，不靠对外殖民掠夺，建成今天这样繁荣富强的国家，实现人类发展的奇迹？中国为什么要构建国内国际双循环的新发展格局，在逆全球化的潮流中申请加入 CPTPP 等区域自贸协定？元宇宙、区块链、比特币，谁是真未来，孰是伪命题？

本月是驻美使馆在新冠肺炎疫情之下坚持正常工作的第 18 个月，使馆组织播放了电影《长津湖》。在和平年代生活太久的我们，似乎逐渐淡忘了和平是怎么来的。没有长津湖上 -40℃ 冰雪里奋战的英雄，就没有今天繁荣富强的中国。国际传播事业是需要使命担当的事业，既期待雄才大略，也要有甘做螺丝钉的精神，衷心祝愿母校继续培养更多这样的人才！

万事须己运　奋斗正当时

◎ 沈御风*

2021 年是一个特殊的年份。这一年,我们隆重庆祝中国共产党成立 100 周年、中国恢复联合国合法席位 50 周年;这一年,我们实现了第一个百年奋斗目标,在中华大地上全面建成了小康社会;同时,这一年也是我考入母校中国传媒大学的第十个年头。从就读于中国传媒大学广播电视编导班到国际新闻传播硕士班再到中华人民共和国外交部,这一路上,亲爱的师长和领导都给予了我大力支持,帮助我系好了人生第一粒扣子。

我的父母是新闻从业者,从小耳濡目染的我对新闻产生了浓厚兴趣,我也如愿以偿考上了中国传媒大学这所新闻人才的摇篮。我仍记得那些年我们在梆子井楼下的体育场上挥汗如雨,那些年我们在"大阅城"里的书桌上奋笔疾书,那些年我们在钢琴湖畔的座椅上畅想未来。也正是那些年,我在毕设作品里演了一回"发言人",在国新班的国情讲座中聆听了时任外交部发言人洪磊的传道授业,在新华社的实习中采访了时任外交部发言人华春莹,与外交部结下了不解之缘。我很感谢我的母校和国新班,不仅教会了我有关国际传播的知识和实操方法,更重要的是为即将迈入社会的新闻人塑造了"大外宣"的格局和坚定维护国家利益的国际传播理念。国新班教室

* 中国传媒大学 2015 级国际新闻传播硕士班毕业生,现就职于中华人民共和国驻阿联酋使馆。在中非合作论坛北京峰会、第二届"一带一路"国际合作高峰论坛、中华人民共和国成立 70 周年大会、中国共产党成立 100 周年庆祝大会等多场主场外交和重大活动中承担新闻和记者管理等工作,参与多场习近平主席、李克强总理、杨洁篪主任、王毅国务委员兼外长等党和国家领导人外事活动及遏制"香港暴乱"、新冠肺炎疫情国际合作与斗争的工作。

迎面那条“坚守国家立场,发出中国声音”的横幅至今时刻提醒着我在工作中需不断提升自己,绷紧“国家”这根弦,当好为祖国发光发热的螺丝钉。

当前,百年未有之大变局加速演变,习近平总书记在中共中央政治局第三十次集体学习时强调,我国日益走近世界舞台中央,有能力也有责任在全球事务中发挥更大作用,同各国一道为解决全人类问题作出更大贡献。和国新班的很多前辈比起来,我的社会阅历和工作经历还略显稚嫩,但是我很幸运,在这短短几年时间里,先后以“新闻工作者”和“外交官”的身份奋斗在国际传播和斗争的一线,亲身经历和参与了多项对外斗争,多次陪同国家领导人出访和会见会谈,在香港暴乱、新冠肺炎疫情暴发期间坚守岗位,揭批美西方双重标准,在中非合作论坛、“一带一路”国际合作高峰论坛、庆祝中华人民共和国成立70周年、建党100周年等大型活动中展现中国速度和大国胸怀,为我国改革发展稳定营造有利外部舆论环境尽自己的一分力量,为推动构建人类命运共同体作出积极贡献。作为一名“新闻外交官”,我在这些活动中也有了一些自己的感悟和思考,希望能与母校的师长和师弟师妹们一起学习和成长。

沈御风(后排左一)参与王毅国务委员兼外长会见会谈

一、培养国际传播后备人才需要久久为功

作为一名国际新闻传播硕士班培养的学生,一名曾经在媒体实习工作的记者和一名正式的“文装解放军”,我深感我们祖国建设正需要一代又一代优秀的国际传播人才,需要一批批“青春热血”的年轻人实现“两个一百年”奋斗目标,实现中华民族的伟大复兴,需要更多像中国传媒大学这样的传媒院校和国新班这样的专业班级输送新鲜血液。结合工作中解决一些困

惑和问题得到的经验，回首我的学习经历，我认为国际传播人才的培养绝非一朝一夕之功，也绝非一套理论体系和课程就能实现的"机械化培养"，国际传播人才需要具备更高的素质。

1. 讲政治才能"岿然不动"

要想成为一名优秀的国际传播人才，"党性"至关重要，应时刻牢记"党媒姓党"的原则。国新班至今一直保持着全班必是党员的优秀传统，我想这既是荣誉，也是基础。大学是学校和社会的交汇点，是塑造正确的价值观、人生观、世界观的关键时期，应加大对新闻人才，尤其是国际传播人才的政治培养，加大考核力度，胸怀"国之大者"，践行"初心使命"，为步入社会从事外宣工作，在思想政治上迈好坚实的第一步。

2. 学语言才能"游刃有余"

习近平总书记明确指出，随着我国综合国力和国际地位的稳步提升，要形成与之相匹配的国际话语权。要构建对外话语体系，提高传播艺术。要采用贴近不同区域、不同国家、不同群体受众的精准传播方式，推进中国故事和中国声音的全球化表达、区域化表达、分众化表达，增强国际传播的亲和力和实效性。这就对外宣工作者的语言提出了更高要求。要想让当地民众爱听、想听中国故事，恐怕不仅仅是考过大学英语四级、六级那么简单，能与人正常交流是基础，但要想用更加地道的语言和表达进行外宣工作，应至少精通一门通用外语，有条件的学生可以再学习一门小语种，对于今后的工作大有裨益。

3. 多实践才能"活学活用"

要学习掌握和认识理论与实践辩证关系的原理，不断推进实践基础上的理论创新。实践是党性天然的教科书。我大学时期曾经在祖国的最南端——永兴岛上担任过驻岛记者，欣赏了南海的碧波荡漾，目睹了南海民众的日常生活，经历了在海警船上与周边国家渔民的"惊险搏斗"。也正是这一次令人难忘的经历，在我内心暗暗埋下了种子，作为日益走近世界舞台中央的大国，实现国家统一、维护国家领土完整与实现民族复兴的伟大梦想紧密相连，我立志一定要为祖国的和平统一作出贡献。实践是检验学习成果、反哺学习理论的最佳途径。在中宣部和教育部的大力支持下，每逢国际新闻传播硕士班的二年级至三年级，大家都有机会去各大央媒和企业实习，这一步至关重要。同学们不仅能把所学的知识运用到实际工作中，更能在实践中不断推陈出新，总结经验和教训，不断提高。实践才能走在时代前列。随着新媒体技术的不断发展、人工智能水平的不断进步，课本上的知识已远远不能适应新时代媒体传播的要求，实践就是要让我们的后备人才从课本走到一线，了解世界最前沿的报道方式，掌握先进的采编技术，与业界同行展开头脑风暴，打开创造力的大门，为我国媒体行业的数字化和现代化添砖加瓦。

4. 会表达才能“锦上添花”

表达能力包括口头表达和文字表达。对外交往中，口头表达能力强有助于准确地表达自己的想法，双方通过沟通，既能高效地解决问题，也可以很好地联络情感。而文字表达多指工作中书写各类材料，小到请示汇报，大到领导人的讲话稿、重大活动的调研、新闻稿，都需要良好的文字功底支撑。进入工作中你会发现，好文笔会更受青睐。在学生阶段应多参与省、市、学校各级别各类学生会、比赛、社团等，锻炼良好的表达能力。同时定时定量的写作十分必要，“唯手熟尔”，写得多了，时间长了，勤加思考，写作能力自然会突飞猛进。虽然每个工作单位的写作文体略有不同，但拥有良好的写作基础会“如鱼得水”，在适应了工作节奏后，会绽放更大的光彩。

沈御风参加中日外长会谈

5. 坐得住才能“厚积薄发”

操千曲而后晓声，观千剑而后识

器。我相信考入国新班的每一位师弟师妹都希望能在未来的工作中大放异彩，我也相信大家都能以优异的成绩考入理想的单位。但是，再优秀的新闻人也不可能一开始就成为白岩松，再智慧的外交官也不可能刚工作就比肩外长。立志欲坚不欲锐，成功在久不在速，人生是一场马拉松，外交部的领导曾寄语我们，凡是早建功业者，都要付出超常的艰辛努力和牺牲，成为行家里手要甘坐十年“冷板凳”，成为专家、大家至少需要二十年的积累，这是人才成长的规律，大家一定要在思想上有长期奋斗的准备。同时我也希望大家能在正确的时间做正确的选择，不负韶华，不负青春。

二、外交与新闻合力，方能所向披靡

很多人都对外交官充满好奇，其实外交官和新闻工作者经常会在很多场合相互配合，两者工作也有很多相似的地方。只有不断加强自我锤炼，形成合力，拧成一股绳，我们才有机会在国际话语权上把握先机。

1.具备较高的政治素养

外交官和新闻人都承担着向世界展示真实、立体、全面的中国，塑造可信、可爱、可敬的中国形象的重任。这就要求我们必须深入学习和领会习近平新时代中国特色社会主义思想、习近平外交思想和有关加强我国国际传播能力建设的系列讲话，增强“四个意识”，坚定“四个自信”，做好“两个维护”，牢记初心使命，忠诚履职尽责。

2.广泛涉猎各领域知识

在工作中，我们经常会与不同行业的人打交道，很多工作对象也具有多重专业背景，我们不仅需要了解一个国家的政治，还要熟知经济、教育、卫生、科技等方方面面。这就要求我们成为遇人皆可谈、遇事皆可为的“通才”，各领域的知识均需有所涉猎，各行业的工种均需有所了解。

3.把握对外交往的“真”与“假”

在对外交往和对外报道中,“度”是最难把握的问题,要注重把握好基调。季羡林老先生的一句话至今对我很有启发,“要说真话,不讲假话,假话全不讲,真话不全讲”。一位曾担任外交部发言人的老领导也对我说过同样的话:“发布会上讲的一定是真话,但不是所有真话都对外讲。”我们既要清晰表达我们所要传达的意思,又不能让别有用心的人抓住我们的把柄。我想这就是作为一名优秀外交官和新闻记者需要具备的能力。

4.充分发扬斗争精神

在类似香港、台湾、疫情溯源等问题上,针对部分国家对我们恶意的抹黑和攻击,一味地退让只会让部分国家“得寸进尺”,我们必须揭露其赤裸裸的“双标”,进行有理、有据、有节的强硬回击,维护祖国的国际形象和国家利益,在涉我原则问题立场上坚决不能做出让步。外交是阻挡攻击的“第一道防线”,而舆论则是为外交提供“粮草弹药”,甚至是吹响“反击号角”的一把利刃。要想让一个国家真正改变对另一个国家的刻板印象,对民众施加潜移默化的影响往往要比外交官同十个甚至上百个政客“舌战群儒”的效果好得多。政客有自己和国家的利益需要维护,“攻防战”在所难免,民众虽难以突然改变,但易受舆论引导,可在“持久战”和“消耗战”中以正视听。只有外交、新闻等各领域充分发挥外宣能力,齐心协力,形成一股势不可当的“外宣浪潮”,我们才有机会在西方掌控话语权的世界由守转攻,打一场漂亮的“反击战”和“歼灭战”。

沈御风参与庆祝中华人民共和国成立70周年大会

三、深入领会人类命运共同体,实现美美与共

习近平总书记指出,世界百年未有之大变局和新冠肺炎疫情全球大流行交织影响。各国人民对和平发展的期盼更加殷切,对公平正义的呼声更加强烈,对合作共赢的追求更加坚定。我想无论干外交还是做新闻,"各美其美,美人之美,美美与共,天下大同"都是我们不断追求的目标。随着我国综合国力不断提升,国际传播能力不断增强,越来越多的国家和民众对中华人民共和国和中国共产党有了更加全面和客观的认识。无论你是旅游、生活还是学习,都会发现当地的民众越来越愿意和中国人交朋友,帮助中国人解决困难。我们对外工作的目的,绝不是城墙高筑、相互抨击,甚至与人为敌,相反,我们应该展现大国气度,广交朋友,施以援手,与人为善。勿以善小而不为,我们要有一双善于发现和欣赏所有文明之美的眼睛,对外工作中多一些正面宣介,少一些恶语相向;多一些客观理性,少一些编纂夸大;多一些人情冷暖,少一些循规蹈矩。我们既要让本国文明充满勃勃生机,也要为他国文明发展创造条件,让世界文明百花园群芳竞艳。当然,这并不意味着我们要一味妥协,放弃斗争,我们不惹事,但也不怕事,既要在合作中深化共识,也应在斗争中赢得尊重。

四、结语

很开心也很荣幸收到母校的邀约,检验和回顾我近几年的工作成果,和大家分享一些粗浅的认识和心得。十二年来,国新班培养出来的优秀青年正在各行各业发光发热,为我国国际传播事业输送了大量人才,很多人成了我身边的同事,取得了优异的成绩。我们是新时代的青年,也是同新时代中国特色社会主义事业共同前进的一代。当前,我们正身处历史的十字路口,今天的中国比历史上任何时候都更加接近、更有信心和能力实现中华民族的伟大复兴。我们有幸成为"两个一百年"目标伟大历程的见证者、参与者

和建设者。在这样的历史机遇面前,我们大有可为,也将大有作为。

我衷心祝愿母校中国传媒大学可以继续领航中国传媒教育,祝愿国际新闻传播硕士班越办越好,为国家培养更多优秀的国际新闻人才。同时我也希望在中国特色大国外交加速推进、外交战线如火如荼展开之际,更多母校优秀的师弟师妹,有志于为祖国外交事业挥洒热血的青年,可以踊跃加入外交部这个温暖而又铁骨铮铮的大家庭,和我一起并肩成为"战友",把个人的梦想融入国家的梦想,在实现中华民族伟大复兴的过程中实现自我价值,在伟大的新时代书写精彩的人生!

我在孔院悟传播

◎ 李治宏*

2018 年 8 月 21—22 日，全国宣传思想工作会议在北京召开，习近平总书记出席会议并发表重要讲话。在谈到做好新形势下宣传思想工作时，总书记强调，必须自觉承担起举旗帜、聚民心、育新人、兴文化、展形象的使命任务。展形象，就是要推进国际传播能力建设，讲好中国故事，传播好中国声音，向世界展现真实、立体、全面的中国，提高国家文化软实力和中华文化影响力。在谈到不断提升中华文化影响力时，总书记强调，要完善国际传播工作格局，创新宣传理念，创新运行机制，汇聚更多资源力量。

总书记的讲话发人深思，催人奋进。在总书记讲话的感召之下，同年 8 月，我飞往荷兰格罗宁根，开启在格罗宁根孔子学院为期一年的实习，躬身入局，践行国际传播。

一、巧于展示中国文化，有效传播

2018 年 8 月我抵达荷兰格罗宁根，9 月即面临第一次大考——孔子学院“中国文化日”文化活动。

---

* 中国传媒大学 2017 级国际新闻传播硕士班毕业生，现就职于北京日报社长安街知事编辑部。参与建党 100 周年报道、“京心助梦”北京扶贫干部系列报道、长安街知事年终特辑报道等。曾获国家汉办优秀汉语教师志愿者，鄂尔多斯市五一劳动奖章、青年岗位能手，内蒙古自治区优秀毕业生，中国传媒大学三好学生等。

格罗宁根孔子学院由中国传媒大学与荷兰方面合办，在全球500多所孔院中名列前茅，曾脱颖而出，荣获“全球先进孔子学院”称号，不仅语言教学方面功力深厚，文化传播领域在当地同样有着强大的影响力。作为孔子学院的国际汉语教师志愿者，要在一年的实习时间里把国际传播工作做得更好，这个重任压在了初出茅庐的我的肩上。

2017年，我从管理类专业跨专业考研，进入中国传媒大学电视学院国际新闻硕士班。基础薄弱，就努力从头学起；外语吃力，就自己勤加练习；缺乏实践，却是一个更现实的问题。要知道，国际传播最终不是要靠学术理论，更重要的是要用专业实践去真刀真枪地干。国新班完善的培养体系为我们提供了丰富的实践机会。研一期间，我和小伙伴们通力合作，制作了“八通线”系列新闻，这给刚入行的我提供了很重要的启蒙。

但这还是不够“过瘾”。一个偶然的机会，我得知孔子学院有实习岗位，经过考核选拔，我终于踏上了实践之路。这第一场大考来临，就让我认识到了国际传播中的重重难点，更体会到了孔子学院在传播中国文化时的巧思妙想和丰富经验。

9月22日一早，孔院老师们齐聚在当地郊区的一座公园内，这是中国文化日的活动现场。参与的民众很快蜂拥而至，一场既重体验又重欣赏的文化活动拉开了序幕。

体验上“以小见大”——孔院安排了中国画、剪纸、书法、武术、汉语等工作坊，每个工作坊单节课时长将近半小时，鼓励前来参与的当地民众在短时间内对中国传统文化有初步的感知，最后带一幅自己的作品离开，以作品为纽带，以体验为契机，和中国文化结缘。

李治宏在孔子学院活动中拍摄视频

欣赏上“中西结合”——孔院安排了舞龙、古筝表演、中国歌曲、古诗朗诵等节目，独具匠心地把中西文化结合起来：古筝与小提琴合奏,中文诗被翻译成英文等,让当地民众乐于接受、易于接受。我在活动中除了承担拍摄、采访、新闻稿写作和视频制作等工作外,也成为传播中国文化的直接主体:演唱中文歌曲,朗诵中国古诗。

原本预计当天在公园里接待三四百人,但最终十几名孔院老师先后接待了近千人体验和观赏,活动取得圆满成功,也让我亲身体验了巧妙传播中国文化的成就感。之后,我又马不停蹄地完成新闻稿,剪辑视频。凌晨3点,把做好的视频发送给院长时,我的内心充实而幸福。

2021年5月31日,中共中央政治局就加强我国国际传播能力建设进行第三十次集体学习。习近平总书记在主持学习时指出,要更好推动中华文化走出去,以文载道、以文传声、以文化人,向世界阐释推介更多具有中国特色、体现中国精神、蕴藏中国智慧的优秀文化。要注重把握好基调,既开放自信也谦逊谦和,努力塑造可信、可爱、可敬的中国形象。

中华文化博大精深,源远流长,在国际传播过程中如何更好地向国外民众传播中国文化,需要一番巧思妙想,尤其是在时间、地点、人员有限的情况下。如何利用有限资源,巧妙传播中国文化,孔院给我上了一堂生动的实践课——与其让受众观望不如让其体验,体验中亦重技巧,而后期的媒体传播在当地社区中又能产生二次传播的影响力……

二、敢于介绍中国成就,有力传播

前不久,就中国如何提升国际话语权的话题,我采访了中国人民大学重阳金融研究院执行院长王文。王院长讲道:“如今中国在各项事业建设上取得了举世瞩目的成就,在对外传播中,要想提升我们的国际话语地位,对于传播者,我更担心的恰恰是我们中国传统文化中过于谦虚的一面,这可能会导致有了成就不愿意讲给世界听。”

这段话让我感触颇深。中国消除了现行标准下的贫困问题,这是以千年计的巨大成就;中国在低碳领域努力作为,身体力行地推进如今世界规模之最的低碳产业;中国不仅发展好自己,也通过“一带一路”等合作框架,将发展成果惠及全球……这些中国成就、中国智慧、中国方案来之不易，行之有效，我们应当把扩音器指向全球，予以推广宣传，也要敢于推广宣传。而全球的有识之士，实际上也愿意听到中国的声音。孔子学院就是这样一个传声筒，或者说搭建了发声的平台。

李治宏向孔院夏令营项目学员及家长介绍情况

阿姆斯特丹舞蹈节是全球最大的文化盛事之一，在舞蹈节期间举办“孔子学院中国馆论坛”，是孔院的一项传统。活动当天，我们在阿姆斯特丹开设了两个场馆。在中国艺术、商业场馆中，孔院院长亲自下场主持，组织到场的中荷代表进行对谈，寻找文化异同，把中国艺术的独特美学介绍出去，也有中国企业家广泛介绍企业在发展中的技术突破等。在环境保护主题场馆中，孔院从中国邀请相关专家、学者开设讲座，有的介绍中国科学家在绿色发展和循环城市方面所取得的成就，有的介绍中国环保组织在推进生物多样性方面所做的努力。从效果来看，可以说现场的中荷观众被吸引住了，也听进去了，中国成就得到了一次精准传播。

习近平总书记强调，要广泛宣介中国主张、中国智慧、中国方案，我国日益走近世界舞台中央，有能力也有责任在全球事务中发挥更大作用，同各国一道，为解决全人类问题作出更大贡献。要高举人类命运共同体大旗，依托我国发展的生动实践，立足五千多年中华文明，全面阐述我国的发展观、文明观、安全观、人权观、生态观、国际秩序观和全球治理观。要倡导多边主义，反对单边主义、霸权主义，引导国际社会共同塑造更加公正合理的国际新秩序，建设新型国际关系。要善于运用各种生动感人的事例，说明中国发展本身就是对世界的最大贡献，为解决人类问题贡献了智慧。

敢于把中国成就讲出来、传出去，这是国际传播的一个起点。我们有围绕“一带一路”等开展的高端论坛，专业人士汇聚一堂，深入研究讨论；我们也有体量庞大的主流媒体,对外广泛发声。我想,这些高规格、高格调、广传声的国际传播是有效果的,但同时,国际传播也不能仅依托这些大型的、高端的平台来进行。类似孔子学院这样细胞式的平台,它所搭建起来的舞台更加具有社区传播的优势,它所呈现的内容更加直观,有说服力,它所触及的受众更加真实可感。对外介绍中国成就,离不开这些看似微小却处于国际传播最前沿的机构和个体。

三、善于架起人文桥梁,传播“走心”

习近平总书记指出,要深入开展各种形式的人文交流活动,通过多种途径推动我国同各国的人文交流和民心相通。要创新体制机制,把我们的制度优势、组织优势、人力优势转化为传播优势。要更好发挥高层次专家作用,利用重要国际会议论坛、外国主流媒体等平台和渠道发声。各地区各部门要发挥各自特色和优势开展工作,展示丰富多彩、生动立体的中国形象。

在孔子学院,除负责媒体工作以及参与各类文化、商务活动之外,我还有机会进行汉语教学,主持中国文化讲座,负责荷兰大学生来华夏令营项目等。在此期间,我亲身体验到了人文交流对于传播生动立体中国形象的重要性。

第一次独立开展讲座时,听众是荷兰的高中生。荷兰学生独立思考能力强,敢于质疑的特点明显。讲座过程中他们不断“发难”,对我介绍的中国传统文化、中国城市现状等提出质疑。尤其让我印象深刻的一点是,在我讲到北京等城市的发展状况时,他们普遍认为我言过其实了。这让我意识到,“耳闻不如目见”,直接、深入的人文交流,更能让国外民众了解到真实的中国。

2019 年夏天,在即将结束汉语教师志愿者任期时,我接到了最后一个大型任务——负责荷兰大学生来华夏令营项目。让荷兰学生了解更真实、立体、生动的中国,这是一个很好的机会。

对于大多数夏令营学员来说,这是他们初次到访中国,一路上疑问不

李治宏率荷兰大学生来华夏令营学员参观国家汉办(孔子学院总部)

断,从中国的建筑、文化、传统习俗,到语言、交通、现代生活。不厌其烦地解答之余,我更鼓励他们去亲身体验和感悟,勾勒他们内心立体的中国形象。从北京到郑州,从洛阳到西安,一路上,夏令营学员们用眼睛看到了真实的中国。尽管荷兰本身是发达国家,但当学员们坐在飞驰的中国高铁上望向窗外的优美景色,行走在人文气息浓厚的城市街道上,与中国民众亲切交流时,他们对中国的发展成就以及对中国人的感知才是具体生动的,而这一切,得益于真实可感的人文交流活动。

新冠肺炎疫情影响下,如今实地的人文交流活动难免减少,这就更需要通过对外传播的媒介去拓展传播技术的边界,利用多种多样的形式去介绍,去互动,去增进国外民众对中国的了解。说到底,国际传播是人与人之间沟通了解的过程,民心相通则桥梁建立,中国形象才能更好地架桥而出。

习近平总书记强调,要全面提升国际传播效能,建强适应新时代国际传播需要的专门人才队伍。要加强国际传播的理论研究,掌握国际传播的规律,构建对外话语体系,提高传播艺术。要采用贴近不同区域、不同国家、不同群体受众的精准传播方式,推进中国故事和中国声音的全球化表达、区域化表达、分众化表达,增强国际传播的亲和力和实效性。要广交朋友,团结和争取大多数,不断扩大知华友华的国际舆论朋友圈。要讲究舆论斗争的策略和艺术,提升重大问题对外发声能力。

无论是巧于展示中国文化,还是敢于介绍中国成就,抑或是善于架起人文桥梁,说到底都需要有人来做,由专业的人来做,国际传播人才培养项目正是这些人才的源头活水。回顾在荷兰格罗宁根的国际传播实践,再到如今潜心的国际新闻工作,每当我想起这一切的起点,总难忘在国新班度过的黄金岁月。我想,正是国新班每一位老师的谆谆教诲,才让我们这些国新人理解了国际传播的逻辑,学习了国际传播的技能,感受了国际传播的大势,更重要的是,扎稳了国际传播的立场,培养了新闻人应有的素养,并埋下了一颗讲好中国故事的种子。

我时常想起制作"八通线"新闻时的众同侪,我想这应该也是很多人共同的回忆。八通线现已和一号线贯通,国际传播的这条路虽艰巨却终究畅通。毕竟那些曾经稚嫩、生疏,甚至简陋的"八通线"作品,是国新学子梦的起点,一朝起航,虽远必至。

关于国际传播教育的思考

GUANYU GUOJI CHUANBO JIAOYU DE SIKAO

春风化雨　术业专攻——对国新教育的再思考

◎ 许　达*

2014 年从国新班毕业，至今已过去七个年头，这七年工作中我的每一次进步、每一分成绩都离不开学校的教育。借此机会，我也想结合我的工作，认真总结梳理一下国新教育对一线记者的成长帮助和重要意义，也简单谈谈自己对于国际新闻传播工作的看法。

一、关于国新教育

国新班，全称是国际新闻传播硕士后备人才班，单从名字来看，就能了解这个班与普通的硕士研究生班有很大的不同，全称中的几个关键词“国际新闻传播”“后备人才”也明确了这个班的性质和教育方向。在两年的学习

---

* 中国传媒大学 2012 级国际新闻传播硕士班毕业生，现任中央广播电视总台时政新闻中心副制片人。2015 年 3 月起，加入总书记核心报道团队，至今已将近七年，主要工作为作为编辑参与报道总书记出席的中央会议、国内考察调研、主场外交、国内外事、出国访问等。作为主要编辑，先后参与了 40 余次总书记国内考察调研活动报道，参与了 15 次总书记出国访问活动报道，并从 2019 年 11 月开始作为专机记者参与报道。参与了纪念中国人民抗日战争暨世界反法西斯战争胜利 70 周年系列活动、庆祝中华人民共和国成立 70 周年系列活动、庆祝中国共产党成立 100 周年系列活动等重大活动报道等。作为核心人员参与的《习近平在青海考察时强调：尊重自然顺应自然保护自然 坚决筑牢国家生态安全屏障》《习近平在瞻仰中共一大会址时强调 铭记党的奋斗历程时刻不忘初心 担当党的崇高使命矢志永远奋斗》分获第二十七届中国新闻奖特别奖、第二十八届中国新闻奖一等奖。2019 年，在庆祝中华人民共和国成立 70 周年宣传报道工作中作出突出贡献，受到嘉奖；2021 年，在庆祝中国共产党成立 100 周年宣传报道工作中作出突出贡献，受到嘉奖。2020 年，在中央广播电视总台年度考核中获评“优秀员工”；2021 年，获得中央广播电视总台新闻中心年度标兵称号。

中,无论课程设置还是实习实践安排等,都具有鲜明的指向性,让我们毕业后能够以最短时间适应工作需求,提高工作入门的效率。具体来讲,我认为国新教育的成功之处在于以下几点:

1. 专业的课程设置

研究生阶段的教育导向无非两种,一种是以学术研究为主导,最终的目的是进一步深造;另一种是以就业为主导,说得直白一些,就是希望通过研究生阶段的学习经历,让自己在就业过程中更有优势。这两个方面其实都离不开专业的学习。特别是对于新闻传播这样的学科,理论性与实践性的关联度极高,脱离实践谈理论是纸上谈兵不可行的做法,因此专业的学习一定是理论和实践紧密结合在一起的。从这方面来讲,中国传媒大学国新班在课程设置方面是非常科学合理的,这主要是从我实习到入职后的工作来看的,学校的教育让我们能够相对于其他应届毕业生更快适应媒体工作环境。我们的同学分布在各个岗位,包括电视、广播、纸媒和新媒体,无一例外都快速成长为业务骨干和业务能手。

学校的课程设置最大的特点就是精准、专业,针对当前一段时期专业领域的短板、弱项,着重增加相关方面的课程。比如我们开展的出镜记者的课程,就是通过不断地全真模拟,让学生从紧张得说不出话的状态,到最后面对摄像机滔滔不绝的状态,这其实就是业精于勤的最好诠释。再比如视听新媒体这类课程,就是通过当前的一些现象级实例入手,研究现在网络传播的趋势变化。事实证明,针对性的教学方案对于工作的实战能力有很大作用。在实践教学的基础上,课程设置方面还要特别注意与本科教育的区别,也要更加注重理论学习,让学生能够不仅知道怎么做,更知道为什么要这么做。

2. 开放包容的教学平台

中国传媒大学国新教育的另一大特点就是拥有一个非常开放的教学平台。这主要体现在两个方面:一是走出去的平台非常广阔,从中央电视台到各个省、市、县的电视台,借助强大的学生资源和学校的影响力,为学校学生搭建实践教育基地。我们上学期间，每年都会有一到两次机会到校外的新闻媒体实地调研，比如 2013 年夏天我们组织的华东三省（市）媒体生态调研。这是在学校的牵线搭桥下，完全由学生自主策划、自主实施的调研活动。两周的时间，我们先后前往上海广电、浙江台、宁波台、义乌台、江苏台五家不同层次的地方媒体进行调研。既有横向比较，也有纵向对比；既有实践教育（主要是面对面采访、纪录片制作、新闻照片采编、电视新闻采编等），也有研究成果（形成了若干份调研报告和专题论文）。中间还穿插着爱国主义教育，比如我们当时去了浙江嘉兴南湖的一大会址、上海的一大会址等。

这两周的活动从策划到联络再到落实，一直到最后形成包括纪录片、调研报告在内的诸多成果，都是学生自主完成的，这个过程本身就是一种能力的锻炼，对于工作中的采访联络、采访组织、采访报道等一系列工作都具有指导意义。

二是引进来的平台非常开放，海纳百川。国新班的教育不局限于校内，当时学校每个月都会请一些业界的大咖或者国内国外学界的顶尖专家来给大家作讲座，也会经常举办一些研讨会、论坛，把各个领域的专家聚在一起。最重要的是，这样的活动对于我们每一位同学都是完全开放的，只要大家精力允许，都可以去参加。通过走出去和引进来形成的这种开放教学平台，学生能够不局限于学校的教育，更加贴近媒介前沿，无论对于理论学习还是实践能力提高，都很有帮助。

3. 放眼全球的国际视野

习近平总书记指出要采用贴近不同区域、不同国家、不同群体受众的精准传播方式，推进中国故事和中国声音的全球化表达、区域化表达、分众化表达，增强国际传播的亲和力和实效性。国际传播的重中之重是国际性，不能自说自话，要用别人听得懂、愿意听的语言来讲好中国故事，那就需要我们首先做到知己知彼。

在中国传媒大学国新班的课程设置中，国际视野始终被放在重中之重的位置。英语口语、英语听力和英语写作都是学校对于国新班学生的日常要求。同时,结合国新班小语种学生多的优势,学校也鼓励大家积极开展语言实践教育。这些举措都是为更好的专业学习和对外交流做铺垫。学校每年也会固定举办国际交流项目,比如参与“法国 FIPA 国际电视节”等,这也是对所有学生开放的。

我想着重讲的是学校专门为国新班制定的国际交流项目。这个项目其实和国内的调研活动差不多,从策划开始就由学生自己着手,一直到最终成果的展现,整个流程都是机制化的。该项目一般分为三个部分:一是去我国媒体驻外机构,比如新华社欧洲总分社、巴黎分社、旧金山分社,国际台西欧总站,央视驻欧盟记者站,凤凰卫视巴黎记者站、美洲台,等等,主要是了解驻外记者的工作状态;二是去当地新闻传播教育机构学习,了解当前国际传播的新前沿、新趋势;三是去当地媒体包括华文媒体和本土媒体参访,了解国外媒体的工作流程,让大家开阔视野,了解当前国外媒体同行的生态,对于接下来的研究和工作起到积累作用。

第二个是海外实习项目,是中宣部、教育部、国家留学基金委针对国新项目专门安排的。该项目每年会组织一定名额的学生前往我国驻外新闻机构,在一线体验驻外记者的工作,了解国际传播一线实况。当时我去新华社非洲总分社实习了三个月。这三个月对我本人而言意义太大了,原来都是纸上谈兵,小打小闹,到了非洲才开始真刀真枪地干。三个月的经历让我了解了记者光环背后艰辛的一面,也让我知道了记者这个职业的伟大,更加坚定了自己的新闻理想和信念。一系列海外实习实践和研讨交流活动,能够让学生在学习阶段就具有放眼全球的国际视野,也能够让大家在这一阶段就了解到国际传播舆论场的复杂性,为日后的工作做足心理方面的准备。

2017 年,许达在贵州进行“专项民主监督助力脱贫攻坚”主题采访

正是专业性、针对性都很强的课程设置,使得每一个国新班毕业生都能够很快地进入角色,在工作中快速找到自己的定位,以最快的速度成为新闻战线的一名战士。这也为国新班立下了良好的口碑,而良好的口碑又带来了更多的资源。如此以往,形成了良性循环,也使得这个项目生生不息,越办越好。良好的业界口碑对于每一个国新人来说都是一个认可,也是一个激励,更是一种压力,让大家始终都要保持良好的工作状态,为国新班的发展贡献更多的正能量。

二、关于国际传播

我所从事的工作是时政新闻报道,这是新闻报道中主流媒体最为强势的一个领域,也是自主性最低的一个领域,同样也是国际传播力最弱的一个领域。在工作过程中,我们始终在探索如何提高我们的国际传播力,在这里,我简单谈谈自己的看法。

1."融合"是必由之路

媒体融合是大势,其优势在于可以整合资源,提高资源的利用率,同时可以协调团队工作,加强统筹谋划,节约人力成本。国际传播方面也是这样,通过媒体融合,往往可以达到"1 +1 >2"的效果。

以我所从事的时政新闻来说,在传统媒体占主导的时代,不同的媒体往往各司其职,文字、图片、视频、音频等媒介单一存在,互不干涉,但是新媒体的发展为不同媒介间的融合提供了技术保障和充足空间。特别是在国际传播方面,我们的传统话术已经不能适应国际舆论场,这就需要我们根据不同国家的受众,对我们的产品进行再创作、再

2018 年 5 月,许达在三峡大坝采编

开发。最简单的例子就是将长视频切割成短视频,再进行外文翻译。但这种方式的弊端也是显而易见的,那就是话语体系依然没有脱离我们的圈子,因此目前来看传播效果并不理想。我们也在探索下一步的工作方式,采用贴近不同区域、不同国家、不同群体受众的精准传播方式,讲述我们自己的故事,这需要我们潜下心去钻研对方的传播环境,也需要我们对自己的内容进行不破坏主干前提下的再加工、再打磨。

2. “立体”是客观要求

“立体战”是时政报道国际传播的必然要求,主要体现在三个维度:一是时间维度,也就是全流程报道;二是空间维度,也就是把阵地前移到国际舆论的核心位置;三是战法维度,也就是不同体裁、题材、形式、内容、传播方法等共同出击。

时间维度可以从两个方面考虑:一方面是时效性,这是新闻的核心竞争力之一。在重大国际报道中,谁先发声谁占主动。另一方面,在国际传播的舆论场中,如果研究其他主要国家领导人或政治组织的新闻,我们会发现,他们的新闻通常不仅仅停留在核心事件本身,而是以核心事件为原点,包含了整条时间线,有预热、核心事件、延展等。这种全流程的报道方式,让受众可以循序渐进、渐入佳境地消化吸收各种信息,不仅填补了舆论场的缺位,也充实了内容,丰富了体裁,为适应不同受众、营造持续稳定的传播效果创造了可能。

空间维度就是要把舆论斗争战线前移,让战火在对方阵地展开。时政新闻报道具有很强的政治性,因此外宣方面更具有挑战,我们的信息在国际舆论场往往都是经过西方二次加工的内容,已面目全非。我们要打破的就是这种被动的局面,因此必须战线前移,有针对性地创作作品,并在西方舆论场引爆,力争在国际舆论场中产生更好的传播效果,增强国际话语权,讲好中国故事。这方面,我们可以学习今日俄罗斯(RT)的经验,包括总台,现在也在尝试让当地人讲故事给当地人听,这种方式能有效消除国家间的隔阂。

战法维度需要的就是多种形式并进。时政新闻报道因为其较强的政治性，过去很长一段时间在形式创新方面相对保守，无论文字、图片还是视频、音频等，都以遵循惯例为优先选择。这种报道方式的优势在于相对稳健，但在暗流涌动的国际舆论场中毫无斗争优势。因此，实践中需要通过内容、体裁、形式等方面的创新，实现分众化、差异化的传播。

3.“外溢”是发展方向

我们要通过国际化的视野，打造一系列时政新闻报道的外溢产品。这是对时政核心资源的再挖掘，可以脱离新闻体裁，纪录片、动漫甚至是MV、短视频都可以成为我们的载体。只有把信息流通过多种体裁外溢出去，才能形成综合战斗力。最近很火的一个TVB纪录片《无穷之路》就很值得我们借鉴。香港媒体一向自成一派，但看这部片子的时候我们会发现，原来在我们看来不那么严肃的港媒，用自己的话语体系创作的主旋律作品竟然那么生动，这一点从这一系列片在国内的高人气就能看出来。我们分析的时候会发现，这部片子的最大特点就是少了说教，多了感受，用现在很流行的一句话就是“带给观众沉浸式观感”。这也给了我们一个启发，就是我们需要的是什么样的外溢产品，是包含大量信息的生硬教学片还是主打共情的故事片，答案是显而易见的。因此我们需要通过专业的探索，去寻找我们的出路，我们也需要高质量的外溢产品，让我们的信息更加丰满，也更具感染力、穿透力。

2020年3月，许达在武汉采编

时政新闻报道受限于内容敏感性和高度政治性，在国际传播中有很多阻力，但我们也在不断探索，希望以后能更加充分地利用国新班的智慧资源，群策群力，为塑造领袖形象、传播中国声音、讲好中国故事作出更多的贡献。

坚守初心　践行使命

◎ 陈文沁*

“坚守国家立场,发出中国声音”,这两句话自我们2012年第一次开班会时,就贴在国新班的专属教室里面。这是我们的初心,也是每位国新班同学投身国家国际新闻事业的开端。如今时光荏苒,我已经毕业七年,但这句话一直伴随着我,无论在布鲁塞尔三年的留学时光,还是如今在母校的教学研究工作,我都时刻将它铭记于心。

国新班的两年学习时光,是我人生中的一个重要转折点。其间,学校举全校之力组织国新班的教学工作,我们不仅有新闻传播及国际政治领域顶级教授的指导,也有幸聆听了来自各领域的高级官员、记者和学者专家的讲座;我还从2013年的华东暑期实践和巴黎高等记者学院工作坊当中获得了人生第一次“田野”经历,并在新华社国际新闻部进行了为期半年的实习工作。在短短两年时间里,我从一个面对镜头手足无措,甚至连摄影机都不会开的小白,成长为能够独立拍摄制作外语新闻的实习记者;从一个对新闻业务懵懂无知,空有一腔抱负的学生,成长为能勇于在欧洲传播学界表达观点

---

* 中国传媒大学2012级国际新闻传播硕士班毕业生,现就职于中国传媒大学传播研究院,欧洲传媒研究中心研究人员,从事欧洲区域研究、欧洲传媒研究,发表欧洲传媒相关学术论文多篇。出版专著《当代中国记者群体:基于社会学的某种观照》、译著《政治传播》(德)。主持2021年国家广播电视总局委托项目“媒体融合背景下网络视听内容监管研究”及“全球治理与分层对话:欧洲驻华非政府组织中国观的构建与传播”和“欧洲报纸的视频内容生产研究”等三项校级项目。参与深圳市重大项目、教育部人文社科基地重大项目、国务院发展研究中心世界发展研究所项目、外交部非洲司项目等多项研究课题。

的中国研究人员。这一切都离不开国家和母校的培养以及国新班老师的教育。正是国新班,让我能够站在更高的层面来理解国家的国际传播事业,让我坚定了为之奋斗的初心和决心。

一、从实践到理论：进入学术研究

在国新班的学习不仅让我掌握了国际新闻记者的专业技能,也让我对国际传播的各种现象产生了浓厚的研究兴趣。临近毕业,当许多同学都开始在各大媒体实习工作时,我获得了在母校继续开展博士生研究的机会,专业方向就是“大众传播与国际关系”。

之所以选择这个专业,部分原因是在参加国新班组织的巴黎高等记者学院工作坊时,我接触到了一系列驻外记者机构和华文媒体,包括位于布鲁塞尔的新华社欧洲总分社,以及位于巴黎的凤凰卫视欧洲台和《欧洲时报》等。此次经历让我第一次深入驻外媒体内部,与战斗在国际新闻一线的采编人员面对面交流。直到现在我还清晰地记得,在凤凰台的一个小小演播室里,我们一行同学一个个坐在主播台前,面对着一大堆摄影器材和提词器的场景。这种海外的媒体经历非常独特,让我开始思考在全球层面究竟有多少个这样的传播空间,它们又是怎么组织起来的。

2013 年,陈文沁在法国电视国际五台参访

回国以后,我开始进行硕士论文写作,首次运用量化分析手段来呈现媒体传播的路径。这种研究经验不同于对国际新闻报道的沉浸式体验,是以一种中立研究者的角色,去理解、架构传播过程中的各种要素及其相互关联

的方式。在老师的指导下,我在硕士论文答辩时获得了优异的成绩,这可以说是我人生中第一项正经的研究工作。

理论研究需要长时间阅读大量文献材料,训练自己的问题意识,从大量的经验现象中总结归纳,用科学方法将其提升为具有普遍解释力的理论。虽然研究工作和实务一样,也有截稿压力,但如果对研究不满意,推倒重来的情况也经常发生。而我依然非常坚定地走向了学术道路,自毕业以来从未偏离。

二、从中国到欧洲:学术也是政治

2015 年,我获得国家留学基金委的资助,开始在比利时开展研究工作。到达布鲁塞尔没多久,我就和恐怖袭击事件有了一次近距离的接触。当时巴黎恐袭事件爆发,一瞬间,恐慌心理席卷了整个欧洲大陆。事件爆发几周以后,抓捕嫌疑人的行动在布鲁塞尔展开,整个城市经历了长达一周的"停摆",公共机关、学校和商店几乎全部关闭。但在恐袭嫌疑人被捕后的第二年 6 月,布鲁塞尔机场和地铁站又发生了爆炸事件。

在此期间,我的研究工作一直在进行,我开始思考这个现象:危机事件爆发随即就会触发媒体的"框架"机制——许多媒体开始指责比利时政府、警察、情报机构等办事不力,有些观点甚至认为比利时政体存在制度性弊端。这种报道现象与美国"9·11"事件时期完全不同。2001 年"9·11"事件发生以后,西方国家各大媒体都在头条表达了对美国的支持。但在 2015 年和 2016 年欧洲爆发的恐袭事件当中,许多欧洲媒体却在攻击国家本身的制度问题。

对欧洲而言,这两次恐袭事件具有象征性的意义。人们开始反思,为何来自中东国家的移民后代,会在接受过欧式教育之后,依然转向了宗教极端主义,演变成一个恐怖袭击者。这个问题实际上带来了一系列政治后果,无论是欧洲政治的右转,还是英国 2016 年的脱欧公投,都让欧洲大陆蒙上了一层更深的阴影。

在与中外两位导师商讨之后，我决定以此作为博士论文的研究对象。我发现，当危机事件在本国发生时，西方媒体更容易针对本国某项具体的政策、制度或某几个机构进行抨击，而当危机在他国爆发时，西方媒体更容易指责危机爆发国家的整体。这些现象在部分欧洲国家非常突出，是西方新闻专业主义价值的另一种具体体现。但在危机时期，这种新闻价值主张并不会起到社会整合、团结协作的作用，因为随着媒体指控的范围扩大，反而会带来权责不明、责任不清的问题，导致社会更加动荡不安。特别是欧洲当时还面临其他问题，包括难民危机等，这种话语只会让欧洲更加撕裂。

欧洲社会因为种族、宗教和文化的不同而依然存在区隔和交流的无奈，但当危机来临时，任何人都无法独善其身。实际上，在西方大型媒体和（极）右翼政客把难民和宗教少数群体当作替罪羊的同时，我也看到了许多完全不同的社会景观：为落难者提供庇护、为难民提供栖身之所、为移民提供融入社会的支持等，人与人之间的相互扶持、帮助，比比皆是。但是，社会问题的真正解决不能一蹴而就，需要持久付出巨大的努力，需要社会各界贡献自己的力量。为了理解当地社会，我参加过一个学生新闻调查项目，深入布鲁塞尔莫伦比克穆斯林社区开展调查，项目的名称就叫作"打破刻板印象"。作为一个观察者，我旁观并记录了整个项目过程，从选题的打磨到调研过程，再到最后项目的展出，历时半年之久。所有学生都在尝试用自己的方式来讲述他们城市发生的故事，呈现基本不会出现在西方主流媒体中的叙事。与之类似，比利时政府在此期间开展了大量国际形象修复的新闻项目，自己国家的问题和解决方法的探索都需要自己来解释。

在比利时学习期间，我们几乎每个月都会组织院内外的学术分享活动。任何人都可以把自己已有的研究与大家分享，探讨思路，确定路径和方法。这些活动让我大开眼界，也让我倍感头疼。一开始，我在语言上有较大的障碍，所以非常吃力，有时只能借助对方的表情，加上自己的联想，听出个大概意思。后来，我慢慢地理解了他们的对话，有些问题非常犀利，直接指向研究的基础和本体论的问题，有些建议则具有建设性，让我看到了解决问题的其他方法。之后，我也开始提出自己的观点，或者介绍中国学界的最新结

2016 年,陈文沁在布鲁塞尔自由大学新闻系研讨会上分享论文

论。要在欧洲学界让自己的声音被听到,需要拿出实实在在的研究成果,需要理性严密的论证过程。但从目前传播研究发表的情况来看,全球顶尖的学术刊物都在欧美国家,研究的作者也多来自欧美国家,传播学科的话语建构需要各国科研人员的共同参与,打破西方国家的学术霸权。可喜的是,我看到越来越多非欧美国家的研究人员在不断突破,这些前辈是我学习的榜样。

在比利时求学的过程中,我慢慢树立起作为国际传播研究人员的身份认同。我认为学术并非不存在国界,尤其是人文社会科学,许多概念和理论框架并非放之四海而皆准。学术也是政治,必须坚守国家立场,维护国家利益。在与外国学者交流的过程中,我经常发现其研究预设了规范性的前提,特别是在政治传播、新闻传播等领域,其研究的出发点就是西方民主制,而且会用这一套体系来衡量其他国家学者研究的合理性。在面对质疑的时候,我们更加需要即时表明自己的立场和态度,绝不能陷入别人的话语圈套。而从另一个角度来看,正因为来自不同国家的科学工作者在某些方面仍然存在分歧,才说明这些问题仍然缺乏对话,学界之间开展理性、平等的交流对话也更有必要。

三、从学术到交往:汉字推广的启发

我在比利时遇到过许多对中国文化感兴趣的外国人,他们中有些会说一口流利的中文,有些还会写毛笔字。布鲁塞尔北部的长城书店会定期举办书法推广和教学活动,我也在那里做过书法志愿老师。

书法班里最常见的就是带着孩子来体验的家长。大部分孩子可能之前完全没有接触过中文,家长也是如此。这对我来说是一个巨大的挑战,因为我是他们接触中国书法的第一个活生生的“媒介”,如果体验不佳,那他们很有可能就会失去兴趣。

我想到可以从名字入手,并对应地设计了两套教学方案:一是把自己的外文名字设计成汉字的形状,这参考了中国艺术家徐冰的思路;二是让每个人都有个中文名字。经过实验之后,我发现大家还是比较喜欢正统的汉字。就这样,我开始教每个学生怎么用汉字写名字。首先就是把每个人的名字翻译成中文,为他们写一遍,再让他们临摹。学生提出的问题很多,特别是针对汉字的问题,例如偏旁、部首都象征了什么,代表什么意思等。这些问题看似不难,但若要让他们完全理解,也需要深厚的文学基础,尤其是这还涉及学生自己的名字,所以更要解释得头头是道才行。

在书法的教学过程中,我也萌生出一个想法,让世界上的每个人都有个中文名字是促进汉字推广的一个非常有力的手段。首先,名字对每个人来说都非常重要,中文名字对外籍人士来说,是自己与中国文化之间的一个直接的沟通桥梁。这并非单纯地让他们把自己的名字转化为汉字,而是用汉字来为他们的名字赋予新的意义,例如“安娜”可以解释为“平安、娇美”,“乔治”可以解释为“高大、整洁”,这能让外籍人士进一步感受到中国文化的魅力。其次,“中文名字”+社交媒体更能促进汉字在海外的二次传播。试想,一个过去从来没有接触过中文的人,如今能够用这种充满意境的东方文字来表现自己的称呼,而且还是通过自己的努力写出来的,怎么会不想去分享呢?我的确发现不少外国学生会拿着自己写的或者我给他们写的中文名字让别人给他拍照,然后发到社交媒体上,

2017 年,陈文沁在布鲁塞尔长城书店教授书法

分享之后才算是仪式的完成。

我国在世界多地都设有文化中心和孔子学院,这些推广活动其实也可以被纳入这些机构的对外传播工作中。目前,AI 技术和 3D 打印技术都已经不断发展,结合技术工具来推广汉字,设计出能够用于二次传播的分享应用,在技术上已经可以实现。我在与其他学者沟通的过程中,也发现有一部分海外学者在研究汉字的书法字体库和 AI 书法自动生成技术。未来,让全世界的人都有一个中文名字也可以实现。

四、从学生到老师:专注对外传播

回国以后,我有幸得到在母校任教的机会,开始了专职的教学研究工作。在国家资助和学校的支持下,在海外的经历让我增长了见识,但我也感受到,发展中国传播学研究极为紧迫。我在归国之后主要从事欧洲区域研究,重点是欧洲传媒研究,并供职于校内的欧洲传媒研究中心,负责中心微信公众号"欧传研究"的运营,定期发布关于欧洲传播研究、政策报告信息和国际前沿学术动态,特别是欧盟及成员国出台的传媒政策和研究报告,以及中心研究人员的学术文章。我们的设想是把它打造成一个欧洲传媒研究的学术品牌,让中欧学者在一些传媒相关的全球治理问题上进行交流。

2018 年,陈文沁在清华大学分享科研成果

自习近平总书记在"5·31"讲话中就国际传播工作作出一系列重要表述以来,学界已经对此进行了大量的研究解读。根据习近平总书记对国际传播工作的部署,不难发现我国的国际传播工作出现了一定的调整,也就是从过去的引进来+走出去,转向更多地走出去,把资源更多地向对外传播倾

斜,向世界更好地宣介中国主张、中国智慧、中国方案,帮助国外受众认识到中国共产党真正为中国人民谋幸福而奋斗,了解中国共产党为什么能、马克思主义为什么行、中国特色社会主义为什么好。随着我国日益走近世界舞台中心,国际传播工作重心的调整是必然的,也是必需的,因为中国的崛起需要伴随着中国话语的崛起,中国主张、中国智慧和中国方案必须用中国自己的话语讲清楚、说透彻,这样中国的崛起才能更顺利,才能避免陷入别人的话语逻辑而迷失方向。

中国对外传播队伍建设离不开专业人才的培养。在对外传播工作中,政治信念是根基,新闻素养是基础,广博的知识内涵和连通中外的沟通技能是支撑话语内容传播的支柱,任何一个要素都缺一不可。实际上,国新班一直就以培养对外传播人才为重点,国新班的学生不仅在政治上站得稳、站得住,对党忠诚,在业务上也高度重视把新闻业务与外语训练紧密结合。国新班的老师竭尽全力地为学生搭建各种平台,让我们能够快速成长,肩负起传播国家的重任。

追逐光，成为光，散发光——记我与国新班的故事

◎ 翁旭东*

每当有人问我的大学生活如何的时候，我往往会首先想到我的硕士阶段，对我来说，那是一段多彩、充实而快乐的时光。仔细算来，从 2012 年迈入母校中国传媒大学至今已整整十年。在这可能是人生中最美好的十年光阴中，一多半时间都与国新班紧紧联系在一起。从本科以国新班为目标而不懈努力的“追光者”，到 2016 级“国小新”大家庭的一分子，到三个年级国新班的兼职辅导员，再到依托国新项目成为中国传媒大学首批硕博连读生，这种身份的转化让我对国新班有着更加多元与深刻的体悟，并伴随着自己的成长越发感受到国新班的培养在我个人发展与社会化过程中所发挥的作用。感谢编委会老师的约稿邀请，让我能够有机会静下心来细细回顾和梳理我在国新班项目中走过的轨迹，凝固思考与感悟，为我与国新班的故事做一个阶段性注脚。也由衷希望这篇有关成长与收获的个人讲述能够展现中传国新班的更多面向，助力国新班专业建设与人才培养的加强与改进。

---

* 中国传媒大学 2016 级国际新闻传播硕士班毕业生，现为中国传媒大学广播电视学在读博士，捷克查理大学社会科学院访问学者，中国新闻奖中国传媒大学新闻传播学部试点报送单位工作联系人，《中国新媒体研究报告》编辑。曾为 2016 级国际新闻传播硕士班党支部书记，中国传媒大学国际新闻传播硕士项目兼职辅导员，电视学院研究生会主席。曾获全国首批“百名研究生党员标兵”，第六届范敬宜新闻学子奖，两次受国家留学基金委员会资助公派出国交流学习，多次获研究生国家奖学金。

一、2016 级国新班的三十分之一

2016 年,我光荣地成为 2016 级国新班的三十分之一。回想在国新班的时光,最直观的感受便是紧张和忙碌。相比其他专业,我们的课表往往从周一到周五排得满满当当,定期还会进行各种主题班会、特别讲座、专业实践、社会服务等活动。这种高强度、快节奏的学习生活使我们源源不断地接受新的知识,并得以在一次次实习实践中打磨本领。在国新班的两年学习生活不仅让我掌握了扎实的新闻采编业务能力,也让我收获了更为宝贵的品质,那就是视野、担当与勇气。

在专业培养计划的设置上,传媒大学及电视学院尽最大努力为我们提供了全校乃至全国同类专业中顶级的教育资源。授课老师大多为国家级教学团队成员或各学院教授名师,他们课讲得好,而且风趣幽默,可敬可亲。各位老师在课堂上为我们带来了最前沿的理论知识与发展动态,干货满满。由中宣部组织、每年轮流在几所培养高校中举办的国情教育讲座,更是让我们有宝贵机会同各领域的高级官员、专家直接对话,系统、深入学习了解国内外最新形势,极大丰富了我们对我国国情的认知,也成为我们国新学子认识世界的重要窗口。为了更好地让我们了解国际新闻传播事业的责任与使命,学院通过积极协调、联络,组织同学们参加记协举办的"中国新闻奖暨长江韬奋奖"报告会、"新闻茶座"、"好记者讲好故事"等活动,定期邀请在国际传播一线工作过的优秀记者和国新班优秀校友与我们进行交流。这些多种多样的学习交流机会,极大地拓展了我的视野,让我得以站得更高、看得更远,对我个人的发展与选择产生了深远的影响。

作为班级党支部书记,让我依旧历历在目的是党支部进行的一系列丰富多彩的思政教育活动。在校务委员会副主任、国新班项目负责人胡芳老师与班主任赵希婧老师的指导下,我们支部每月都会组织主题党日活动进行理论学习,定期在国新班历届传承的微信公众号"中传国新班"推送内容,凝固学习成果。此外,我们常常集思广益,不断创新学习实践形式,如集

体观摩党的十九大开幕式、参观“砥砺奋进的五年”大型成就展、举行演讲比赛等。印象最深刻的当属全班一起前往河南兰考进行国情调研实践。在为期一周的日子里,我们深入张庄村调研当地脱贫致富工作经验,与张庄老乡同吃、同住、同劳动,我们支部也同兰考县宣传部党支部进行了多次支部共建活动。特别是曾任兰考县委书记焦裕禄同志的事迹深深打动了我,他那“心中装着全体人民,唯独没有他自己”的公仆情怀,与“革命者要在困难面前逞英雄”的奋斗精神,成为我不断严格要求自己、发挥模范带头作用、为支部实实在在做好服务工作的精神动力。正是得益于这一次次鲜活的学习教育活动,国新班项目将马克思主义新闻观学习贯穿于我们在校的全过程之中,让我深刻明白了作为一名党员、一名合格新闻工作者应有的责任与担当,并鼓舞着我将这些宝贵精神与思想转化为党建工作的动力。在学校党委与学院党总支的领导下,我们坚持建设“学习型、创新性、服务型”支部,充分发挥带头作用,拓展组织生活,引导支部成员的个人发展。在 2017 年北京市教委举办的高校“红色 1 +1”示范活动评选中,2016 级国新班党支部获得一等奖的好成绩。2019 年,2016 级国新班党支部入选全国首批“百个研究生样板党支部”,我个人也荣获全国首批“百名研究生党员标兵”。

国新班的学习生活极大地激发了我尝试新事物、新领域的热情,让我有勇气走出自己的舒适区,将变化视为生活、学习与工作的常态,自信、从容地迎接各种挑战。班级里的同学们来自不同的院校与专业,有的同学外语功底好,有的同学电视制作能力强,也有的同学善于组织各种活动……大家不同的专业背景与兴趣爱好碰撞在一起,让国新班成为一个知识分享与自主学习的平台。在相互学习与感染下,大家得以了解更多领域的知识内容,并且在互相帮助与鼓励下结伴前行。一开始,我的英语其实并不好,每次上外语课轮到我发言时都会异常局促和紧张。看到同学们流利的英语表达时,我便暗暗下定决心,别人可以做到的事情我也一定可以。经过几年的努力,我的英语水平终于从雅思 6.5 提升到了 7.5,口语水平也有了明显提高。另外,国新班各式各样的专业实践与小组作业也时刻磨砺着我们,迫使我们不断在新环境、新课题中寻找解决方法。正是这样的学习与训练,一点一滴强化着我的自信，让我能够勇敢、从容地接纳新事物与新挑战。2017 年，在填报国新项目央媒海外实习项目志愿时，我为自己选择了肯尼亚内罗毕的央视非洲分台。那是一片我从未涉足的土地，而越是艰苦的地方，也正是祖国最需要我的地方。在三个月的驻外实习报道中，我完成了两万余字记者手记《新闻学子在非洲：肯尼亚社会观察报告》，受到中宣部的点名表扬；参与制作的英语电视新闻在 CGTN 播出，并被肯尼亚国家电视台 KBC 一套转播；专题片《百年梦想——纪念蒙内铁路正式开通运营一周年》得到了时任央视非洲分台台长黄成老师以及蒙内铁路施工方中国路桥集团的高度评价。

2018 年，翁旭东赴肯尼亚内罗毕央视非洲分台（CGTN Africa）进行国新项目海外专业实习

二、成为国新班兼职辅导员

2018 年，我迎来了自己人生的又一个起点。在结束央视非洲分台专业实习回国后，经过学院的研究决定，我成为国新班项目的兼职辅导员，协助项目主管老师及各级班主任老师为同学们做好服务工作。从此，我与国新班的故事翻开了新的篇章。两年多兼职辅导员的经历让我有了新的成长，也让我能够有机会以老师的视角再一次体验国新班项目。在国新学子成长成才、发光发热的幕后，是这样一群可爱的领导、老师的默默付出与温暖守护。这段宝贵的经历更让我切身感受到中宣部、教育部等部门对于国际新闻传播人才培养工作的关心与重视，以及传媒大学、电视学院的领导老师们为国新项目倾注的心血。

在国新班兼职辅导员的工作岗位上，最令我激动的是我得以有机会进入神往已久的中共中央宣传部，作为一名参与者，见证国际新闻传播硕士班项目一次次顶层设计的过程。在我的印象中，每年上半年，中宣部国际传播局都会围绕国新班项目建设和推进情况召开工作会议，邀请教育部、中国记协、中央六大主流媒体以及各培养单位交流探讨，听取各方意见建议，制定部署本年度工作计划。每次会议可以说都是直奔主题、务实高效，各高校培养单位负责老师畅所欲言，逐条介绍现阶段本校国新项目的具体情况与实际困难。听取各校的报告后，国传局领导会现场同教育部、中国记协以及各大主流媒体进行探讨、协调，尽可能多地为国新项目师生解决问题、提供帮助，也正是因为各级主管部门的通力合作、保驾护航，才有了国新班项目的越来越好。

实话实说，从一名学生转变为一名老师并不容易。在初为国新班兼职辅导员的时候，我不仅需要慢慢适应这种身份转化所带来的变化，更重要的是面对辅导员岗位上的一些日常工作毫无经验、无从下手。如何同我的师弟师妹们建立有效沟通，了解大家的思想动态；如何充分调动班级的活动积极性，鼓励大家踊跃参与到各项集体活动与志愿活动中；如何提升班级凝聚力，同学间出现矛盾又该如何处理……这些成为我在兼职辅导员岗位伊始需要一个接一个翻越的大山。然而在这段时间里我却并不孤独，因为我始终有学院领导的支持鼓励与各位老师的倾囊相助。在各位领导老师的帮助与指导下，我顺利度过了最初的调适期，真正适应了这一岗位。我还记得，在我最困惑、迷茫的时候，我的导师曾祥敏老师得空便会把我叫到他身边，一次又一次耐心地开导和安慰我。在每次研究、设计国新班支部活动以及实习实践时，胡老师总会一遍又一遍仔细查看并及时给出详细意见，经常加班工作到凌晨。在国新班的日常管理上，我的班主任赵希婧与辅导员王婧雯两位老师在一次次活动与挑战中把她们积累的经验无私分享给我，带着我一点一点攻克难关。还有“中国媒体优秀海外雇员中国访学项目”，主要由国新班同学组成的创新团队负责视频制作部分，为了指导同学们的后期剪辑，秦瑜明老师、陈欣钢老师陪伴着我和同学们在机房熬了一个大夜……这样的故事还有很多很多，在与老师们一起工作的过程中，我深刻感受到国新班项目团队的可爱、善良与温暖，他们的默默付出也鼓励着我时刻以他们为榜样，点亮自己，也照亮别人。

国新班兼职辅导员的工作极大地锤炼了我个人的组织能力、协调能力与沟通能力，让我逐渐树立起大局观，更让我明白了细节的重要性，使我在工作中潜移默化地养成注重细节、精益求精的习惯。给我留下印象最深的便是每年的暑期国情实践，2018—2019 年，我连续两年带领国新班同学分别深入福建福州、宁德与陕西汉中进行暑期国情实践。从前期在各位老师的指导下与同学们一起设计互动方案、编制预算、上报主管部门报批，到中期同指导老师共同带队调研、安排同学们的饮食起居、时刻与地方接待同志对接、确认行程、布置各小组每日专业实践任务，再到后期组织同学们汇总实践成果编辑排版成册、编写活动总结报告、完成活动经费报销，为了保证同学们在 7 天的国情实践中健康平安、真正有所收获，老师们前前后后往往要忙碌三到四个月的时间。每一个时间点，每一个阶段，事无巨细，都要考虑到位并准备相应的解决方案。虽然在这个过程中有时候会焦虑、疲惫，当每次同学们满载实践成果凯旋，得到中宣部与学校、学院各级领导的认可时，我自己悬着的心才终于落地，终于交上了一份合格的答卷。除了每年的暑期国情实践以外，我也多次组织、带领国新班同学投入“一带一路”记者组织论坛、中国媒体优秀海外雇员中国访学项目、“中国新闻奖”审核工作会等志愿服务工作中。每当圆满完成一项工作，我都会为自己又进步一点点而感到满满的成就感，更为同学们获得的累累成果欢欣鼓舞。其中 2018 级国新班获评“校优秀班集体”称号，2017 级国新班获评北京市先进班集体、中传青年五四奖章与中央广播电视总台奖三项荣誉。

翁旭东（右一）带领 2018 级国新班同学赴陕西省汉中市进行国情实践并向略阳社区工厂儿童捐赠图书

三、新起点再起航

同样在2018年,经过由学院到学校的层层选拔,我有幸成为中国传媒大学首批硕博连读生,由国新班转入博士阶段继续深造。到如今,虽然国新班的时光已成为过去时,但它对我的影响仍在持续显现。并且,随着博士阶段学习的不断深入,我发觉自己正越来越多地受益于国新班的培养与形塑,让我能够始终对未来保持客观的预期,敏锐把握机会,从容应对挑战,推动博士阶段不断走向国际视野与全面发展。

在博士阶段的学习中,在导师曾祥敏老师的支持下,时隔两年,我再次向国家留学基金委员会递交公派留学申请。经过学院、学校以及留学基金委的层层考核与遴选,我幸运地被录取入2020年国家建设高水平大学公派研究生项目,并于2021年赴位于捷克的查理大学社会科学院进行联合培养。在联合培养期间,除了定期上课、参加外方导师学术研讨会外,我也作为课题组成员,参与到外方导师的在研课题之中。这次在新冠肺炎全球大流行下的特殊联合培养,让我有机会近距离观察、体验疫情下的欧盟国家社会现状,获得有关欧盟疫情应对、媒体报道、社情民意的第一手资料;切身感受到祖国和驻外使馆对海外学子与同胞的关心和爱护;更看到我国驻外新闻工作者的勇敢与坚守,及时回应、批驳国外的不实报道,第一时间发出中国声音。这次留学经历也让我有更多机会参与到国际学术活动中,与欧陆媒介学者进行交流和对话。在联合培养期间,我先后参加了国际媒介与传播研究学会2021年会、北欧媒介研究双年国际学术研讨会、第13届中东欧传播与媒介学术研讨会并宣读论文。同年秋季,我经过申请与遴选,成为国际媒介与传播研究学会首位中国博士生大使。正是之前在国新班的学习与历练,为我今天在学术国际化方向上的努力打下了坚实的基础,让我有充足的经验与能力迎接新的机遇和挑战。

此外，在学院领导老师的信任和支持下，博士研究生期间我也成为中国新闻奖、长江韬奋奖“两奖”中国传媒大学新闻传播学部试点报送的工作秘书，全流程协助初评委员会老师完成新闻作品评选与上报工作。这一工作为我提供了有幸与各传媒院校知名专家学者共事的宝贵机会，也让我能够和更多战斗在新闻第一线的优秀记者结识，既拓展了我的理论知识体系，也让我对我国新闻界发展现状有了更加深刻的认识，更激励着我向那些中国新闻奖获奖优秀作品和团队看齐，深入践行群众路线，在基层一线锻炼脚力、眼力、脑力与笔力，将马克思主义新闻观贯彻到每一次报道中，把中国故事讲得更加动听、传得更加遥远。能够有幸承担这一重要工作，与我在国新班期间参加的各种专业实践和志愿活动有着不可分割的联系。正是中传国新班项目提供的平台，让我能够跳出自己的小圈子，在校期间更多地参与到有关国家发展与社会急需的项目与活动中，从而拥有更大的格局与更广阔的视野，也使我能够积累一定的见识和经验，在新的工作和任务中转化为快速适应、快速上手的能力。越是在自己的“后国新班”阶段，我越感受到在中传国新班的学习和工作经历对我个人成长与发展的宝贵价值与深远影响。

翁旭东获得第六届范敬宜新闻学子奖，并在颁奖仪式上发言

本科入学时，我们就在师哥师姐的口耳相传中熟悉了国新班的“传说”，并懵懂地在心中埋下了一颗种子。而弹指一挥间，十年已经过去。就像电影《阿甘正传》里主人公的那句经典台词，“生活就像一盒巧克力，你永远不知道下一块会是什么味道”。能够进入中国传媒大学电视学院，能够加入国新班，就像是一场惊喜，它进入了我的生活，也影响了我的人生轨迹。然而回望这十年来走过的路，一步一步又似乎环环相扣。正是因为国新班，

我才会成为今天的自己。和师哥师姐在各领域所取得的成就相比,我的经历可能非常平凡,但对我自己来说却意义重大。正是国新班点亮了一个普通少年的心灯,才有了后来追逐光、成为光的故事,更让我立志努力散发光。感恩母校,感恩每一位在成长道路上帮助、支持我的师友。祝福中传国新班越办越好。

感悟与成长

◎ 蔡　雨[*]

党的十九大报告指出，要加强中外人文交流，以我为主，兼收并蓄。推进国际传播能力建设，讲好中国故事，展现真实、立体、全面的中国，提高国家文化软实力。2021 年 5 月，习近平总书记就加强我国国际传播能力建设再做部署，强调：讲好中国故事，传播好中国声音，展示真实、立体、全面的中国，是加强我国国际传播能力建设的重要任务。要深刻认识新形势下加强和改进国际传播工作的重要性和必要性，下大气力加强国际传播能力建设，形成同我国综合国力和国际地位相匹配的国际话语权，为我国改革发展稳定营造有利外部舆论环境，为推动构建人类命运共同体作出积极贡献。

2017 年 9 月，我光荣地成为中国传媒大学国际新闻传播硕士班的一员，在国新班度过了充实而又难忘的两年时光。其间，通过国情讲座和国情实践，让我更加坚定了“坚守国家立场，发出中国声音”的责任和信念；通过海外实习和暑期海外教学实践，让我拓展了国际视野，增强了大局意识，更加明确了未来的发展方向。此外，在国新班学习生活的两年间，我作为第一批志愿者，参与了“光明影院”无障碍电影制作与传播的公益项目，在公益实践的过程中，提升创新能力，厚植家国情怀。

---

* 中国传媒大学 2017 级国际新闻传播硕士班毕业生，现硕博连读中国传媒大学广播电视学专业，参与中国传媒大学“光明影院”无障碍电影制作与传播、“四个 100”红色文化传播项目。曾获得第五届中国互联网 + 大学生创新创业大赛全国金奖。

一、坚守国家立场，发出中国声音

国际新闻工作者担负着向世界报道中国,站在中国立场报道世界的重要新闻传播职责。中国传媒大学国际新闻传播硕士班把加强思想立场教育和国情国策教育放在国际新闻人才培养的首要位置。通过国情讲座和国情实践等特色课程和实践活动,落实立德树人根本任务,不断加强课程思政和思政课程建设,将树牢“四个意识”、坚定“四个自信”贯穿国新班教学实践始终。

1. 国情讲座

“2018 年国际新闻传播硕士国情讲座”自 2018 年 4 月 12 日开始,每周四下午在中国人民大学举行。通过半学期的讲座学习,我们对国内外局势和国际传播有了更加全面的了解,对我国国际传播的现状和未来有了更加深入的思考。印象比较深刻的几次讲座,有对国家政治制度的漫谈,也有对文化自信的阐释。

在国际传播过程中,国家的政治制度是一个永远绕不开的话题。在国际新闻报道的实际工作中,面对国外媒体和公众对我国政治制度的质疑,我们首先应做到了解情况、熟悉情况。“物之不齐,物之情也。”世界上不存在一模一样的政治制度,也不存在适用于一切国家的政治模式,作为一名新闻工作者,我们首先要有自信。有问题就进行回应,通过扬长避短的形式进行介绍。

习近平总书记指出,文化自信是让中华文化走向世界更基本、更深沉、更持久的力量,践行文化自信,要努力展示中华文化独特魅力,要“把跨越时空、超越国度、富有永恒魅力、具有当代价值的文化精神弘扬起来,把继承传统优秀文化又弘扬时代精神、立足本国又面向世界的当代中国文化创新成果传播出去”。这种坚定平和的态度、不卑不亢的自信,不仅适用于“一带一路”故事的讲述,对于任何一个中国故事都同样适用。

在国际新闻传播硕士的人才培养过程中,国情教育和形势政策教育始终是重中之重，国情讲座也一直是中国传媒大学、中国人民大学、清华大学部署实施的国际新闻传播硕士培养工程的重要一环。通过国情讲座，同学们有机会深入学习国家内政外交的重要议题，聆听各位老师阐释党和国家的政策主张，进而更加全面地认识和理解中国国情和主要矛盾，正确看待社会转型发展中的困难和问题。

2. 国情实践

“纸上得来终觉浅，绝知此事要躬行。”国新班的两年学习生活中，不仅有理论的学习和课堂的讨论，更有扎根田野大地、贴近基层民生的国情实践。

2018 年 6 月 29 日—7 月 5 日，2017 级国新班赴福建省福州市及宁德市福鼎赤溪村进行了为期一周的国情实践活动。其间，我们参观了林则徐纪念馆，福州海上丝绸之路展馆，林觉民、冰心故居，福建省博物馆海上丝绸之路展厅，宁德市规划馆；赴福州文林山革命陵园，重温了入党誓词；并前往“中国扶贫第一村”宁德市福鼎赤溪村进行了调研、采访，与乡亲们同吃同住同劳动。

国情实践第四小组：赤溪白茶——“中国扶贫第一村”的新名片

著名战地摄影师罗伯特·卡帕曾说：如果你拍得不够好，那是因为你离得还不够近。新闻工作者完成新闻报道也是如此。只有离得更近一些，才能看到真实的故事；只有想得更远一点儿，才能讲出有温度的故事。只有深入基层，用心感受，才能捕捉金子般的细节，才能拥有发现问题的眼睛，才能保持对新闻的敏感性。要想真正讲好中国故事，首先要从贴近百姓生活的角度出发，从反映真实情感的方向入手，“既要在天安门城楼想问题，又要在田间地头找感觉”。

二、扩展国际视野，增强全局意识

传播者的文化背景、思维方式及其所使用的方法策略,决定了信息传播的话语体系。世界之大,不同国家、地区间的语言文化存在差异,发展道路各不相同,“知己知彼”是做好国际新闻传播的关键所在。①

在课程教学方面,国新班不仅开设了思政类课程,坚持马克思主义新闻观,坚持用中国特色社会主义新闻理论教书育人,在国际新闻传播人才培养中进一步强调责任意识与使命担当;同时,还基于中国特色国际新闻传播体系,开设了颇具前沿性、专业性、实践性的国新特色专业实践课程,在培养学生采编播专业技巧的同时,扩展学生的国际视野和全局意识,牢固树立国际新闻服务于中华民族伟大复兴的传播理念。

《中国关键词：“一带一路”篇》泰语版揭幕仪式

国际在线报道（中国国际广播电台记者 李敏、房文雨、蔡雨）：3月14日，《中国关键词：“一带一路”篇》泰文版首发式暨中泰高端智库对话会在曼谷举行。该书作为“中国关键词多语种对外传播平台”项目成果，对“一带一路”关键词进行了准确、简短的解读，有助于泰国各界更好地了解“一带一路”倡议。中国外文局、中国驻泰国大使馆、中国—东盟中心，以及泰国文化部、泰国政府民联厅等中泰机构代表应邀出席了当天的首发仪式。随后，来自中泰两国的专家、学者围绕“中泰携手推动亚洲命运共同体建设”为主题展开对话。

蔡雨海外实习参与报道《中国关键词:“一带一路”篇》泰文版首发式暨中泰高端智库对话会在曼谷举行

在海外实践方面,2017年7月10—14日,我赴巴黎高等记者学院(CFPJ)进行了为期一周的课程学习,这也是中国传媒大学国际新闻传播硕士班的一项特色教学活动。在CFPJ,我们不仅学习了交互作品的设计思路、新闻游戏的叙事方法,还分小组设计制作了交互作品,并进行了小组展示和互动交流。此外,2019年2—5月,我入选国新班“优秀国际新闻传播硕士海外实习计划”,赴泰国曼谷的CRI亚非中心进行了为期三个月的海外实习。实习期间,我参与采写了十余篇音频报道,在实战中磨炼了专业技术;同时深入了解泰国的风土人情,亲身

① 高晓虹,赵希婧.国际新闻传播人才培养的经验与启示[J].对外传播,2019(1):15-17.

感受了不同文化之间的交流与碰撞。这也让我对讲好中国故事有了不同层面的认识和理解。

一个国家的声音能否在世界上被听得懂、传得开,一个关键因素是能否构建起融通中外的话语体系。传播力决定影响力,话语权决定主动权。在竞争激烈的国际舆论场中,国际新闻记者不仅要过"语言关",做到"听懂、会说";还要深谙文化背景,做到表达既符合中国国情,又易于被海外受众理解和接受;同时,在全媒体时代,要灵活运用各类融媒体平台,依据不同平台的风格、特色,做更多元、生动的报道。

三、提升创新能力,厚植家国情怀

在新时代,新闻记者不仅是新闻的报道者,更是时代的记录者、社会的建设者。国际新闻记者,站在国际舞台发出中国声音,更要旗帜鲜明讲政治,坚守政治立场和政治追求,拥有爱国之情、强国之心,始终站在祖国和人民的立场,描摹世界风云。因此,国际传播人才的培养,还需要强化国家意识,提升创新能力,厚植家国情怀。

2019 年,我通过中国传媒大学硕博连读面试,自 2017 级国新班进入 2019 级广播电视学继续深造。博士期间,我继续参与就读国新班时就深度参与的"光明影院"无障碍电影公益项目,把电影讲给视障朋友听;同时在 2021 年初,参与"四个 100"红色文化传播项目,创新文化传播形态,活化革命文物资源,希望为红色文化传播贡献自己的一份力量,更好地讲好红色文化故事。

1."光明影院":构筑文化盲道

党的十九大报告指出,要"发展残疾人事业,加强残疾康复服务",突出强调了为残疾人提供社会发展空间的重要意义。为构筑一条直抵视障人士心灵的文化盲道,2017 年底,中国传媒大学联合北京歌华有线、东方嘉影,共同发起"光明影院"无障碍电影项目。通过在电影对白和音效的间隙插入解说,介绍电影画面和画面背后的意义,让盲人朋友也能看懂一部电影,平等享受精神文化成果。

2018年初,作为国新班的一员,我加入了“光明影院”公益项目团队。三年多来,我在“光明影院”收获了无数的感动与成长。截至目前,项目已制作完成300多部无障碍电影。在选片上,项目坚持每年结合党的重点舆论宣传工作,推出特别策划,与时代同步,与祖国同行。这其中包括:2019年推出“70年70部”特别计划,从1949年到2019年,每年挑选一部经典电影,制作成无障碍版本,让视障朋友通过电影感受新中国的发展变化;2020年推出20部扶贫题材电影,以文化精品助力文化精准扶贫,将点滴小事汇聚成脱贫攻坚的时代洪流,让视障朋友通过电影感受国家在扶贫之路上取得的显著成效;2021年推出“百年百部”特别计划,与视障朋友一同回顾党的百年风雨历程。

项目独创了“六进”推广模式:进盲协、进盲校、进社区、进图书馆、进电影院、进电影节。截至目前,“光明影院”实现了无障碍电影在全国31个省、区、市和澳门特别行政区的公益放映和推广,累计公益放映200余次。师生志愿者深入大凉山、怒江、西海固、吕梁山区等深度贫困地区,将口述影像服务的覆盖面从北上广深等一线城市拓展到新疆、西藏、青海、宁夏等边疆少数民族地区,实现了对国务院扶贫办划定的11个连片特困地区的点对点全覆盖。同时,项目依托各省级盲协,建立固定放映点,实现无障碍电影在北京、青海、四川、内蒙古等地的定期放映。在全国各地建立起多个“光明影院”定点放映厅,受益人数超过200万人次。

“光明影院”将“读万卷书”与“行万里路”相结合,每年的寒暑假都会组织学生走进盲校、社区及贫困地区,深入了解视障群体的生存状况,倾听视障人士的精神文化需求,让学生扎根中国大地,了解国情、民情、社情,以实际行动承担时代责任;引导学生立足时代、扎根人民、深入生活,在实践中感悟,在感悟中学习,潜移默化接受爱国主义教育,成长为怀揣公益之心、勇担社会之责的国际传播人才。

2.“四个100”:助力红色文化传播

2021年3月,习近平总书记对革命文物工作作出了重要指示,强调要切实把革命文物保护好管理好运用好,激发广大干部群众的精神力量。

中国传媒大学“四个100”红色文化传播项目包括“红色云展厅”“百年先锋”“信仰·我的入党故事”“红色文物青年说”四个子项目。“红色云展厅”联合全国百家红色展馆、数十家地方广播电视台,将各地红色资源以融媒体形式整合汇集到云端,打造一批红色艺术精品;“百年先锋”以融音频融视频形式,展现百位革命先烈为党的事业和中华民族独立强盛而奋斗的壮丽人生;“信仰·我的入党故事”以第一人称讲述百位基层党员的入党故事,让普通人的奋斗经历成为最鲜活的时代注脚;“红色文物青年说”包括百所高校、百位学子、百件红色文物,让爱国主义宣传教育从青年听变为青年讲,让红色文化入耳、入脑、入心。

“四个100”红色文化传播项目立足红色故事,以融媒体技术赋能红色资源,打造青年语态、多元场景的红色文化公益传播矩阵,讲好中国革命故事,传播好红色文化。

国家形象的自塑和话语体系的建构离不开国际新闻的阵地,讲好中国故事、发出中国声音缺不得国际新闻的舞台。当前,中国越来越走近国际舞台的中央。习近平总书记指出,当代中国青年是与新时代同向同行、共同前进的一代,生逢盛世,肩负重任。相信通过一批又一批国新人的接续奋斗,在不远的未来,多种文化能够在彼此平等、相互尊重的舆论场中充分交流,让世界更好地听到中国声音,把中国故事更好地传向世界。

三个并重、三大优势助力国新人才成长

◎ 代雨君*

四年前,在报考国新班的时候,我向自己提出了三个问题——我为什么选择国新班?国新班可以带给我什么?作为国际新闻传播后备人才班的一员,我应该具备什么样的能力?带着这些疑问,我加入了国新班这个大家庭,经过三年的学习,这三个问题也都有了答案。虽然毕业后没能真正从事国际新闻工作,但在国新班的经历,依然深深地影响和帮助着我,也支持我在现在的岗位上发光发热。我将从这三个问题入手,结合在国新班的学习经历与实践收获,简要谈谈自己的浅见。

一、为什么选择国新班——三个并重的培养理念

1. 理论与实践并重

如果让我来形容国新班的培养理念,第一个特点就是"理论与实践相结合",这也是我当初选择国新班的重要原因之一。在学习完相应的理论知识后,多数课程都会给予学生实践的机会,产生一些可"落地"、可实现的成

---

* 中国传媒大学 2017 级国际新闻传播硕士班毕业生,现就职于中国储备粮管理集团有限公司新闻中心,主要从事企业的新闻宣传工作。2018 年 1—6 月,在中国记协国际联络部实习,参与 2018 "一带一路"记者组织论坛及主题采访活动的筹备工作;2018 年 12 月—2019 年 6 月,于中国日报评论部、欧盟分社(比利时)实习,参与国际新闻的策划、采访与撰稿工作;2020 年 6 月,毕业论文《"像化"国家形象——〈中国日报·国际版〉新闻插画里的中国》获评中国传媒大学电视学院 2020 届研究生优秀毕业论文。

果,例如在读期间开设的国际新闻史论和国际新闻传播实务课程,既在理论层面对国际新闻的发展、功能作用、理论方法等做了全面的讲解,又通过后续的实务课程加以实践。再如,由国新班同学运维的“中传国新班”公众号,重点策划的《新闻八通线》栏目,都是对理论应用和实操水平的检验。

2. 国际化与本土化并重

国新班对学生的培养是国际化与本土化并重的。一方面,通过几门全英文授课的课程和国际教授工作坊,如“跨越巴别塔”国际项目、global communication and sports 项目,不定期邀请来自国外的教授,开展跨文化传播、人工智能新闻、灾害报道等涉及国际新闻传播不同领域的讲座,让大家更进一步了解国际新闻传播的研究方向、视角思路和研究内容。另一方面,为国新班专设国情教育讲座,通过来自商务部、统战部、外交部、教育部、科技部等部委的领导同志和中国记协、新华社、《求是》杂志等资深记者们讲授的18 堂讲座,让同学们对国际形势、中国国情和中国国际新闻传播的现状及发展等有了非常全面的了解和深刻的认识。同时,还组织开展国情教育实践,深入福建福州、宁德两地,在“中国扶贫第一村”赤溪村完成了视频新闻报道,真正做到了深入基层、走进田间地头。

3. 学界与业界并重

在学术层面和业务层面,国新班都给予了学生相应的指导与帮助。在学术层面,国新班拥有多元的学术资源和项目,积极鼓励学生参加学术论坛,我曾有幸参与“命运共同体与传媒新秩序:以中国环球电视网的传播实践为例”学术论坛,并完成论文《全球信息与传播秩序的演变与“中国方案”——以“世界互联网大会”为例》的撰写,该论文入选中国新闻史学会外国新闻传播史研究委员会 2018 年会并予以宣读。

同时,国新班时刻关注业界的动态发展,开设媒介前沿问题系列讲座,邀请资深媒体记者介绍经验,包括我的导师吴敏苏老师,也会时常组织我们同优秀的记者交流学习,如研一时参加外交学院美国研究系列讲座第七讲“国际传播中的中国声音”,同主讲人王冠师哥交流学习。毕业后,我也会时常关注国新班组织的讲座信息,吴老师近期组织的“国际新闻记者全球连线”,连线驻外记者,与大家分享个人成长经历和国际新闻传播一线的工作经验,也成为我工作、学习的生动教材。

二、国新班带给我什么——三大优势:专业能力、国际视野和实践经历

1.扎实的专业基础

国新班积极顺应媒体发展趋势,不仅为我们的新闻采编播评能力打下了坚实的基础,还注重融合传播能力和外语能力,如通过《新闻八通线》练习英语新闻采编播能力,以英文视频报道+文字内容的融媒体传播形式为主,进一步提升各方面的能力。再如在每周的导师会上,我的导师吴敏苏老师总会就国际热点新闻或热点话题进行随机英文提问,我和同门们完成了从“面面相觑”到“对答如流”的成长与蜕变。

正因如此,在研二下学期,我有幸获国家留学基金委海外实习项目资助,赴中国日报驻欧盟分社(比利时)实习,主要参与国际新闻的策划、采访与撰稿工作。实习期间,我独立撰写英文新闻稿件9篇,协助采访稿件3篇,制作英文视频新闻6条,新闻作品发布于中国日报报纸、网站、微博、脸书和推特等平台。在“欧盟一线”做记者,直击现场进行采写报道,我不仅真正向着“一个人就是一个团队”的全能记者努力,还在每周一的选题头脑风暴会上,在轮值新闻要点发布中,在大大小小的智库会议和论坛活动中,进一步全面提升自己。我也对记者这个行业有了更清晰的认识,记者的专业能力并不局限在采编播上,更要有对信息的理解、接受和转化的能力,正如

2019年,代雨君在中国日报欧盟分社(比利时)实习时进行采访

指导我的记者老师所说,“每写一篇报道,记者要尽量做到成为相关话题的小专家”,方能进一步写好新闻、讲好故事。

2. 开阔的国际视野

除去扎实的专业基本功,国新班也积极为学生提供国际交流机会,赋予学生更开阔的国际视野。研一暑假,我有幸参加了 2018 国际新闻传播海外教学工作坊,在胡芳老师的带领下,赴法国和比利时交流学习。其间,我主要完成了法国巴黎高等记者学院(CFPJ)“数字媒体新形式与实践”、法国 24 小时电视台(France 24)“出镜记者现场报道”和比利时布鲁塞尔自由大学(VUB)“新媒体前沿”等主题的媒体实践课程学习,并且参访了中国驻欧盟使团、中国—欧盟文化艺术节组委会、布鲁塞尔中国文化中心、欧盟等机构,还分组创作拍摄了以“寻找马克思”为主题的新媒体作品。

近一个月的学习让我进一步对欧洲国家的国际新闻传播情况有了深入了解,弥补了先前只聚焦在英美国家媒体发展的知识空白。在学习了解欧洲媒体传播概况、新媒体的发展情况和未来趋势的基础上,我还接触到了更多不熟悉的领域:跟随 VUB 的教授学习《欧盟决策议程及传播政策》,对欧盟的历史、欧盟三大机构及其职能有了更系统和全面的认知;在法国巴黎高等记者学院,学习了交互式媒体叙事,并完成了一系列互动叙事作品创作;参观了解了欧洲国际新闻传播重镇——法国 24 小时电视台,听不同栏目的主编分享传统新闻报道和新媒体报道的经验,并在具有丰富经验的记者老师的指导下,完成了全英文出镜报道。

3. 丰富的实践经历

在三年时间里,国新班的同学也有机会参与丰富的实践项目和活动。我曾有幸参加 2018“一带一路”记者组织论坛和“2018 中国媒体优秀海外雇员短期访学”活动这两个大型项目,作为陪同翻译,带领来自世界各地的媒体记者深入北京、上海、杭州、兰考、厦门、泉州等地参观调研,不仅初次尝试了如何向世界更好地介绍中国,还交到了来自世界各地的记者朋友。2019 年去莫斯科旅游的时候,新华社莫斯科分社的俄罗斯记者还盛情招待了我。

代雨君在“2018 中国媒体优秀海外雇员短期访学”中负责陪同翻译的工作

在活动中，我也重点参与了2018“一带一路”记者组织论坛开幕式的策划执行和“2018中国媒体优秀海外雇员短期访学”活动的主题采访工作。大型活动的组织策划经历不仅让我在毕业求职时具有竞争优势，也在实际工作过程中给了我很大的帮助。

代雨君在中储粮第四届公众开放日活动现场（河南新港库）

目前，我就职于中储粮集团新闻中心，主要承担企业的新闻宣传工作，除了基础的宣传稿件撰写、融媒体报道策划等，还主要负责媒体的沟通联络、活动的策划执行等。在入职的一年半里，我先后参与组织策划两届中储粮公众开放日活动，其中包括媒体主题采访、公众接待及两次活动启动仪式的策划、筹备与执行工作。国新班的经历一方面让我能更准确地发现媒体关注的新闻点、提供所需素材内容，另一方面使我在活动策划执行和媒体接待上也更游刃有余。

三、对国际新闻传播人才的几点思考

2021 年 5 月 31 日，习近平总书记在中共中央政治局第三十次集体学习时强调加强和改进国际传播工作，展示真实立体全面的中国。习近平总书记强调，要全面提升国际传播效能，建强适应新时代国际传播需要的专门人才队伍。要加强国际传播的理论研究，掌握国际传播的规律，构建对外话语体系,提高传播艺术。要采用贴近不同区域、不同国家、不同群体受众的精准传播方式,推进中国故事和中国声音的全球化表达、区域化表达、分众化表达,增强国际传播的亲和力和实效性。这对新时代构建适应时代需要的国际传播人才培养体系和国际新闻传播人才的能力提出了新要求。

国际新闻传播人才在学习、实践的同时更需要主动思考如何讲好中国故事。

坚定的中国立场是讲好中国故事的原则,国际新闻传播人才必须坚持马克思主义新闻观,始终坚持微观真实与宏观真实有机统一。我参与海外雇员项目的时候,也会有一些外籍记者拿外媒报道中的个体案例来否定中国,并以此为证和我们辩论,这其实是一种在外媒报道中非常常见的微观真实、宏观失真的情况。在他们真正走访了解中国不同城市之后,他们也会发现相关的报道有失偏颇,所以我们在学习和实践中更要注意这点。

全面地了解中国国情是讲好中国故事的基础,只有足够了解中国国情,才能讲出真实立体全面的中国故事,这要求对中国道路、中国理论、中国制度、中国文化有全面的了解,才能在讲好中国故事时有实事求是的底气。过硬的专业本领是讲好中国故事的途径,国际新闻人才需要具备足够的外语能力、基本的采编播能力、运用新媒体技术的能力及写作、沟通等综合能力。在中国日报欧盟分社实习时,社长陈卫华老师多次强调评论文章和深度报道的重要性,国际新闻传播人才不能只是技术过硬,更要善沟通、会调查、能评论。

把握国际传播规律是讲好中国故事的保障,加强对国际传播的理论研究,在国际传播的形势、规律和中国面临的挑战等方面需要有深入的了解和自己的思考;也要深入研究西方叙事手段和媒体报道特点,知己知彼,百战不殆,以此更好地打破西方叙事逻辑,更有力地回应争议。

还记得一年前,我在硕士毕业论文致谢中写道:“满怀期待来,抱有遗憾去。在得到也在失去,这大致是对三年生活和这个特殊毕业季的最好概括。”当时的遗憾局限在受新冠肺炎疫情影响,没能给学生生涯画上一个有仪式感的句号,但收到征稿邀请的时候,这份遗憾不免又多了几分——还是有些遗憾没能成为一名真正奋斗在国际传播一线的记者。但好在在国新班三年的学习与实践中，我短暂地体会了一名记者的日常。不得不说，国新班是我最有价值和不留遗憾的选择，在国新班的日子，更是我人生中收获颇丰的三年。真诚地祝愿国新班越来越好，也祝愿国新学子们能在不同的地方熠熠生辉！

从“破局”到“蝶变”：我的国际新闻知行录

◎ 王鹏宇 *

2021 年 9 月 16 日，北京房山，新华社 2021 年新入社同志培训结束，来自五湖四海的小伙伴纷纷举起手机，留下属于自己的新华印记。身为其中的一员，我为开启自己的新闻理想之路振奋不已！

时间回到三年前。2018 年 9 月 16 日，宣武门西大街 57 号新华社南门前，中国传媒大学 2018 级国际新闻硕士班新生留下第一张合影。这一天，我第一次踏入中央主流媒体的大门，亲身体会到中国新闻界最高殿堂的魅力，点燃了自己的新闻理想。在往后三年的求学历程中，我带着期许、欣喜、迷惑、困顿，追寻自己的梦想。

一、破局：从“无所适从”到“渐入佳境”

在国新班，我对国际新闻的理解逐步深入。在加入这个班级的头几个月，我只知道自己将会有很独特的求学经历，但是对国际新闻是什么、驻外记者是一份怎样的职业知之甚少。在后续的日子里，导师吴敏苏教授带着我步入学问殿堂。是她告诉我，做国际新闻并非去做翻译，用另一种语言表

---

* 中国传媒大学 2018 级国际新闻传播硕士班毕业生，现就职于新华通讯社参考新闻编辑部，参与采写调研稿件多篇，忠实履行“耳目”“智库”职责使命。第八届范敬宜新闻教育奖获奖者，《联合国气候变化框架公约》第二十五次缔约方大会（COP25）青年代表。在校期间曾获国家奖学金、京东新闻奖学金等。

达别人的语言和思想，实际上，新闻是将知识和思想直接付诸实践的志业，也是无数仁人志士为之前赴后继的职业。

在每周一次的导师课上，我印象最深的一句话是：新闻人是党和人民的喉舌，凝聚人心，汇聚力量。在云谲波诡的国际格局中，每一位驻外记者或者国际新闻从业者都需要理智之思、和谐之音、练达之举。我认识到，做国际新闻无异于举世界于掌内，需要戴上三种镜子——戴上政治的“望远镜”登高望远，戴上社会的“显微镜”见微知著，还要戴上学术的“多棱镜”探究根源。有了这三种镜子，新闻人注定还需要向下扎根，向上开花，才能为自己的新闻理想找到一扇门。

国新班的课程安排中，既有新闻史、新闻理论、英语新闻采编播等专业课程，也有国际关系史论、国情教育讲座、传媒前沿讲座等综合性课程，还包含社会学、传播学、跨文化传播、纪录片史论等跨学科课程。除此之外，国新班在人才培养方面打通了课程学习与媒体实践的通道，培养一届届国新学子逐步拥有以马克思主义新闻观为引领的新闻观念、以党性原则为根本的政治意识、以人类命运共同体为目标的沟通能力、以文化自信为前提的话语模式、以专业能力为核心的职业素养。

1. 唯愿苍生俱饱暖，不辞辛苦入基层

基层是调查研究的主阵地。要做好新闻，必须面向基层收集信息、寻找思路、检验成果。习近平总书记强调：“要多交几个能说心里话的基层朋友，这样才有利于了解真实情况。”2019 年暑假，我们国新班远赴陕西汉中，深入调研脱贫攻坚情况。国情实践期间，班级的同学一同出策划、想点子、做采访、熬大夜，无论多晚都要完成一门功课，就是将每天采集到的新闻素材编为可以播发的中英文新闻作品，或写成通讯，或做成深度报道，或制成视频新闻。我们制作的“小慢车”、略阳特色扶贫产业、农村深度脱贫等作品在 CGTN 播出，取得了一定的社会反响。这次实践让我明白，做国际新闻，最重要的还是把新闻写在中国大地上。

2. 书到用时方恨少，事非经过不知难

做经世致用的文化人是新闻学子的普遍追求。范敬宜先生曾指出：“从近百年的中国新闻史来看,凡是杰出的新闻大家,几乎都是杰出的文化人……他们的作品尽管时过境迁,但现在读起来仍然觉得有味道,有的甚至百读不厌。”要想写出留得下、传得开的新闻作品,必须经过学思践悟。如果让我回顾学习国际新闻的这两年,我最想用“吹灭读书灯,一身都是月”来形容我的蜕变历程。两年来,我看的新闻传播学经典书目及相关文献不下百部,学习慕课十余门,王绳祖先生编写的十卷本《国际关系史》成为我的床头书……读书成为我个人的常态机制。

3. 莫道春光难揽取,浮云过后艳阳天

做出跨文化新闻作品应当是新闻学子的基本要求。在日常的新闻实践中,针对一个选题,我听到最多的词就是“不可能”,但是好的新闻人就是要让“不可能”成为“可能”。在参加全球 16 所高校共同发起的以“migration”(人口迁移)为主题的全球新闻接力时,我和组内的同学遇到了很多困难。如何通过选题、策划、录制、编辑和直播环节,向海外受众报道中国春运这一特有的社会现象?如何以个体的视角将中国故事推向国际话语空间,让全球受众了解中国?在多位老师指导和小组通力合作下,我们采取多维深度报道的方式,采访了包括 CGTN 外籍主播、高校教师、烤冷面夫妇、快递小哥在内的多个对象,力争在不同的语境里打磨细节,通过分组派出成员,在“命题报道”的框架内,用镜头语言讲好中国故事。

国际新闻传播事业肩负的家国使命为其添上一抹璀璨而壮丽的色彩。这份事业充满激情、呼唤激情,国际新闻人需要在实践锻炼中挥洒激情、享受激情。在体会使命感的同时,我也逐步能够做到眼明、心亮、步稳,为自己挺进国际新闻传播主战场主渠道主阵地找准路径。

王鹏宇在联合国气候变化大会上发言

在国新班学习期间,我有幸得到很多机会走上国际舞台,讲好中国故事:在联合国气候变化大会上,我将长江流域保护江豚、西藏自治区生态保护的案例与各国代表分享,进而说明中国环境治理观念和国际传播方式的深刻变化;在美国广播电视教育年会上,我以微信朋友圈为个案,分享了中国的传媒之变与媒介之治;在比利时中欧国际关系会议上,我通过观察中欧关系的媒介呈现,结合国际关系学的理论知识,展现了中欧关系之变。

笃行之余,我也在努力对标优秀的中国国际传播人,成为接力的后浪。无论是刘欣、王冠、王迪迩等国际传播领域的领军人物,还是在抗击新冠肺炎疫情战役中被评为先进个人的葛云飞、胡喆、孟哲等,他们都在用笔头和镜头讲述着那些具有世界意义的中国故事,与世界各国政治文化“共振”,助力人类命运共同体建设,让全世界听到中国声音。

习近平总书记曾指出:“要提高我国参与全球治理的能力,着力增强规则制定能力、议程设置能力、舆论宣传能力、统筹协调能力。”事实上,国际新闻传播与全球治理有着密不可分的关系。国际新闻学子应当熟悉党政方针政策、了解我国国情、具有全球视野、熟练运用外语、通晓海外文化。助力国际新闻传播能力建设,国新学子时不我待。

二、蝶变:从“纸上得来”到“身到心到”

从国新班到新华社,我的新闻理想有了归宿。告别了新闻学子的身份,我成为一名光荣的新华社记者。无论在乱云飞渡的舆论场上,还是在日新月异的传媒生态中,新华社记者都在一线最前沿体会着时代变迁。尽管入职不到半年,但在实践中,我越发体会到语言表达能力固然重要,但是“身到心到”更加重要。我想找到自己的立足之处,更

新华社 2021 年入社新同志王鹏宇自我介绍

想在新闻现场寻找初心、在编辑部里发现恒心、在世事纷纭中叩问真心、在舆论场上锤炼忠心、在调查研究中培养信心、在爬坡过坎中树立决心。

1. 以初心恒心守护党心民心

在新站位上增强政治引领，不忘初心牢记使命再奋斗。在新华社建社90周年之际，习近平总书记发来贺信，代表党中央向新华社全体同志致以热烈的祝贺。从瑞金到北京，90年峥嵘岁月，新华社甫一创立就跟随党中央开天辟地创建政权、艰苦卓绝进行长征、改天换地建设祖国，从苦难走向辉煌。在此过程中，前赴后继的新华人用生命和意志诠释了新华精神——对党忠诚、勿忘人民、实事求是、开拓创新。在建党百年庆祝大会上，习近平总书记提出32字伟大建党精神，要求全党弘扬光荣传统，赓续红色血脉。新华精神正是伟大建党精神的具体表现之一，也是党的宗旨、党的作风、党的纪律的生动体现。不管在中央还是地方，新华社记者都要坚持党性原则，坚持正确的舆论导向，坚持为人民服务的群众观念。对于一名编辑来说，党性原则还体现在把关水平上。在处理稿件时，编辑需要处理好褒和贬、抢和压、冷和热、软和硬的辩证关系，何时褒、何时贬，何时抢、何时压，何时冷、何时热，何时软、何时硬，都需要从实际出发，经过分析和比较，作出正确判断。

在新发展中把握社情民意，关注民心汇聚民智再挺进。“记者笔下有财产万千，有人命关天，有是非曲直，有誉毁忠奸。”对于新闻报道工作而言，民意在哪里，工作就在哪里。下沉基层的深度在一定程度上决定了报道创新的高度，好新闻沾露珠带泥土，方能更好助力人民群众的美好生活建设。穆青同志曾说：“什么叫激情，我的体会是到忘我的程度，你的思想感情都会在人物身上，你即使做一件事，洗脸、吃饭都是下意识的。”勿忘人民是穆青的名言。在他笔下，县委书记焦裕禄、工人模范赵占魁、种树治沙的“老坚决”潘从正、植棉英雄吴吉昌、红旗渠劳模任羊成等典型人物持续感召着一代代中华儿女。正是做到了身到、心到、情到，穆青与人民群众真正打成了一片，让新闻真正凝聚人心、成风化人。

2. 以真心忠心谱写时代华章

在新起点上传承红色基因，学思践悟真心向党再出发。党史、社史一脉相承,新华气质的锻造与升华离不开党性教育和历史塑造。新华社的红色基因是需要后天习得、代代传承的,而新华社的红色基因就是旗帜鲜明讲政治,想中央之所想,急中央之所急,不断助力党的生生不息的事业。作为一名新闻采编人员,不讲政治,满盘皆输;不讲专业,无所依托。换言之,新闻舆论工作就是新华社编辑记者磨炼党性的砥石。从选题、调研,到编辑、审校,新华社报道坚持党性和人民性相统一,坚持正确舆论导向,坚持新闻真实原则,力争让新闻报道充满实践特色、理论特色、民族特色、时代特色。

在"七一勋章"颁授仪式上,29 名同志荣获"七一勋章",其中就包括原新华社国际新闻编辑部干部瞿独伊。作为党的早期领导人瞿秋白的女儿,瞿独伊拥有《国际歌》独一无二的传家记忆,把父亲的理想信念融入自己的事业。从在开国大典上用俄语向全世界播出毛主席讲话,到创办新华社第一个驻外分社——莫斯科分社,瞿独伊一直致力于国际传播事业,令人难忘。忠诚于党的精神品质,需要代代传承,更需要用心锤炼。

在新发展中牢记优良传统,忠实记录世界风云再赶考。在我国新闻"走出去"的今天,"落地"问题已经解决,"落户"问题正在解决,"入心"问题尚待解决。因此,国际传播能力的提升必须精准到位、务实高效。国际传播的竞争本质上是话语权之争,也是新闻舆论机构的市场之争。从争夺话语权到主导话语权的过程中,我们需要了解建设性新闻在国际事务中应该扮演的角色,需要分析影响国际传播效果的多重因素,整合力量,符合规律,从而构建融通中外的话语体系和传播体系。

3. 以信心决心更好担当使命

在新格局中对标"四力"要求,爬坡过坎树立信心再启航。习近平总书记提过两组"四力":第一组"四力"针对新闻队伍的基本素质,即脚力、眼力、脑力、笔力;第二组"四力"针对主流媒体的目标要求,即传播力、引导力、影响力、公信力。总书记曾说:"媒体竞争关键是人才竞争,媒体优势核心是人才优势。"新闻采编队伍践行"四力",推动主流媒体更好地发展"四力"。新闻人的"四力"在于:好脚力就是接地气,好眼力就是有阅历,好脑力就是出新意,好笔力就是有见地。做好新闻,务必发乎信息,热于观点,爆于情感。

在新形势下忠实履职尽责，转山逐水坚定决心再出新。在革命、建设、改革各个历史时期，一代代新华人秉承高度的政治责任，把体现党的主张和反映人民心声结合起来，克服重重困难，坚持正确导向，通达社情民意，擦亮了新华社记者的金字招牌。在万物互联的今天，网络信息庞杂，传播速度加快，新华社肩负着更重要的职责使命，一旦出现向声背实、谈假为真的情况，就需要在众说纷纭中举旗定向。尤其是在突发事件面前，新华社记者始终在众声喧哗中凝聚人心，实时提供有效信息，坚决驳击不实言论，推出重磅调研稿件，切实维护人民的知情权、参与权、表达权和监督权。一面旗帜，指引方向；一条大路，通往辉煌。一百年来，中国共产党在风雨兼程中依旧风华正茂，一代代新华人投身遍布全球的信息传播网络，为国际新闻事业苦苦追求、披肝沥胆、勇往直前。

王鹏宇在庆祝新华社建社 90 周年文艺演出现场

从国新班走来，我最终成为一名光荣的国社人。身处新华社建社 90 周年的历史节点，回望国新班三年学习的点点滴滴，那些鲜活的记忆值得我的每次驻足、徘徊和瞻顾。我相信，带着国新情怀、国新思考，国新后浪势必在国际新闻传播事业中有所发现、有所坚信、有所前进，在躬身实践中为党立言、为人民立心、为时代立传！

站在新闻报道一线

ZHANZAI XINWEN BAODAO YIXIAN

从“记”十年

◎ 付　文*

2011 年,我走出传媒大学校门、踏进人民日报社大门。2021 年,我成为一名党报记者已经十年整。

十年来,我辗转于北京、湖北、甘肃三地工作,经历了“东方之星”号客船翻沉事件救援、新冠肺炎疫情等重大突发事件,也见证了脱贫攻坚、长江大保护、祁连山生态环境问题整改和黄河流域生态保护及高质量发展等重大主题事件报道,把稿件写在了荆楚和陇原大地。

十年间,我常常想起求学期间各位恩师的谆谆教诲和专业指导,也不时感觉“书到用时方恨少”,想回到母校继续“充电”。十年一觉“记者”梦！至今犹记刚入国新班时的忐忑与不安、制作《新闻八通线》时的稚嫩和青涩。如今许多同学已经成长为各新闻单位骨干、主力,正所谓“词源倒流三峡水,笔阵独扫千人军”。

感谢学校和老师们给我这个机会,让我能对过去十年的工作、学习做一个小结,兼谈一下对新闻舆论工作的浅见。

---

* 中国传媒大学 2009 级国际新闻传播硕士班毕业生,现任人民日报社甘肃分社采编中心主任。曾参与武汉新冠肺炎疫情、祁连山生态环境问题整治等重大事件报道,先后获得“宣传文化系统抗击新冠肺炎疫情先进个人”、第三十届中国新闻奖二等奖、甘肃省脱贫攻坚先进个人、“东方之星”号客轮翻沉事件救援和处置工作先进个人、湖北省抗洪抢险和减灾重建工作先进个人等荣誉。

一、一次难忘的突发事件采访

2015 年 6 月 2 日一大早,“东方之星”号客船翻沉事件发生第二天,我立即向分社社长请示前往一线。从报告到出发,总共用了不到半小时;从出发到抵达,240 公里的路,只用了两个多小时。

到达监利后,我和另外一位同事立即分工:我去救援现场,他盯发布会。在赶赴现场途中,由于交通管制,我只能步行前往。途中有老乡跟我说,距离事发水域还有 20 多公里,只能边走边寻找车辆。仓促之间,我先搭了一辆电动三轮车,没想到走了不到 2 公里就被武警拦下,后来幸运地搭上了湖北移动公司工作人员租用的农用三轮车。

由于戒严,老乡只能带我们走田间小路,颠簸近半小时后,我们终于到达长江大堤,但是距离救援指挥部还有四五里路程,附近再无可通行车辆,只好徒步进入。将近救援指挥部大门时,有一段长 20 多米、深可及膝的水湾,我们顾不得脱鞋挽裤脚直接蹚水“过河”。后来当地人告诉我,水里可能有血吸虫,挽裤脚脱鞋子的话可能会被叮咬,“你幸亏没脱”。

初到现场时,救援现场聚集了数千人,手机信号非常差,跟后方的联系一度中断,所幸下午信号慢慢恢复。这场救援确实是国家行动,不到现场绝对感受不到事件的惨烈、抢险救灾的紧张氛围以及人民子弟兵等各部门的无私奉献。

下午 5 点,我成功登船赶往事发水域。到达时发现,“东方之星”的螺旋桨已经露出水面一米高,整条船倒扣在江水中。天有不测风云,400 多条生命就这样逝去,现场气氛压抑低沉,谁也不愿意多说话,生怕惊扰了亡魂。据现场打捞的工作人员介绍,生还希望已经很渺茫。当晚,我将这则信息和其他内容一起赶写了一篇舆情发回,后续事实也证明了我们的判断。

在岸边的指挥部趸船上开完发布会,已经是晚上 8 点半。回旅店路上,又是一路徒步涉水,好在走了 20 多分钟后,我碰到了监利县公路局的一辆车,把我送到了戒严警戒线外,之后又坐摩的赶回县城。第二天,我先到监利殡仪馆了解情况，再到人民医院采访诊疗医生。

自 3 日开始，大量遇难者家属到达监利。悲伤挂在亲人脸上，疼痛刻在记者心里。遇难者家属初到监利，正处于情绪最不稳定的时期，这个时候让他们回忆翻沉前的细节，无异于伤口撒盐。此外，对在医院进行后续治疗的生还者采访，也显得过于残忍。

那么，如何报道遇难者家属所思所想、怎样最大限度还原出事之前的场景？我们经过讨论后决定，不直接采访家属和生还者，但可以找机会询问负责对口接待的监利县各部门工作人员和主治医生，从外围打听相关情况。同时，即便是由此获知的信息，我们也尽量采取手段处理，避免对家属造成刺激导致二次伤害。另外，在采访时我们把采访证件放在显眼位置，方便有表达意愿的家属直接与我们联系。

实践证明，我们的判断是得当的。到达初期，一部分家属确实情绪相当激动，把当地的接待误解为“监视”，而且质疑救援不力。但随着当地接待干部耐心细致地解释，家属们转变了看法，有的还要求记者多宣传负责接待的干部，多报道辛苦救援的子弟兵。

当时，舆论形势复杂多变。这次翻沉，是中华人民共和国成立以来最严重的内河沉船事件，因为伤亡人数多，极易成为被炒作的热点话题。新闻报道稍有不慎，就会引发大范围质疑。CNN、BBC 等境外媒体记者也在事发现场，并故意引导遇难者家属将矛头对准政府。所以，及时快速发布权威信息就成为当务之急。

但说实话，最初的几天内，关于船上总人数、遇难者人数等数据，相关部门信息发布各自为战，数据常常“打架”，这给报道带来了不小的难度。随着救援工作的进行，一些诸如为什么不直接起吊客船、为什么不早对船体进行切割等质疑也随之出现。因此，我们前后方密切策划，除在发布会现场向专家提问求解之外，还联系专家学者对各类质疑进行解答，有力地引导了舆论。

8 日上午，我进入了“东方之星”船舱内部。浓重的消毒水味、残留的泥沙、被严重破坏的顶层客房……我无法想象船内乘客在事件发生时的慌乱和绝望。在船内只待了半小时,下船时我的后背已经完全湿透。而比我年纪还小的舟桥旅官兵在上边一待就是十几个小时,而且全程一口水不喝一口饭不吃。这次采访,让我对“最可爱的人”有了更深刻的理解和感受。

2021 年 7 月,付文(右一)在酒泉市肃州区调研戈壁农业

每一场发布会的信息发布都是一次速记的比拼,也是各媒体竞技的赛场。粗略算了一下,6 月 2—14 日,本报累计刊发相关消息、通讯、评论以及手记 45 条,图片 13 张,对救援各项工作进展进行了全面多层次的报道。截至6 月 9 日晚,本报客户端共发布 57 条消息、12 条推送,其中我发回的《交通部:总体判断没有生还可能》《船内搜救将力争 7 小时内完成》实现了全网首发。

二、一次终生难忘的逆行出征

从 2019 年 12 月底,我就开始关注“不明原因肺炎”。2020 年 1 月 20 日晚,钟南山院士明确表示“肯定存在人传人”,看到这条消息,我顿时一身冷汗。21 日上午,我乘早已预定好的航班从兰州回到武汉。

1 月 23 日,武汉“封城”,关闭离汉通道。正月初一,我正式加入人民日报社抗击疫情前方报道组,前前后后工作了 86 天。这段时间,于我而言是一次短兵相接的“遭遇战”:从开始的提心吊胆,到逐渐适应,再到后期慢慢沉稳,可以说是全程“以战代练”进行了这次报道。

1 月 26 日下午,湖北分社社长贺广华召集动员会。会上,贺社长反复强调,一定不能被牵着鼻子走,要写对历史负责、经得起检验的文字;公开报道要实事求是,更要如实反映疫情处置过程中的问题和困难,迅速采写相关内参。在回家的路上,我接到通知:去超市、菜店看看,当晚即拿出一篇武汉生活物资供应保障稿件。由此,疫情报道也正式拉开序幕。

短兵相接，狭路相逢，要想打赢打好“遭遇战”，制定周密完善的作战方案是关键。我们紧盯湖北省、武汉市两级指挥部疫情通报，认真学习习近平总书记关于疫情的一系列重要讲话、指示、批示精神，与各接诊医院宣传部门以及专家学者保持密切联系，同时畅通与省、市、区委宣传部门联络渠道，梳理出白衣战士逆行出征、社区工作者转运四类人员、下沉干部就地上岗服务民生等动人事迹，反映市民看病就医、生活保障、交通出行、心理辅导等各种困难、问题，呈现全社会守望相助、同舟共济抗击疫情等事实。

疫情暴发初期，武汉怎么快速筛查是否被传染、被传染的市民能不能及时得到救治、没得病的居民生活物资够不够等一系列问题都是舆论热点，也是我们关注的焦点。到医院了解病人救治，进社区了解病人转移，探访超市生活物资供应情况，我们对上述问题进行了有针对性的采访和报道。

对社区而言，上边千条线，下边一根针。社区比较了解辖内实际情况，但是解决困难的能力实在有限。1 月 24 日，武汉市要求落实分级分类就医制度，确保发热病人得到及时救治。具体流程是由各社区负责全面排查所在辖区发热病人，并送至社区医疗卫生服务中心，由其对病人进行筛选、分类，避免患者无序流动，减少医院内交叉感染。但在采访中我们了解到，该政策的落实还隐藏着一些问题，比如社区卫生服务中心接诊量猛增、社区医疗防护物资缺乏、社区干部缺乏专业防护知识反而增大传染风险等，迫切需要高度重视并尽快解决。我们迅速采写了反映社区卫生服务中心相关问题的内参。

疫情期间，我采访了许许多多参与救治的医护人员，以及为保障城市运转出力流汗的社区工作者、志愿者、快递小哥、环卫工等群体。这些人值得我们大书特书，也值得我们永远铭记。2 月 9 日，我们到汉阳区江欣苑社区采访。这个社区有 5470 多户居民，总人口近两万人。9 日那一天，江欣苑社区累计确诊新冠肺炎病人 15 例，发热病人 26 例，“四类人员”总计 73 人。早晨 7 点多上班，晚上 10 点多下班，社区工作人员每人每天要打近 600 个电话，我们的采访也时不时被居民电话打断。社区党委书记叫胡明荣，是一位 59 岁的阿姨。胡明荣去年做了甲状腺癌手术，2010 年做了肾上腺手术。

因胃疼得受不了，去检查才知道长了东西。医生开了3天吊针，但胡明荣只去过两次，“因为怕耽误接听居民电话”，不能临阵脱逃。每每采访这样的人物，总让我眼含泪水，深为这些基层干部的担当敬业所感动。

在疫情各重要时间节点，我们推出了大量针对性报道。比如，在离汉通道关闭10天这一节点，本报“人民眼”刊登了由我牵头执笔的《同舟共济战疫情》整版记者调查报道，聚焦非常时期的普通武汉市民，讲述在这史无前例的10天当中发生的动人故事，展现“不服输”的武汉人在疫情来袭之际“在磨难中成长，从磨难中奋起”携手共渡难关的精气神，为打赢疫情阻击战鼓劲加油。稿件见报后，在本报客户端就有上千名网友留言，有人说：催人泪下，看到了人性的光辉。这也说明，最朴素的呈现形式一样拥有打动人心的力量。

2020年2月，付文在武汉市汉阳区一社区采访

这次抗击疫情报道，既是我职业生涯的一次洗礼，也是我人生道路上的一次磨炼。在灾难面前，我见识到了舆论场的撕裂、多元，也看到了苦辣酸甜的人生百态。凝聚共识，弘扬正能量，这应该就是我们作为党报人需要更加努力的方向。

展报道“精气神” 做舆论“定盘星”

◎ 李 硕*

2021 年是我从事新闻工作的第九年。2012 年，我自中国传媒大学国际新闻传播硕士班毕业，进入人民日报社体育部工作，成为一名党报体育记者。我始终怀揣新闻理想，用脚步丈量体育发展，用文字记录体坛风云，战斗在体育报道第一线。

九年的锤炼，我已经成长为一名能打硬仗的党报人。从深入基层的高产记者，到探索新媒体的弄潮儿，不变的是我对体育事业的一腔热爱。将自己的兴趣变为工作，将自己所学充分运用，我是幸运的。

2021 年，我现场采访报道了东京奥运会，用我的笔和镜头，向全世界展示了中国体育健儿的风采，并将我的采访故事在第八届“好记者讲好故事”活动中进行分享，荣获最佳选手称号。

李硕在东京奥运会开幕式进行报道

我本科毕业于外交学院英语系，成为体育记者一直是我的职业理想。在国新班两年的学习，为我铺就了通往记者之路的基石。导师王晓红老师

---

* 中国传媒大学 2010 级国际新闻传播硕士班毕业生，现就职于人民日报社体育部。现场采访了东京奥运会、雅加达亚运会、仁川亚运会、陕西全运会等境内外重大体育赛事。2021 年获得第八届“好记者讲好故事”最佳选手称号，2020 年被评为人民日报社疫情防控宣传报道优秀个人。

的谆谆教诲，更让我在媒体融合的道路上走得坚定。

一、牢牢把握正确舆论导向，大力弘扬正能量

讲好中国故事，传播好中国声音，展示真实、立体、全面的中国，是加强我国国际传播能力建设的重要任务。

在国新班的学习过程中，国情教育帮助我们胸怀大局、把握大势、着眼大事，才能在工作中找准切入点和着力点，做到因势而谋、应势而动、顺势而为。从事体育报道后，我也时刻牢记自己的职责，牢牢把握正确舆论导向，传递正能量。

近年来，体育领域大事喜事不断。东京奥运会中国健儿捷报频传，北京成功申办 2022 年冬奥会，全民健身上升为国家战略，体育产业作为绿色经济的代表正迅猛增长，体育改革方兴未艾……面对大势与大事，我们在报道中积极主动，敢于发声，善于发声，引领舆论，注意将体育放在经济社会发展的大背景中观察，与深化改革的主旋律同频共振，以党报视野和担当，努力探寻体育改革发展的出发点和落脚点，狠抓传播实效，不断扩展影响力。

在东京奥运会的报道中，奥运赛场瞬息万变，在各路媒体海量报道中，如何引领先声，做出特色，体现《人民日报》舆论“定盘星”的作用？我们延续了评论和深度报道的传统优势，宣传党和政府对体育事业的高度关注，全方位展示中国运动员的风采，大力弘扬中国体育正能量，激发了全国人民的自信心、爱国情。我们以观点和态度展现党报核心竞争力，关键时刻响亮发声，同时借助新媒体平台不断扩大传播力、引导力、影响力、公信力，营造了良好的舆论氛围。

我们的报道从赛场细节入手，讲述运动员站上奥运舞台的动人故事，展现他们的拼搏意志、报国情怀，以深度和温度做出了纸媒的“厚度”，彰显了党报奥运报道的大局观。我们关注金牌选手的成功喜悦和奋斗精神，也强调不能仅以金牌论英雄，不但从不同侧面点评中国选手在奥运赛场上的出色表现，鼓舞人心，催人奋进，也同样聚焦在那些没有获得金牌

的运动员身上，展示他们永不放弃的拼搏精神。

在中国女排小组赛三连败之际，我们刊发评论为女排加油打气，“越是在困难面前，球队与球迷越要团结一致”，得到大量转载和支持，有力引导了舆论。#人民日报评中国女排#话题全网阅读量达到1.6亿次。这些评论多篇被全网置顶推送，体现了《人民日报》在舆论场中“一锤定音”的能力和优势。

站位高，把握准，跳出体育看体育。奥运报道既是体育报道，也必须要把握好其中的政治、经济、文化等多方面因素。要以“大体育观”把握报道基调，充分展现我国健儿风采和拼搏精神，在舆论场上积极引领。同时也要注意辨析奥运赛场上的各种声音乃至杂音，不能因为是体育报道而忽视其中的其他背景，必须做到心中有数，才能把握得当。

记者是新闻的战士，我们在境外采访报道中，代表的不仅是我们自己，更是中国记者的形象。中国健儿在赛场上顽强拼搏，勇创佳绩，我们也经常成为国外媒体采访的对象。

在东京奥运会采访间隙，我多次为外国记者翻译中国运动员的赛后采访内容，向他们传达新一代中国年轻运动员赛场内外的精彩故事和自信阳光、活泼可爱的表达方式。

李硕在北京冬奥组委采访

他们的成长历程，也是一个个具体而微的中国故事。为祖国争光，在世界闪亮，是体育的光彩，也是属于这个时代的光彩。把他们的故事告诉更多人，是我的幸运，也是我的责任。

在东京，我特意与不少外国媒体同行进行交流，了解他们对东京奥运会方方面面的评价，从中汲取对北京冬奥会有益的经验。我也向他们介绍了北京冬奥会的筹备情况，欢迎他们到北京采访报道。

二、努力发掘精彩故事，找准精神共鸣

讲故事,是国际传播的最佳方式。讲故事就是讲事实、讲形象、讲情感、讲道理,讲事实才能说服人,讲形象才能打动人,讲情感才能感染人,讲道理才能影响人。

由于体育报道自身蕴含的故事性和戏剧性,其拥有易于传播、感人至深、催人奋进的先天优势。我们在体育报道中,始终努力挖掘精彩的体育人物和体育故事,找准其中最能打动人心的细节,不但展现出体育的魅力,更要带动更多人从中汲取力量。

这需要发现的眼睛,更需要沉下心采访调研,通过不断增强脚力、眼力、脑力、笔力,挖掘竞技体育、全民健身和体育产业改革中的鲜活故事,才能创作出一批“沾泥土、带露珠”的优秀作品,真正讲好有中国特色的体育故事。

作为一名采访举重近十年的记者,我始终坚持离运动队、运动员更近一些。通过观察他们日常的训练,不断与他们沟通,充分了解他们的成长经历和性格特征,才能写出接地气、感动人的稿件。更重要的是,在融媒体报道的环境下,多次走进队伍的训练和比赛,可以获得大量一手的视频素材,从而丰富报道形式。

李硕在东京奥运会举重赛场采访报道

东京奥运会上,中国举重队获得 7 金 1 银,这是他们在奥运参赛史上的最佳战绩。通过长期与举重队的相处,我将报道更多地集中在他们成绩背后经历的故事,展现有血有肉的举重运动员形象。

获得男子举重 67 公斤级冠军的谌利军,一路走来几

多心酸。我见证了他艰苦的备战路。2016 年里约奥运会上,谌利军因腿部抽筋没有成绩,苦练四年,在奥运窗口来临之际又遭遇右臂肌腱断裂的伤病,手术后留下近 15 厘米的伤疤。

比赛当天,对手最后一举超过谌利军 11 公斤,他直接加重 12 公斤,不给自己留余地,不让伤疤成遗憾。最终他将杠铃高高举起,用尽情的呐喊和王者的眼神迎接满场欢呼。那一刻,我也泪湿眼眶。

在后续的报道中,我的赛后视频点评和文字报道都聚焦在这枚金牌背后的故事。同时,在谌利军家庭困难的情况受到关注后,我第一时间联系他专访,获得了独家回应并进行了报道,在全网引发热烈讨论。这都仰赖于长期深入采访,才能获得运动员的信任。

李硕在“好记者讲好故事”2021 年记者节特别节目录制现场演讲

今年参加“好记者讲好故事”活动,对谌利军的报道也是我用心讲述的故事。讲好故事,首先要触动自己。正是有了长期的积累,并投入个人的真情实感,才能留下真诚的故事。

体育发展是与经济社会发展同频共振的,我们在体育报道中,要有“大体育观”,只有沉淀下来挖掘选题,经过广泛调研和深入采访,才能抓住体育改革浪潮中的难点痛点堵点,主动设置议题,引发关注。

我在日常报道中,也经常主动自我加压,力争挖掘出一批抓问题、见深度的报道,多次获得人民日报好新闻奖,也通过优秀作品在业内树立了口碑。《从第一支到最后一支:中国农大橄榄球队“不想说再见”》稿件,通过两位中国农大橄榄球队毕业生的人生经历和个人感悟,讲述几十年来球队的变迁,引发国内橄榄球界对赛事和人才培养的大讨论。

虽然媒体环境日新月异,但好的故事永远拥有强大的生命力和传播力。

站在国际新闻传播的第一线,坚持“内容为王”依然是未来国际新闻传播人才需要具备的素质。这就要求在人才培养中鼓励学生们深入基层,深入一线,了解第一手材料,帮助他们学会采访和观察,在众多材料中发现好材料,找到反映时代精神、能够引起广泛共鸣的材料,更要引导他们学会思考,深入发掘好材料的内涵,梳理和阐发好材料中蕴含的隽永的精神和深刻的道理,并运用丰富的新闻语言、形式、方法、技巧创作出精品力作。

三、坚持深化媒体融合，补足能力短板

近几年来,媒体格局、舆论生态、受众对象、传播技术都在发生深刻变化。以融合发展为突破口,各大新闻媒体创新方法手段,适应受众需求,把握时度效,推进不同平台优势叠加互补。

《人民日报》作为传统纸质媒体,在媒体融合的道路上不断创新,制作了众多有影响力的新媒体产品,不断擦亮《人民日报》的品牌。我们人民日报社体育部也不断进行内容创新、形式创新、手段创新,不仅在版面的重点报道中不断渗透融媒体元素,还深耕部门微信公众号、微博、头条号、抖音等多个平台,同时与报社其他部门展开融媒体合作,生产出一批有创意、有质量、有传播力的新媒体产品。近年来,体育部在大赛事的新媒体报道和传统报道已经成为“一体两翼”,比翼齐飞。

作为文字记者,我们也必须解决“本领恐慌”的问题,真正成为运用现代传媒新手段新方法的行家里手。其实,在国新班的两年学习,各位老师的上课内容和日常作业都在不断使我们提升媒体融合的本领。在电视学院的氛围感染下,制作短视频的经历让我能够更加从容地应对全媒体记者的新角色。

目前,我们在策划版面重点稿件时,往往将能否可视化作为策划的重要一环。2019 年,我们历时 6 个月,完成了《70 年,共同走过 · 对话两代体育人》栏目,通过 22 篇稿件,与 40 余位新老体育人共话今昔之变,重现了新中国体育史上一个个意义非凡的瞬间。本组选题在策划初期就确定了融媒体

思路,利用人民网的视频团队,对每一位体育人的采访都配有多机位摄像,并精心剪辑成片。视频内容除了采访实录,也配合历史照片,让故事的可视化程度更高。同时,视频内容并不是稿件内容的简单重复,而是与稿件内容互为补充,更注重体现被采访对象的人格魅力以及双人对话场景的互动性。最终的见报稿件都配有视频二维码,读者可以通过扫描二维码观看视频节目,对信息的接受更加立体和丰富。本组报道不仅在体育界引发了强烈反响,在人民网首页专区和人民网的国庆专题要闻区中都占据了醒目的位置。

作为举重专项记者,我曾邀请网红英国小哥司徒建国一起走进中国举重队,拍摄了两期《司徒体育秀之我爱举重》探班视频,全方位展现了中国举重队的科学训练和恢复手段。这组视频在今年东京奥运会后,再次引发网友的热烈讨论。

2019 年前往意大利那不勒斯采访世界大学生运动会时,我主动策划了多个视频选题,并撰写脚本、拍摄视频和配音,最终由实习生剪辑成片,使大赛报道的内容更加立体和丰富。

刚刚过去的东京奥运会,对我们前方记者更是提出了新的考验。既然在现场,就要时刻关注赛场内外的最新情况,第一时间发送文字和视频内容,将中国奥运健儿的成绩和风采传播出去。

体育比赛的报道,现场感十分关键。在中国奥运健儿获得金牌后,现场记者需要及时录制“一线记者奥运点评”的视频,用真情实感感动观众。如何面对镜头,如何组织出镜语言,如何平衡好激情和讲述内容,都是我们迎接的全新挑战。在国际传播人才的培养上,在课程设置和作业布置上,短视频的拍摄和剪辑、出镜记者素质的培养都应该成为重点。

媒体融合既要做到出新出彩,又要确保不出差错。奥运报道中,金牌消息的推送以秒计算,我们前方报道组和后方编辑保持即时联系,无缝对接,第一时间发送结果,多次实现奥运快讯的首发和独家发布。特别是前方记者的专业素养确保了消息的准确性,做到了零失误。在国际传播的战场上,不出错是底线,这也要求学校要培养学生对新闻报道的严谨态度。

互联网正在媒体领域催发一场前所未有的变革。读者在哪里,受众在哪里,宣传报道的触角就要伸向哪里,宣传思想工作的着力点和落脚点就要放在哪里。面对新时代国际新闻传播的众多挑战,国新人才培养任重道远,中传国新班使命在肩。两年的学习,让我在追逐新闻理想的道路上走得踏实。未来也希望师弟师妹们能把握好国际传播领域移动化、社交化、可视化的趋势,成长为优秀的全媒体记者。

感谢初心，感谢新闻带我看世界

◎ 谷艳东*

非常感谢我的母校中国传媒大学,在2021年的年尾邀请我抒写这些年对新闻工作的感悟和感触。这是一个非常特别的时间点,因为距离我2012年毕业已经将近十年了。回望过去的十年,我从一个青涩的职场新人,成为一名记者、二胎妈妈。时间改变了很多,不变的是直至今日,初心未改。依然在每一次采访的路上,感到自己何其有幸,能够在CCTV这样的国家媒体平台上从事新闻工作;依然在每一个加班的深夜,走出后期机房后,有一种,真好,我还在做新闻的幸福感。

2019年,谷艳东作为前方记者连线报道贵阳国际大数据产业博览会

2012年,我从中国传媒大学国际新闻传播硕士班毕业后,顺利地进入中央电视台CCTV 2财经频道,成为一名新

---

* 中国传媒大学2010级国际新闻传播硕士班毕业生,连续三年参与国家扶贫日报道,专访拼多多创始人黄峥,采访2019年贵阳大数据博览会,采访2018年中国数字建设峰会,2018年中国东盟博览会访新希望董事长刘永好。揭黑报道《变味的"瓜子"》揭露二手车电商企业"瓜子二手车"销售黑幕,报道后"瓜子二手车"承诺三天内解决所有销售问题,拿出一亿元成立售后基金;揭露"叶圣陶杯华人青少年作文大赛"花钱保奖内幕,北京市场监管总局相关单位随后介入调查;等等。曾获得第三十一届中国新闻奖二等奖、中国新闻奖融合创新二等奖(集体)、2018年国务院扶贫办脱贫攻坚好新闻三等奖、2019年国务院扶贫办脱贫攻坚好新闻优秀奖。

闻编辑。起初,我在早间新闻栏目《第一时间》任策划、编辑,在那里度过了职场最初的六年。《第一时间》栏目是一档早间直播栏目,对于观众来说,每天早晨7点到9点,是收看两小时直播新闻的时间。但对于我们来说,每天夜里制作新闻、凌晨4点到直播线却是常态。“黑夜给了我们黑色的眼圈”,就是在这样黑白颠倒的工作中,我度过了职场的最初六年。

尽管栏目的工作稳定而规律,但是,我还是希望成为新闻一线的记者。在生完第一个宝宝后,我申请从后期栏目科组转到新闻一线,成为一名真正的新闻记者。

一、扶贫路上,脚下有泥,心中有光

刚刚从事记者工作的时候,我负责国务院扶贫办(现改名为“国家乡村振兴局”)的跑口记者工作。其间,我走访了四川凉山雷波县、云南保山、甘肃华池县等多地,通过入户采访贫困户们,真切地感受到他们的所思、所想、所盼,也更加读懂了这个历史时期的中国故事。还记得跟“光明行动”成都扶贫医疗队到雷波县采访,早晨7点出发,没想到在弯弯绕绕的山路竟然开了12个小时。一路上,我们不仅遭遇了堵车,更危险的是在夜色已浓时遭遇了浓雾。扶贫采访的路上没有好走的路,但是只要跟着走,就一定能拍到好故事。就在这次采访中,我记录了“光明行动”成都扶贫医疗队的领队许海嘉医生和他的队员们,不顾艰难险阻,为凉山贫困县的孩子们义诊做眼科手术;也看到了凉山当地很多少数民族的孩子受助之

谷艳东赴四川凉山州国家级贫困县雷波县采访“光明行动”扶贫助医成果,与被救助的彝族小姑娘克石圆月合影留念

后见到医生们时,像见到自己亲人一样亲热和感恩。13 岁的彝族小姑娘克石圆月,在接受了多次免费的眼部手术后,几近失明的眼睛不仅视力提高了,而且更加美观了。这不仅改善了她的生活质量,更重要的是给了她对生活的希望和通过读书改变命运的信心。

同样是改变孩子命运的报道,还有甘肃华池县的早教项目。在中国发展研究基金会的帮扶和培训下,一些有文化的家庭妇女成为"家访员",为黄土高原山沟里的孩子免费提供早教课程。采访的第一站,是华池县白马乡的白马村。我们到达家访员张媛媛家中的时候,她正在做家访前的准备。一间小小的屋子贴满了奖状,都是张媛媛的女儿和儿子获得的。她告诉我,村里像她家这样的,男人在外打工,女人和孩子留守的情况很多。要想改变这样的境况,只能靠教育。采访当天,张媛媛要去家访的是村里贫困户张宝川家。每次去,都要走将近 50 分钟的山路。我在半山腰拍摄采访的时候,一抬头,总能看见张宝川抱着孩子在窑洞前等,一动都不动。张媛媛跟我说,每次她来,这家人都会早早站在那里迎接。张宝川因为腰椎间盘突出,不能干重活,一家人只能靠种玉米、卖玉米为生。家里虽然没有供孩子学习的桌椅板凳,充当桌子的一张小床却收拾得干干净净,床单铺得整整齐齐。张宝川跟我说,现在他最大的希望就是娃娃过得能比自己好,能有出息,所以家访员第一次来,他们全家就特别支持。对于家访早教项目的到来,他们的迎接仿佛是一种仪式,充满尊重、珍惜。但是,这样深的山沟,这样的家庭,孩子要走出去,何其艰难。感谢教育,让他们心存一束希望的火种。

二、媒体真的是有力量的

2019 年 6 月,在我怀二胎的时候,我从南方一位媒体朋友处得到了一个关于二手车消费市场的新闻线索。之前对二手车市场完全处于"小白"状态的我,在潜入有着近 500 人的维权群后,觉得这是一个非常难得的新闻线索。于是,我从了解二手车市场开始,联系二手车维权群里的消费者,梳理大家在购买二手车过程中踩过的"坑",发现很多消费者从一个叫作"瓜子二手车”的平台上购买车辆时,都遭遇了“检测报告造假”“购买到的车辆‘货不对板’”等情况。而最让消费者感到气愤的,还是维权无门、无果的无奈。在捋清采访思路后,我开始联系愿意出来接受采访的消费者进行拍摄,同时收集消费者购车合同、与“瓜子二手车”沟通的电话录音等证据,确保报道全面、客观、平衡。而为了能够印证消费者的说辞,我在怀孕六个多月的情况下,和消费者一起,到“瓜子二手车”的北京销售总部进行暗访。在暗访过程中,我们对“瓜子二手车”的检测报告权威性、售后服务部门的地点等消费者关心的问题,跟销售人员进行了沟通。而恰恰是这次暗访,我发现无论二手车的销售人员还是客服人员,都对售后部门的地址含糊其词,甚至在追问下表示总部要求客服人员不得提供售后服务部门的地址。经过两个多月的前期准备,我开始着手后期制作。在这个过程中,领导和前辈记者给予了很多无私帮助,从稿件的逻辑到证据链的梳理,力求每一个环节不出纰漏。没想到的是,节目播出的当晚到次日白天,就引发了大量网友的二次传播和反馈,随后话题发酵。第二天一早,“瓜子二手车”也通过同事联系到我,更在次日晚上发来诚恳整改信,承诺在三天之内100%解决用户问题,并推出五大整改措施。更让我没有想到的是,随着消费者的问题被解决,维权群里不仅有消费者对我和频道发来感谢信,还集体送来锦旗表示感谢。这让我真切地感受到,新闻真的是有力量的。

2020年7月,我刚刚休完产假回归报道一线,正值新冠肺炎疫情导致在线教育行业火爆之时。在与一些家长交流时我发现,不少在线教育机构存在网课质量不高、家长退费难维权难的问题。我和摄像石鹏,在深入调查采访后,制作了《教育培训乱象:迟到黑屏玩手机 网课老师“不在线”》《17岁成外教 教学经验成谜》《客户百般推诿 家长遭遇维权难》一组报道,在7月29日《经济信息联播》播出,随后30日《第一时间》《天下财经》等栏目滚动重播,聚焦了网课教师不负责任、师资混乱、家长退费难维权难等痛点。节目播出后,在线教育机构迫于持续的舆论压力,退还了家长们少则2万元多则10多万元的课时费,家长维权成功。原本维权无门的家长,给财经资讯组发来感谢信,以及“心系百姓 为民解忧”的锦旗。

2021年4月，我再次关注教育问题。面向全国中小学生举办的“叶圣陶杯华人青少年作文大赛”，被曝出有花钱保奖的内幕，导致比赛结果不公。我随后联系到相关家长，并暗访相关机构，进行了抽丝剥茧的调查。最后，“山寨‘叶圣陶杯’调查”一组报道在4月14日《经济信息联播》播出，随后引发社会强烈反响。北京市朝阳区教委、国家市场监督管理总局等多部门随后介入调查，查封了该比赛的举办机构。在比赛中受到不公待遇的学生家长，为感谢我特送来锦旗：“铁肩道义本四力 妙手文章源初心”。

三、从“用工”感受经济脉动

此外，作为一名财经记者，我还特意加强自己财经新闻的采制。作为没有任何财经学科背景的记者，如何把财经新闻做得既专业又有电视性，一直是我努力的方向。这几年，我一直聚焦“用工”“就业”的话题，锁定近年来用工改变较大的制造业和服务业，进行持续关注和调查。

不到新闻一线，你永远不知道真实情况。还记得2018年底，浙江的一座小城嵊州，那里不仅有传统的纺织业，更是近年来发展迅速的集成灶主产地。就在一个从纺织业起家的企业里，我看到因为招不到工，几百平方米的车间空置，机器落满灰尘。年轻的企业继承人力图通过升级产线改变招工难题，建立的智能化车间却因为招不到懂智能化机器的工人，导致无论工人培训还是机器维修，都受制于国外技术人员。招工难，并不仅仅是工人短缺的问题，而是结构性矛盾。人才的培养远远落后于实践，让一些工厂招不到工，一些专业的毕业生找工作难。其中的原因值得“产”“学”“研”多方人士思考。在采访现场，我的脑海里就已经拟好了“招工难 机器‘睡大觉’ 车间变仓库”“升级产线容易 升级工人谈何容易”这样的新闻标题。

出差回到北京，在年初气温接近-20℃的那几天里，我又开始了关于服务业的用工调查。天气虽冷，但在一场家政服务人员的双选会上，我们的镜头却捕捉到了消费者急吼吼“抢”保姆的现场：一个经过专业培训的家政人员，在年底的时薪可能会达到60块钱，如果再有点儿幼师或者医护背景，那么在家政市场上，则很容易成为抢手的“香饽饽”。除了需求增加，服务业从业人员“回流”到二三线城市就业、创业也成为一种趋势。这让年底部分服务行业的“用工难”问题更为突出。在这个迅猛转型的社会，或许不少大学毕业生还在抱怨每个月的工资不够付房租，但是，随着用工结构转型，曾经被人看不起的职业，却成了就业市场里的“黑马”，拿到了体面的收入。两组调查播出之后，我更加深刻地感受到，只有深入一线，才能真正感受到经济脉动，才能通过一个个人物故事，记录下社会正在发生的改变。

四、好的新闻，就是见人见事见内心

在做新闻的时候，我总是喜欢讲述人物故事。我总认为，再大的经济政策，再宏观的经济数据，总会在每一个人的身上衍生出不同的故事。在北京市出台鼓励养老人才发展新规后，我做了《留住青春养老人》一组报道，关注了养老专业的学生为啥不愿从事养老行业；往年的“双十一”特别节目，我做了《老年人网购：也有欢喜也有忧》，聚焦狂欢之下老年人的心声；《“老司机”将上路》一组节目，我关注了“70 岁以上的老人也能考驾照”的新规。我多次到驾校踩点，一遍又一遍地沟通寻找典型案例，最终播出了《有刚需能圆梦 驾培市场迎 70 + 学员》《新学员新特点 驾培市场面临新考验》《老人自信 儿女担心 有了驾照真能驾车吗》一组报道。报道播出后的第二天，不仅我所在的 CCTV 2 财经频道全天重播，CCTV 13 新闻频道也全天滚动播出，更有一些老年人给我发来微信，感谢我的报道说出了他们的心声。

谷艳东专访拼多多创始人黄峥

做记者这些年，我总体的感受就是一个字：累。还记得刚刚休完产假回归工作时，要适应工作节奏又惦记孩子的复杂心情；还记得在采访地点到处寻找母婴室的焦虑;还记得要一边做片子赶播出、一边定点泵奶的压力。但时至今日,写下这些文字,回望过去十年,我依旧感到幸运。虽然自己已经是两个孩子的妈妈,但是依旧保有对新闻记者这份工作的热爱,依旧在采访的路上。何其有幸,从事了自己从小就一直向往的工作,一次次的新闻报道,让我见识了这个世界的多面,认识了多面的世界。

感谢母校,给了我专业的知识,更让我坚定了对新闻工作长久以来的热爱和坚持。希望自己不忘初心,依旧简单生活、快乐工作。

在上海　看中国　观世界

◎ 杨　臻*

提笔写下这篇文章的时候，我刚刚完成第四届中国国际进口博览会全媒体直播特别报道，这也是我第四年参与进博会的直播报道。

从 2018 年开始，进博会每年 11 月在上海如期举办，即使新冠肺炎疫情仍未散去，世界经济在艰难中复苏。作为全球第一个以进口为主题的国家级展会，进博会让世界看到了中国扩大开放的坚定决心，也见证了中国与世界分享发展机遇的一系列重大举措的坚实落地。

与往年不同，今年我第一次没有以“记者”的身份出现在镜头前，而是化身“版主”，肩负起了进博会“集成电路专区”的一小时直播版面。从前期策划、摸排参展企业情况，到撰写新闻背景片、设置连线点位和直播访谈，再到对接每位连线记者和嘉宾，在一个小时的直播时段内，我们向观众展现了目前全球最尖端的集成电路产品和技术，思考中国集成电路产业与世界先进水平的差距，探讨中国如何攻坚突围、弯道超车。

可喜的是，从业近十年，这样一份工作，仍然能够让我保持对新闻的热

---

* 中国传媒大学 2010 级国际新闻传播硕士班毕业生，2012 年入职上海广播电视台，现任融媒体中心新闻专题部主任编辑（副高级职称）、东方卫视新闻时评栏目《今晚》责任编辑。历任新闻专题栏目《1/7》编导、深度报道记者、上海广播电视台驻台湾记者站首任记者、第五届上海市广播电视协会理事。除日常节目外，多次参与策划和报道中国国际进口博览会全媒体直播特别报道、庆祝中国共产党成立 100 周年全媒体直播特别报道、全国两会《问政中国》特别报道、《全力抗击新型冠状病毒肺炎疫情特别报道》等重大报道任务，所做报道多次荣获中国人大新闻奖、上海新闻奖、上海广播电视奖等国家与省市级奖项。

情，以及不断学习、挑战的动力和勇气，一如我刚入台时那般。

杨臻在第四届进博会采访报道

一、认识有多深，呈现才有多深

“我去《1/7》吧！”

2013年初，我们这批新入台的员工，刚刚结束为期半年的轮岗，即将投入“真刀真枪”的新闻一线。在中心领导询问大家定岗意向时，我将深思熟虑的想法表达了出来。

《1/7》是上海电视台老牌新闻专题周播栏目，栏目通过深入现场的调查和走访，展现时代进程中的重大事件、社会现象和热点人物。对于我这样的新人来说，一上手就是这样的深度调查栏目，确实“压力山大”。但是初生牛犊不怕虎，当时的我就是想做和“条播消息”不一样的报道，挑战一下自己可能“hold”不住的内容。

然而，真正实操起来才发现，刚毕业的我除了课本及课外读物的积累，对中国社会的了解异常缺乏，散发着一股“学生气”，随时可能被采访对象“忽悠”。那时的我时常感叹，连各种社会“现象”都没看清，又谈何做到“透过现象看本质”呢？

接下来的五年里，《1/7》中那些资历深、业务强、有着敏锐社会洞察力和现场突破能力的老编导、老记者，成为我学习和对标的榜样。而每一个选题、每一个现场、每一个采访对象，也帮助我迅速了解了不同地域的风土人情、不同人群的所思所想、当下中国老百姓关注的热点焦点，以及中国社会的痛点与难点。

从学校踏入社会，在《1/7》的五年是我迅速成长的五年，这其中不仅包括对采写编播各种新闻业务的锻炼，也包括对我们所在的社会、国家的深切感知。五年来，我采制的新闻专题片近百部，足迹遍布祖国大江南北，采访对象涵盖部委领导、专家学者、知名企业家、贫困村民、代孕妈妈、艾滋病感染者、同性恋群体等不计其数。选题涉及校园投毒案、“盲井案”、儿童网游暗藏色情交易等舆论监督类话题，也有校园欺凌、都市单身潮、失独老人、儿童性教育等社会现象的解析，还有国家精准扶贫、上海自贸区建设、长三角一体化等主题类报道的聚焦……其中，有8部电视专题片获国家级奖项，4部获省市级奖项，13部获台及中心奖项。

杨臻在《1/7》时期工作照

2015年夏，我获得台里的驻站机会，成为中心首个派驻台湾的记者，有了深入了解我国台湾地区党派争斗、城市建设、文创发展、老字号经营等方面的宝贵机会。这些经历不仅丰富了我的认知，也为我今后的新闻工作打下了更坚实的基础。

“坚守国家立场，发出中国声音”，国新班的班训犹在耳畔。如何将这句话落到实处，我认为关键在于实践。倘若我们对自己的国家都一知半解，又如何向世界介绍一个生动、全面的中国呢？所以，我们首先需要把自己“扔”到新闻现场，通过在基层与当事人交流，对各类社会现象进行解析，建立起对自己国家的深刻认知。这样，在与西方记者“短兵相接”的国际舆论场上，我们才能自己来定义“中国发生了什么”，我们才能凭借自己的所思所想指出他们的逻辑漏洞，我们才能用生动的事实和数据向世界讲好中国故事。

二、讲求传播策略，发出中国声音

2018 年底，我从《1/7》栏目调至一档即将在 2019 年元旦开播的新栏目《今晚 60 分》（现名《今晚》）任责任编辑，负责节目策划、撰写和直播流程的把控。这档节目每周一到周五晚间在东方卫视播出，节目选题与《1/7》差别很大，它关注的主要是时政、外交、军事、国际类话题，通过连线各地嘉宾对国内外焦点事件展开评论，力图打造具有国际视野的新闻时评栏目。而这也成为我们展现中国形象、发出中国声音的重要平台。

1. 快速反应，驳斥谬论

由于大量接触国内外媒体报道，我们发现，中国的崛起让某些国家颇感焦虑，他们大肆渲染“中国威胁论”，用特有的“灰黑滤镜”看待中国的一切。而那些标榜“独立自由”的媒体，也出奇一致地与官方话语协同发力，极力把中国描述和塑造成一个“富有侵略性的社会主义国家”，以此来为某些国家遏制中国提供所谓的“正当”理由。

在面对这样的舆论环境时，中国媒体首先要做的就是快速反应，对抹黑言论予以坚决回击，不给谬论大肆传播的机会。《今晚》开播三年来，不管是面对所谓的“南海自由航行”、对台军售、无理打压中国企业，还是所谓的“武汉病毒”“香港警察暴力执法”等事件，均在第一时间快速反应，通过展现外交部、国防部、国台办的最新表态，通过引用事实和数据，通过连线国际问题专家学者，批驳不实言论，并指出这些言论背后的险恶意图和用心。

除了日常节目，我们还策划了《中美观察》《香港观察》《与世界对话》《世界看两会》等特别报道，关注站在十字路口的中美关系何去何从，探究香港“修例风波”的起因以及香港国安法的落地,对话全球嘉宾了解世界如何看待中国的发展和崛起,相关内容多次获得上海新闻奖、上海广播电视奖及上海市委宣传部表扬。

2. 传播方式更具“人情味”

我们注意到,除了以特定立场报道中国外,西方媒体还特别注重报道策略,“大玩文字游戏”就是他们的一贯伎俩。比如在他们的报道中看不到台湾对中华人民共和国的从属关系和历史事实,通常都是将“中国”与“台湾”直接并列,并对蔡英文用“总统”来指称,造成“两个国家”的错误印象。一些西方政要在官方场合经常用所谓的“一个中国政策”来阐述两岸关系,这也与国际公认的“一个中国原则”的内涵有着明显区别。

通过这些精心设计的表述方式,西方媒体潜移默化地为西方民众营造了“一中一台”的错误认知。而对一些所谓“异见者”,西方媒体更是不吝笔墨,大肆炒作。比如污蔑新疆存在所谓“人权问题”时,热衷于故事化的表述方式,广泛传播分裂分子家人声泪俱下的画面,博取观众同情,以此达到混淆视听、左右西方民众对中国认知的目的。

这些报道方式,也给我们的国际传播方式提了醒。在国际舆论场上,我们的表达方式可以更多元,除了义正词严的反击外,也可以多一些柔性话语,用人情味的故事,让西方观众将心比心,用生动的事实和案例让中国形象、中国声音,更加入耳入心。

《今晚》节目的实践,还有一个“优良传统”,那就是注重新闻的服务性。我们会站在观众的角度,用他们易懂的方式来讲述。比如,报道菲律宾总统杜特尔特访华,我们会及时对新闻事实进行总结提炼,让观众了解新闻事实和数据背后的重要意义——“这是他今年第二次访华,也是他上任以来第五次访问中国,而中国,已经成为杜特尔特出访次数最多的国家……”对于一些成就性报道,很少连篇累牍地照搬通稿,而是用类比方式,让数字更接地气。比如,讲到中国的脱贫成就,我们这样陈述:“9899 万人,这是 2012 年中国农村贫困人口的数字,如果参与世界各国人口排名,可以排进前20。然而仅仅用了 8 年,这一数字就变成了 0。与之相伴的,还有 12.8 万个贫困村出列，832 个贫困县摘帽，平均每年 1000 多万人脱贫，相当于每年让一个中等国家的人口脱贫……”记者、编辑通过自己的理解，围绕一个重点，把新闻讲述出来，而不是直接“省事”地把政府公告搬进新闻报道中，让报道更具有独特性。

3. 重视地方及新媒体的力量

目前，肩负国际传播重任的主要是中央级媒体，它们在建构、改善和提升中国国际认同力等方面不懈努力，作出了重要贡献。然而，不容回避的是，西方国家别有用心地给我国的央媒贴上“宣传”标签，不断弱化它们的公信力，以至于有的时候我们还没开口，西方观众一看发布媒体，就对报道的可信度打上了问号。在这种情况下，地方媒体和新媒体或许可以发挥更大的作用。

《今晚》节目主要面向的是国内受众，但我们也发现，通过 YouTube 东方卫视官方频道，不少外国网友和海外华人也会关注我们。而东方卫视的早、中、晚、夜四档新闻，以及《这就是中国》也定期在该频道更新，一定程度上形成了对外传播的矩阵。此外，上海作为外国人心目中认知度和喜爱度较高的中国城市，上海外语频道 ICS 及其相关新媒体账号、国际部制作的《环球交叉点》等栏目，多年来也深受海外观众和网友的欢迎。

杨臻在《今晚》时期工作照

值得注意的是,近年来,除了传统媒体渠道,一些自媒体人也在展现中国形象、传播中国文化方面发挥了积极作用。比如李子柒靠发布在中国乡村的生活与美食,在海外社交平台成功“出圈”。2021 年 1 月,李子柒甚至以 1410 万的订阅量,再次刷新了由自己创下的“最多订阅量的 YouTube 中文频道”吉尼斯世界纪录。而最近,我也看到一些中国留学生在欧洲、澳大利亚等地街头,通过弹奏古筝,引起了很多国外民众的围观和兴趣,她们也成为传播中国文化的民间使者。

展现中国形象、发出中国声音,媒体可以有所作为,我们每一个人亦可成为传播中国的主体。构建与中国实力相匹配的国际话语体系,不妨调动多方积极力量,相信人民,依靠人民,形成不同层面、优势互补的传播合力。

三、加强国际传播人才培养

国际传播中,人才是核心。大学的学习犹如植物生长,打好根基才能茁壮成长,学校里的每一步积累,都为日后打下了坚实的基础。

转眼间,我已从中国传媒大学毕业近十年。回首来时路,国新班的培养让我受益至今。王晓红老师的短视频课程、曾祥敏老师的结构电视新闻节目的方法等,这些内容,我在现在的日常报道中仍然践行着。而英语写作课、国际关系课、国情讲座等,也帮助我们构建了一个国际传播人应有的知识结构。

如果要给国新班的课程和师弟师妹们的大学学习提建议的话,我有几点不成熟的提议,仅供大家参考。

首先,作为一个新闻从业者,基本的新闻业务能力要扎实,建议师弟师妹们在学校中要加强实操课程学习,培养实际动手能力,这其中,尤其要锻炼采访能力、讲故事的能力、写作能力,成为一个敢表达、善表达的新闻人。“艺多不压身”,在如今的融合传播时代,我们会的技能越多,在各式各样的新闻现场也就越游刃有余。师弟师妹们在学校里、在实习中可以有意识地多学点儿新知识、新技能,努力成为一个采写编播样样精通,做得了电视报道，写得了新闻特稿，也搞得了短视频、Vlog、小屏直播的融媒人。

其次，除了新闻业务外，建议多补充一些其他学科的知识。媒体的新闻报道，记者要“分口”，不同栏目也各有特点和选题侧重。如果对社会新闻感兴趣，可以多学点儿法律方面的专业知识；对国际新闻感兴趣，可以深入了解国际关系的相关课程内容；对专业性更强的领域，如经济、医疗等题材感兴趣的，更需要打好专业知识根基。

此外，学校的课程设置上，可以适当将一些“授课类”内容转变为“课题类”研究，让学生自己去调研、分析，得出结论，这会比老师直接讲更有参与感和获得感。比如国际关系类课程，可以设置一些“欧洲能源危机和北溪2号的关系”“伊核协议如何重启谈判”“巴以冲突的成因”等课题，结合时下新闻热点，让学生收集、整理资料，甚至制作相关的专题节目。通过这种方式，增进学生对相关知识的深入了解，增强他们对新闻与学科知识、国际格局的关系的把握。

随着我们国家日益强大，中国正在为全球的发展注入正能量和新活力，中国声音也已成为这个世界不可回避的表达。我们新闻人愿在岗位继续坚守、探索，并欢迎更多有志青年加入，共同坚守国家立场，发出中国声音，展示真实、立体、全面的中国，塑造可信、可爱、可敬的中国形象。

梦想从这里出发

◎ 关伟娜*

有一句话叫作“不要因为走得太远而忘记为什么出发”,出发的原因很重要,出发的原点也很重要。借这篇拙文,与师弟师妹们分享一下我在国新班的学习和生活。

2021 年是我从电视学院毕业的第四年。作为一名本科起就在这里就读,并完成七年学业的毕业生,我无比怀念在学校那段宝贵的时光。现在我的身份是中央广播电视总台《晚间新闻》的一名编辑。从事电视工作对我来说既是情理之中,也是意料之外。2017 年,刚刚毕业的我来到了央视新闻中心,成为一名新闻一线工作者,在国新班的学习经历为我从事现在的工作打下了坚实的基础。

《晚间新闻》是一档每晚 10 点播出的直播新闻节目,这意味着我们的工作时间很“与众不同”,而作为一名新闻的后期编辑,承担着节目的策划、约采、编辑、录制等各个环节的工作任务。前期记者们全力奔赴一个个新闻现场,采访一位位新闻人物,身处后方的我们则决定着节目最终呈现的效果和质量。在看不见的地方,我们同样在与时间赛跑,为每一个细节的准确性“吹毛求疵”。

新闻编辑与新闻现场保持着一定的距离,怎样与记者配合好,充分调动

---

* 中国传媒大学 2014 级国际新闻传播硕士班毕业生,现就职于中央广播电视总台新闻中心,是中央广播电视总台《晚间新闻》的编辑。获 2020 年度中央广播电视总台优秀作品一等奖、第三十一届中国新闻奖电视新闻节目编排一等奖。

记者的积极性,采到节目最需要的内容是一项考验。2019 年底,作为刚刚入职两年的新人,我承担了一期《新闻联播》头条节目的制作。在时间紧任务重的情况下,我和同事们用了六天五夜的时间,紧张制作了《新闻联播》特别节目《我们的 2019》的开篇——《"娃娃书记"肖晗:奋斗的青春在扶贫》,收获了较好的反响。对于我个人来说,这是一个"90 后"讲述"90 后"的故事,采访对象是长了一张娃娃脸的"90 后"扶贫书记,承担拍摄任务的是四川凉山台的"90 后"记者,而我是第一次承担如此重任的"90 后"编辑。采访对象位于扶贫任务艰巨的大凉山腹地昭觉县,整个联系采访只能通过电话和微信,拍摄内容也需要反复确认沟通,而拍摄的准备时间又非常有限。我的采访对象肖晗,从没有信号的大山里走访回来,晚上 10 点多还坚持给我们自拍视频,他的身上有着无数个驻村第一书记的缩影。凉山台的记者和摄像们,在寒冬里两次奔波拍摄,毫无怨言。这些都成为我坚持下去做好这期节目的动力。和其他的采访经历都不同,这一次,我是从同龄人的身上受到了鼓舞,主人公肖晗作为一名"90 后",能扎根农村,带领村民成功脱贫,实为不易。他在采访中说道,"做一件事情就应该有始有终","要务实、要去做"。所以在这期节目的制作过程中,我也抱着一份"要务实""要有始有终"的决心去努力,与同事一遍一遍地打磨稿件,精益求精,在近一周的节目赶制期间,克服一切困难,发挥一切能动性去把节目做好。过程是苦涩的,但先苦后甜,这期节目不仅作为《我们的 2019》系列的开篇,而且被放在了《新闻联播》头条的重要位置,体现了国家媒体对当代年轻人的关注。节目还创新了报道形式,首次融入主人公多个段落的自拍和自述,多处以第一人称的口吻讲述了"90 后"年轻人的奋斗故事。

挖掘典型的人物故事是电视工作中常见的内容,此外,在新闻节目中,社会热点、舆论监督也是我们关注的重点。然而舆论监督类的报道通常建立在记者调查的基础上,后期编辑如果想在前期调查欠缺的情况下做此类节目,其实是很困难的。

《餐饮浪费 如何制止》是我和同事在 2020 年 8 月 11 日制作的舆论监督报道。这个报道在 24 小时内冲上新浪微博热搜第二名,至今共获得 13.7

亿多人次阅读量,12.6 万多名网友参与讨论。这个报道的选题和创意是怎么来的呢?

2020 年 8 月 11 日中午 12 点 40 分左右,全网推送了习近平总书记的重要指示:“坚决制止餐饮浪费行为,切实培养节约习惯,在全社会营造浪费可耻节约为荣的氛围。”栏目很快将这一选题确定为当天的报道重点。作为值班编辑,在接到当天的选题任务后,我与另一位编辑分工合作,赶紧着手准备节目素材,向总台各记者站和各省级地方台发出约采信息。前方反应迅速,到下午 3 点报题会前,已经派出多路采访记者进行采访。但很快我们发现,在各地的采访中,餐后“打包”似乎已经成了常态,餐饮浪费的现象也并不突出,是否还有我们习以为常没注意到的浪费现象呢?于是,在一遍遍的讨论和头脑风暴中,互联网短视频中的浪费成了我们关注的焦点。

互联网短视频兴起后,“草根”直播各显神通,但大河之来,泥沙俱下,其中就包括“吃播主播”。有人看似纤细苗条,却拥有饕餮胃口;有人用巨大的铁锅一次煮一整只羊,或者做出一个直径超过一米的巨大汉堡……这类视频,打的是猎奇牌、反常牌。但实际上,一些看似很能吃的主播,只不过是借助剪辑手段“假吃”,已经吃下去的,还要用催吐的方式吐掉。换言之,他们提供给受众的是虚假的信息,甚至很可能会对一些青少年产生价值观、食品消费观的严重误导。因此,我们决定,在反映当前餐饮浪费现象中,要把许多人曾经熟视无睹的“大胃王吃播”作为浪费现象的典型案例重点指出。

作为新闻编辑,需要具备洞察社会现象的能力,在习以为常的社会现象中发现问题。有了发现力,才有执行力。一旦编辑意图确立无疑,剩下的就是盘整资源。在短短不到 7 个小时的时间内,我们做了以下几件事:(1)发出新媒体征集令,通过网络投票,征集网友对如何避免浪费的意见。(2)收集权威数据。(3)采访权威专家,有效增强节目的权威性和说服力。(4)梳理党的十八大以来的反浪费举措。(5)寻找他山之石,整理法国、意大利等国的措施,证明全球正掀起一股反食品浪费的立法浪潮。

通过团队的高效协作,我们在 8 月 11 日当晚的《晚间新闻》中播出了这一组近 10 分钟的舆论监督报道。节目播出后,在大小屏形成持久热门话题,获得了大量网友的支持和点赞。这篇报道的影响力不仅限于此。节目播出后第二天,快手、抖音、斗鱼等多家网络直播平台将“大胃王吃播”短视频陆续下架,对违规者永久封号,不予解封。节目播出后大约一个月,全国人大常委会启动反食品浪费专题调研;2020 年 12 月 22 日,《中华人民共和国反食品浪费法(草案)》针对“大胃王吃播”以及涉嫌粮食浪费的音视频,首次从立法角度提出了治理之策;8 个月后,2021 年 4 月 29 日,我国第一部反食品浪费法开始施行,明确将严惩“大胃王吃播”行为,制作发布传播暴饮暴食视频节目者,最高罚 10 万元。

影响力来自采编力,而采编力这种媒体行动力来自长期的训练和积淀。回想国新班在校期间,我也经历了大大小小许多这样的专业训练。通过参与国新班品牌英语新闻节目《新闻八通线》,我对一档节目的策划、采访、制作有了全方位的了解。在老师们的指导下,曾经青涩的同学们带着对校园周边生活的好奇、观察和思考,进行新闻的采访拍摄,并发挥国新班的外语优势,制作成全英文的新闻节目。学院为国新班提供的演播室、剪辑机房、高清摄像机等专业设备为我们提供了最有力的支持和保障。

国新班国情教育讲座也是就读期间的美好回忆。讲座期间,我们每天早上 6 点起床,6 点 45 分出发,从东五环到中关村,在中国人民大学的校园里共聆听了十六场精彩的国情教育讲座,涉及国家内政外交的方方面面。通过两个月的学习,我们得以与国家各个领域最权威的专家面对面交流,我和其他同学对我国国情有了更加深刻的了解与认识。这对于我从事现在的新闻工作也格外有益,让我能够从更加宏观的视角去把握新闻选题,从国情的角度去理解国家推出的各项改革举措,更好地为观众提供权威专业的政策解读。

2016 年的暑期国情教育实践,我和同学们来到了河南兰考进行参观考察,与农户同吃同住同劳动,并积极走访了解兰考脱贫实况。我还记得自己曾在农户自家的鸭棚里出镜,报道当地农民脱贫增收的故事。基层脱贫攻坚工作的努力给我留下了深刻印象,作为传媒学子,我们有机会真正走进乡村,走近田间地头,真切地感受祖国大地上正在发生的改变。走上工作岗位之后,恰逢脱贫攻坚收官之年,一个个曾经的贫困县脱贫"摘帽",我也参与了一系列与"脱贫"成就相关的报道,从扶贫书记的朋友圈,到悬崖村的新生活,再到"90后"的"娃娃书记"肖晗,用不同的方式讲述生动的脱贫故事,反映中国在减除贫困方面取得的伟大成就。

国情讲座、专业实践、暑期实践,这些属于国新班特色的教学实践活动让我的研究生三年生活格外充实,也和国新班的同学们留下了许多难忘的回忆。除此之外,在国新班就读期间,我的另一大收获就是一群真挚的同门。研究生导师曾祥敏老师格外支持和鼓励我们的个人发展,每个星期,曾门的小伙伴们都会聚在一起参加"导师会",一起交流彼此感兴趣的媒介前沿知识、短片和话题,共同学习进步。直到现在,毕业多年,曾老师依然关注着我们的成长,为我们的每一次进步喝彩,为我们工作中遇到的问题解惑。

回忆国新班生活的点点滴滴,犹如重新翻看曾经爱不释手的书页。从这里出发,带着满满的收获和积累,走上新闻传播工作的一线,我也为自己是国新学子的一员感到荣幸。无论从事的是国际新闻传播还是新闻舆论工作,我想都需要持续深耕,才能厚积薄发,推陈出新。带着国新班的印记努力成长,成为一名优秀新闻工作者,才能担负起引导社会舆论、捍卫核心价值观、推动社会发展与进步的历史使命。

转身之后，我开始了新的远行

◎ 李俞辉*

2015 年 9 月，我如愿成为中国传媒大学国新班的一员。

在那之前，我是南方小城的一名普通公务员。

转身之后，我便开始了新的远行——

一、走出去：成为孔院志愿者

在中国传媒大学电视学院的支持下，我在研二期间有幸远赴荷兰，在与我校共建的格罗宁根孔子学院担任志愿者。首次走出国门，一切对我来说都是新鲜的。近一年时间里，我负责孔院的新闻宣传工作：活动策划、采访、写稿、摄影、视频拍摄制作、社交媒体运营等。此外，我还给孔子课堂的小学生上文化课，参与展示中国文化的文艺演出。

我所在的格罗宁根孔子学院曾荣获“全球先进孔子学院”称号，在荷兰享有很高的声誉，成为中荷两国文化交流的重要平台。我和同事们曾组织“Understanding China”系列网络研讨会，邀请中国与荷兰各领域专家与网友

---

* 中国传媒大学 2015 级国际新闻传播硕士班毕业生，现为新华通讯社音视频部第一工作组编辑、周播栏目《习近平讲述的故事》主创成员。《习近平讲述的故事》荣获 2020 年度新华通讯社社级好稿。多年深耕总书记报道，曾参与总书记国内考察、全国两会、亚洲文明对话大会等多项重大报道，担任编导的《青春永恒》《赤焰先声》《H5 互动产品：走，看世界遗产去！》《创意沙画：总书记引用的劝学古语》等作品全网置顶推送，多部作品获新华通讯社社级优秀新闻作品、新华通讯社“清新文风”佳作等奖项。

李俞辉在荷兰采访当地孔子课堂校长

李俞辉给荷兰当地中学生介绍中国文化

互动交流;通过孔院自办的英文杂志 *Global China Insights*,向西方民众全面介绍中国;在孔院官方社交媒体平台及时发布课程与活动资讯,展示中国语言文化趣味知识,让更多人了解中国,并参与到中西文化交流中来。

在荷兰,我接触到了很多不同国家、不同职业和教育背景的人,他们的面孔和故事让我至今难忘。孔院有一名来自埃塞俄比亚的学生,中文名叫“吴安达”,中文发音标准,学习悟性很高。吴安达到过中国两次,在交谈中,我发现在很多方面,他比我更了解中国。作为一名经济学博士,他对中国经济研究颇深,希望毕业后到中国工作,同时将中国的发展经验带回祖国。后来,我把他的故事拍成了短片,在脸书、推特发布后获得了很好的反响,我们也成了好朋友。

如何讲好中国故事?什么是中国故事?通过与吴安达的交流,我发现其实他的故事就是一种“中国故事”。一个非洲年轻人喜爱博大精深的中国文化,感叹于中国社会经济的飞速发展,努力提升中文水平,学习中国发展经验,这些元素融合在一起,就是一个值得传播的好故事。

二、走下去:报道脱贫攻坚一线

2018 年 7 月,毕业后的我进入新华社音视频部工作。按照社里的规定,入社后工作满一年的新员工,将被安排到各地方分社学习锻炼。2019 年 11 月,我来到广西,开始了为期一年的记者生活。

广西是全国脱贫攻坚战的主战场之一,尤其是在喀斯特地貌的大石山区,土地贫瘠,水源缺乏,一度基础设施落后,群众生产生活条件异常艰苦。然而,在国家一系列扶贫政策的支持下,曾经穷困闭塞的山乡发生了巨变。

如我一样,很多生活在城市里的人们,很难想象贫困村百姓的生活有多苦,难以体会他们经历"一步跨千年"后的心情。记者是大众身体的延伸——是双脚,替你跋山涉水,挺进丛林深处;是眼睛,代你发现风景,洞察喜怒哀乐。我心里想,一定要走下去!下到基层去,才能感知滚烫的脱贫攻坚故事。

李俞辉在广西百色采访拍摄致富带头人

李俞辉在广西百色报道脱贫攻坚

我曾两次来到都安瑶族自治县隆福乡龙母屯,见证这个贫困发生率94.3%的"老牌贫困村"在修路、通水、危房改造等方面的"中国速度"。我还去过大山深处的毛南族村寨,看到来自广东的支教老师用画笔打开孩子们的心灵,彰显粤桂协作扶贫的成效。在乐业县百坭村,我看到了"时代楷模"黄文秀生前的扶贫日记,村民们回忆起与文秀书记的点点滴滴,潸然泪下。在大化瑶族自治县,贫困户通过异地扶贫搬迁,在红水河畔安居乐业,踏歌起舞,点燃了新生活的烟火。在广西的一年,我拍摄制作了《毛南山乡暖心人》《达吽的"烟火"》《小村"工程哥"黄大气》等作品,用镜头对准一线的扶贫干部、普通村民,用影像记录下脱贫致富奔小康的时代画卷。

三、讲故事:见证一个栏目的成长

2019 年 7 月 1 日,新华社全新周播融媒体栏目《习近平讲述的故事》开播。栏目开播至今,已经播出 100 多期。作为主创人员,我负责策划、撰稿、出镜、剪辑等工作,全流程参与栏目制作。该栏目以习近平总书记提过的人物和事件为切口,通过记者实地探访、专家学者讲解、历史资料呈现等方式,挖掘故事背后的细节,延展故事内涵,从而深入解读习近平新时代中国特色社会主义思想。

"故事"是栏目名称中的关键词。在一个融合了出镜记者、解说、采访等叙述主体的短视频中,故事应该怎么讲?这是作为编导的我,在创作过程中一直摸索和思考的问题。

首先,寻找可以"讲故事"的物件,也就是故事关联的载体。在《甘将热血沃中华》中,我们开篇就以赵一曼生前给儿子写的最后一封信切入;制作《拉贝,永远被铭记的国际友人》这期节目时,我阅读了《拉贝日记》,从中挑选出最能反映残酷屠杀的直接证据;拍摄《英雄后卫 血战湘江》时,我在福建古田找到了中国工农红军历史上第一套正规军装。

其次,深入故事发生地,"遗址"也可以"讲故事"。《右玉:绿色接力 70 年》这期节目,讲的是山西右玉县委带领人民群众治沙造林的故事。我和同事辗转多地,在老城墙被风沙掩埋后的遗址,想象当年黄沙漫天的景象;在"杀虎口",仿佛看到当年"走西口"的浩荡队伍;在右玉县委旧址,重温当年县委植树造林的决心;在县委书记种下第一棵树的地方,品读"不毛之地"成为"塞上绿洲"的人间奇迹。

李俞辉在福建长汀采访红色教育讲解员

最后，故事可以由亲历者讲，由专家学者讲。在视频拍摄过程中，我与很多采访对象面对面，不仅有中国探月工程总设计师吴伟仁这样的科学家，也有福建普通的"连家船民"；有深入研究冯梦龙的地方学者，也有世代居住在漓江畔的老百姓。在他们的叙述中，我读懂了对历史的敬畏、对专业的尊重、对生活的热爱以及对苦难的思考。加入了他们的视角，故事变得更加丰满。

在两年多的栏目运营中，我和同事们逐步探索出了一套国家通讯社周播视频栏目的制作模式，从策划到签发，建立了较为成熟的制播流程。每期视频在新华社客户端和公众号、学习强国、众多网站和电视台播出，取得了良好的传播效果。经过团队的共同努力，《习近平讲述的故事》栏目被评为2020年度新华社社级优秀新闻作品。

四、多动脑：现场报道使巧劲

身为新闻工作者，我到过很多现场——经历了矿难、地震、疫情等突发事件，也报道过全国两会这样的国之大事。多动脑、行动快是在新闻现场冲锋的武器。2021年全国两会期间，我担任出镜记者，在大会、发布会、委员通道等重要议程结束后在现场做简短评述，同时还承担了与中国教育电视台的直播连线。

每项议程结束后，工作人员会很快清理现场，留给出镜记者在现场拍摄的时间不多，所以一定要"快"！这就需要记者在听会时做好记录，整理文稿，会后迅速录制并回传后方编辑部。在这个过程中，最重要的是在听的过程中，同步提炼重点和亮点。我总结的经验是：在众多信息中找到"共同点"。

在2021年全国两会的第三场委员通道中，委员们谈到了小微企业在疫情影响下实现复工复产、贵州黔东南州百姓的异地扶贫搬迁、西藏和平解放70年、新疆基础教育的发展等话题。我边听边记，发现大多数委员都在讲积极的变化、正面的影响。我脑海中突然闪现"新生"一词，于是决定用它串联

李俞辉在 2021 年全国两会做出镜报道

李俞辉在 2021 年全国两会期间与中国教育台主持人直播连线

起几位委员的发言，并且在结尾评述：像他们一样，政协委员们认真履行职责、积极献计献策，推动社会进步，也见证着国家发展。他们用自己的方式，推动着我们国家和民族收获“新生”。通过关键词提炼、委员发言内容概述、总结提升，传递了两会的好声音和正能量。

当然，记者在新闻现场的“快”都离不开日常的积累。特别是在全国两会这样的重大场合，对时政知识的储备、对国情民情的了解尤为重要。这让我回想起在国新班学习期间，每周的国情讲座都令我期待。来自政治、经济、外交等不同领域的专家，为我们全方位剖析当代中国，对于我们看问题的方式和站位，有很强的启发意义。

从 2015 年开始学习媒体、从事媒体工作，转眼已经六年了。成为一名媒体人，意味着有机会开始一次又一次远行。每次在旅途中，都有非同寻常的遇见，那些清晰可辨的面孔、五彩斑斓的风景，都会成为日后时常从心底浮现的印记。

习近平总书记在致中国记协成立 80 周年的贺信中提道：希望广大新闻工作者坚定“四个自信”，保持人民情怀，记录伟大时代，讲好中国故事，传播中国声音，唱响奋进凯歌，凝聚民族力量，为实现“两个一百年”奋斗目标、实现中华民族伟大复兴的中国梦不断作出新的更大的贡献！

未来，在媒体人这条道路上，我还会有更多的远行。保持好奇，用心感受，真诚记录，那些听到的、看到的、记录下来的，将成为珍贵的人生财富，更是沉甸甸的国家历史。

锤炼新闻本领，讲好中国故事

◎ 宋　晨*

一、认识我们脚下的土地，才能发现中国故事

在2016年刚进入国新班读书的时候，我经常会思考一个问题——作为一个在北京长大的孩子，我可以算是双脚不沾泥土的典型代表。那么对于我深爱着的这片土地，我又真正了解多少呢？

有时候同学们也会讨论，最后发现了许多个“不了解”——大城市长大的我们不了解乡村的生活，南北方的同学相互不了解对方的习惯，新时代的我们不了解艰苦年代的父母……

那么问题来了，如果我们是如此的“无知”，又何谈能做好新闻报道工作，把中国故事讲好呢？记得刚刚在中央电视台实习的时候，最让我发愁的就是“报选题”，除了对已有消息的“深入调研和开发”，我很难自己去发掘有深刻意义和社会价值的选题。

实习结束后，我带着这个问题找到了班主任赵希婧老师。她的一句话

---

* 中国传媒大学2016级国际新闻传播硕士班毕业生，2012级编辑出版学（新媒体编辑方向）本科生。2019年入职新华通讯社，现就职于新华通讯社国内编辑部。从2019年入职至今，参与了2019年庆祝中华人民共和国成立70周年大会系列报道、新华社《我们的新时代·字述2019》、抗击新冠肺炎疫情系列报道、民法典新媒体报道、庆祝中国共产党成立100周年系列报道、“燃灯校长”张桂梅系列报道、生物多样性保护COP15系列报道等项目。获得第三十届中国人大新闻奖网络作品新媒体一等奖、新华社社级好稿、部级好稿、新华社影响力好稿等奖项。

使我真正找到了突破的方向——“想要学好新闻,要读万卷书。想要做好新闻,更要行万里路”。其实我们不必去争论读书和实践谁更重要,因为可以确定的是,二者缺一不成,都不可偏废。

2021 年 10 月,宋晨(右)在云南省曲靖市潇湘生物群古化石开采现场进行考察

我到新华通讯社云南分社锻炼后的第一次基层采访,是和省残联到云南省文山壮族苗族自治州进行云南省残疾人脱贫攻坚调研。当时的脱贫攻坚工作已进入收尾阶段,我怀着喜悦的心情踏上了这次“旅程”,憧憬着走一走祖国大西南的名山大川,看一看让人眼前一亮的脱贫成果。让我从没想到的是,这一趟走下来,我根本“没心情”看名山大川,因为发生在这里的感人故事让我每一分每一秒都热泪盈眶。

给我印象最深的是文山州的西畴县,我人生第一次晕车就是在去往那里的路上,盘山公路九转十八弯,层峦叠嶂仿佛是这里的代名词。这片土地曾被外国专家判定为“基本失去人类生存条件的地方”。

就是在如此艰苦的地方,我遇到了张贵相。当她站在架子旁熟练地修剪着草莓时,脸上乐观的笑容丝毫看不出她曾经遭受的苦难。

2013 年的一天,她在带孩子到医院就医的路上发生了车祸,颈椎、脊椎部严重受伤,并因此落下了后遗症,生活一度陷入困境。“我不能倒下!”凭着这个信念,张贵相一边积极治疗,一边谋划创业。在县残联的帮助下,她租了 5 亩地开始种植草莓。受后遗症影响,她工作的时候蹲不下去,硬是跪着在田里坚持种草莓。

她告诉我,在这片土地上,大家都把“等不是办法,干才有希望”的西畴精神作为一种信仰。她坚信只要通过自己的努力,好日子总会到来。

除了“跪着种地站着做人”的张贵相,我还看到了肢体一级残疾、行动只能靠“爬”,却靠种香蕉、南瓜脱贫的刘立万;因强直性脊柱炎落下了残疾而行动不便,却利用电子商务创业,帮助乡亲们卖农产品的杨正跃;因患先天性白内障导致双眼失明,却培养了上百位徒弟,解决了他们就业的尹剑龙……于是我奋笔写下《决战决胜脱贫攻坚丨“等不是办法,干才有希望”——云南基层助残扶贫见闻》。该文被103家媒体采用,传播持续近一个月。

一路走来,我被这些残疾人奋发向上的故事感动得潸然泪下,彻夜难眠。原来我深爱的这片热土上,竟还有这么多可歌可泣的普通人,有这么多感人至深的中国故事!

二、掌握全媒融合报道方法，方能传播中国故事

习近平总书记早在2014年就提出:“推动传统媒体和新兴媒体融合发展,要遵循新闻传播规律和新兴媒体发展规律,强化互联网思维,坚持传统媒体和新兴媒体优势互补、一体发展,坚持先进技术为支撑、内容建设为根本,推动传统媒体和新兴媒体在内容、渠道、平台、经营、管理等方面的深度融合。”其核心思想就在于要把传统媒体和新媒体融合起来,更加全媒化、多样化地进行新闻报道。

我本科读的是中国传媒大学电视学院编辑出版学(新媒体编辑方向),虽然新媒体编辑是放在括号内的,但是“新媒体意识”却是每一位授课老师在四年间坚持贯彻的核心。这让我有了很好的新媒体“嗅觉”和新媒体制作本领。我本科的毕业作品就是用H5小程序制作的互动展示作品《太极》。

在国新班读硕士的时候,我的导师田维钢老师经常提醒我,既要学会新闻采访的本领,也要掌握新闻呈现的新形式、新技巧。他在一次导师课上对我说,新闻的导语从最初到现在的发展,其中的要素都会因为传播方式而发生变化,更不用说现在这个多媒体融合发展的年代。在平时的课程作业中,老师们更是鼓励我们多多进行全媒体的尝试。

2021 年 3 月，宋晨受到时任中共云南省委书记阮成发接见和表扬

这些新锐的意识和本领让我在日后的工作中显得“游刃有余”。2020 年 5 月，十三届全国人大三次会议审议通过了具有里程碑式意义的《中华人民共和国民法典》。负责该报道的领导同志认为如果单纯进行文字报道或者做法律条文的解析，老百姓可能会觉得稍显枯燥，甚至有很多人会不愿意去学习了解。而且在《民法典》还没通过之前，互联网上就出现了“民法典就是不让离婚”“高空抛物不分青红皂白，一栋楼的人都要承担责任”等诸多谣言。新华社应当承担起击破谣言、向民众科普《民法典》的责任。综合考虑，我们认为应该做一个通俗易懂、有趣引人的报道。

那么如何让略显枯燥的法律条文变成让受众快速了解接受的东西呢？最终我们在 H5 互动小游戏中找到了答案。我们团队首先确定的就是 H5 的形式，因为这种“年轻化”的呈现方法本身就是吸引年轻群体的“制胜法宝”。还有就是 H5 的互动性，能让大家以“玩”的方式进行沉浸式体验，从而更好地将晦涩难懂的法律条文融入我们生活的方方面面。再者就是 H5 特有的主线与支线结构，能做到每一条支线用较为“轻量化”的内容去透彻地解释一个法条。

最终我们决定以“一个虚拟人一生中碰到的大事”作为剧情环境，将《民法典》中与我们息息相关的法条，融入这个虚拟主人公的人生。玩家在扮演主人公进行选择之后，可以出现不同的结果，而这些结果恰恰带出了《民法典》中法律条文的解释。在不断的头脑风暴、融入许多趣味元素后，我们最终设计出了《民法典|人生大冲关》H5 小游戏，该作品获得第三十届中国人大新闻奖网络作品新媒体一等奖。

三、学习党的理论和精神，定能讲透中国故事

有些人认为,做好新闻报道的精髓是不断加强业务本领,在一定程度上忽视了学习党的理论和精神的重要性。殊不知,其实新闻业务本领与党的理论和精神是密不可分的。

习近平总书记在2016年党的新闻舆论工作座谈会上提出:“在新的时代条件下,党的新闻舆论工作的职责和使命是,高举旗帜、引领导向,围绕中心、服务大局,团结人民、鼓舞士气,成风化人、凝心聚力,澄清谬误、明辨是非,联接中外、沟通世界。要承担起这个职责和使命,坚持正确政治方向是第一位的。”

在国新班就读的时候,高晓虹老师和胡芳老师不止一次和我们强调及时学习并学好党的理论和精神的重要性。

首先我是用大块时间学习党史经典著作,因为党史学习是系统性的、逻辑性的。“学原文、读原著、悟原理”是我们学透党史,理解党的理论和精神的关键一步。2021年3月,我参加了中央宣讲团来滇的学习和报道活动。中央宣讲团成员张宏志提到了自己认真学习《论中国共产党历史》这本书,并称之为“用朴实的语言全面回顾了中国共产党百年奋斗的光辉历程和历史性贡献,充分解读了开展党史学习教育的重大意义”。我们在参观朱德故居的时候,张宏志老师非常有感触,他说自己看到朱老总的革命故事,又是一次新的洗礼,并引用了总书记在《讲好中国共产党故事》中的一句话:“努力从党走过的风云激荡的历史中,从党开创和不断推进的伟大事业中、从党全心全意为人民服务的根本宗旨和长期实践中,深化对党的信赖,坚定对党领导的信念。”

再比如,习近平总书记2020年在云南考察时提到的艾思奇和他的《大众哲学》,我没想到一看就入了迷。这本书给我最大的感受就是——用最贴近老百姓的话语讲明白深奥的哲学原理。

在腾冲艾思奇故居的采访中,因为对《大众哲学》的深入学习,我和艾

2019 年 10 月,宋晨在庆祝中华人民共和国成立 70 周年大会上向新华社社长何平(右二)、新华社国内部主任赵承(左二)等领导汇报工作

思奇宣讲团的叔叔伯伯们一下子拉近了采访距离,共同探讨了关于马克思主义哲学理论的通俗化的内容。

除了对于党的经典理论、大政方针不断学习之外,对于习近平总书记金句的叠增式学习也让我在新闻报道中收获颇丰。如 2016 年 10 月,习近平总书记在纪念红军长征胜利 80 周年大会上的讲话中说:"一部红军长征史,就是一部反映军民鱼水情深的历史。在湖南汝城县沙洲村,3 名女红军借宿徐解秀老人家中,临走时,把自己仅有的一床被子剪下一半给老人留下了。老人说,什么是共产党?共产党就是自己有一条被子,也要剪下半条给老百姓的人。"

2020 年 9 月,习近平总书记在湖南考察时,再次提起了半条被子的故事:"'半条被子'的故事让人民群众认识了共产党,把党当成自己人。正因为有人民群众支持和拥护,我们党才能走过辉煌历程,取得伟大成就……作为一名中国共产党员,我要不断接受教育、接受洗礼。我们党坚持为人民服务,不仅仅是一句口号,而是坚持不懈的实际行动。"

2021 年 6 月建党 100 周年系列报道中,宋晨(右四)于云南省昭通市扎西会议会址前合影

2021 年 4 月,我在保山、大理、丽江、怒江、迪庆等地做党史教育采访的时候,听到了许许多多关于红军的动人故事,

印象最深的是丽江一位90多岁的纳西族的老人拿出了红军送她的一床被子，虽然她讲方言，我不是每一句都能听得明白，但我能看出她满眼的光芒。翻译和我们讲，老人想表达的是，可能现在看起来一床被子不值什么钱，但红军过来的时候物资非常匮乏，借宿在她家，看到她家都是茅草房子的时候，为了表达对她家人的感谢，留下了这床被子，这在那个特殊的年代是非常慷慨的馈赠了，对她来说是这辈子最珍贵的礼物。

四、深化国际交流和思考，让世界爱上中国故事

深化国际交流，对新闻事件进行深入思考是做好国际新闻，让世界倾听中国故事的“必修课”。在国新班的国际交流实践中，我更加坚定了这一想法。记得胡芳老师在带领我们“国新班海外实践团”在法国高等记者学院学习时的开班讲话中说过，我们这一代人拥有更多的机会去了解世界的方方面面，在法国的交流学习既是为了让我们深入学习如何思考和报道好新闻，也是为了让我们在与西方媒体人的交流中了解以何种形式讲好中国故事。

我想讲一则小故事来佐证这两件事的重要性，它是2021年互联网的共同记忆，更是让世界对中国在生态保护方面竖起大拇指的一件事情——西双版纳野生亚洲象群回家。在2021年2月，我因为采访中科院西双版纳植物园“国际合作与高质量发展”论坛结识了西班牙裔研究员阿希姆萨（Jose Ahimsa Campos Arceiz）。在与他的深入交流中了解到，在西双版纳这个生物多样性王国里，对大象的保护尤其为外国所关注。大象远观起来是一种可爱的动物，但实际上如果它们离开保护区游荡，对当地居民的威胁很大。这种人象之间的冲突在非洲和东南亚地区的解决案例大多数并不理想，他认为中国目前的政策就是一种非常好的探索，作为媒体，我们应该持续关注并加以宣传。

阿希姆萨的建议引起了我们的重视。因为在我的固有认知里，大象应该是非常可爱的动物，它们和人类本就是那种亲密无间的伴侣和朋友。巧

的是,就在第二天,野象穿过河流,闯进了中科院西双版纳植物园。我和同行的两位同事跟随阿希姆萨一起,实地探访了当时野象路过的地方。被吃掉一半的玉米地和中科院试验田,小路上巨大的足迹和被拦腰截断的树干,让我第一次感受到大象巨大的破坏力。这些景象让我推翻了所有对于大象的片面印象,更促使我对于人象矛盾如何调和这一问题进行持续关注,去跟当地民众深入交流他们和大象的故事,比如许多傣族人是把大象视为神灵和图腾的,政府以前是如何对野生亚洲象进行监测的。

后来的事情大家最为津津乐道。原本栖息在云南西双版纳的15头野生亚洲象一路"象"北,经普洱市、玉溪市等地抵达昆明,后又转入玉溪市易门县活动,最后回归西双版纳自然保护区,其间行程几百公里。在中国政府和各方组织的努力下,整个过程未发生一起人象冲突事件,其中的保护故事和各种监测象群活动时拍摄的有趣视频引发全球关注。

正是2月和阿希姆萨的这次交流,让我了解到外国媒体所关注的生物生态保护议题。更让我能在这个新闻事件来临时,对"人象和谐共处"进行更深入和全面的思考,而非仅仅停留在"大象好可爱"这个固有的想法中。

2021年6月,宋晨专访中国政府"友谊奖"获得者、国际著名热带生物学家、中国科学院西双版纳热带植物园综合保护中心主任、英国籍研究员Richard Corlett

在象群回归栖息地后,我们回访了阿希姆萨,并制作了 *GLOBALink | Chinese Government Has Done Excellent Job About Wandering Elephants: Expert*,该稿件在YouTube、Facebook等海外社交媒体上有高达7万次的互动量。正如阿希姆萨和一众外籍研究员所说:"中国政府和民众携手护象,人象和谐共生,恰恰是生动的中国故事,更是中国贡献给全世界的动物保护智慧范本。"

一个新闻人的职业起点与理想起航

◎ 王一哲*

7月走出校园时，世界还郁郁葱葱，今已初雪飘落，入职中国教育电视台已四月有余。时常感念母校给予我的精神滋养和人生财富，曾经如释重负地交上封装整齐的毕业论文，而现在每天都有崭新的选题，准备时间远没有在校时充裕，但每次都要尽己所能，交上能够代表自己水平的作品，不辜负自己的努力，不辜负母校的期待。

王一哲参与国庆升旗仪式报道

虽有新闻专业的几年学习和实践，但在入职后还是会不禁体会到，每一位前辈都有自己独特而宝贵的工作经验，因此提醒自己要处处谦虚，事事学习。作为一个刚刚上路的青涩“新闻人”，没有光鲜的经历和漂亮的成绩，也谈不上有何成熟的思考，仅在此分享自己的看法和体会，感恩母校和恩师的培养。

* 中国传媒大学2018级国际新闻传播硕士班毕业生，现就职于中国教育电视台新闻中心。2021年7月，参与教育部“双减”政策长期系列报道；参与10月1日天安门国庆升旗特别报道；对接COP15生物多样性大会前方记者报道；11月参与了北京冬奥奖牌设计团队深度报道。参与的青少年剧本杀调查性报道被推荐报送国家广播电视总局优秀广播电视新闻作品季度评选。

一、对我国国际传播的认识与思考

1. 对我国国际传播基本情况的认识

新时代的发展故事波澜壮阔,精彩纷呈,可谓全球瞩目,我国国际传播规模、渠道、技术等方面都有了积极发展,取得了喜人的进步。正如中国与全球化智库研究员储殷教授总结的,"讲好中国故事"经历了由浅及深三个发展阶段:第一阶段是力求在以西方为主导的话语体系中传递声音的"夹缝求生";第二阶段是以"一带一路"为载体助推中国文化"出海",以增强世界各国对中华文化的价值认同;第三阶段是当前政府引导社会各界努力构建新时代下的大外宣格局。从这些发展阶段可以看到中国不断提升国际传播能力,应势调整传播路径,逐步形成全方位、宽领域、多层次的国际传播格局。

然而我们应该看到,随着中国日益走近世界舞台中央,对于中国的一些误解,甚至有意的曲解越发突出,尤其在这次新冠肺炎疫情突发性公共危机事件中,国际舆论对中国的歪曲和抹黑尤为明显。国际传播与大国关系、国际政治博弈相交织,呈现复杂化。这也反映了同我国综合国力和国际地位相匹配的国际话语权还没有形成,我国"有理说不出""说出传不开""传开人不信"的话语困境仍然存在。鉴于此,当前中国亟须发出在国际舞台上有影响力的声音,向世界讲述中国的发展故事。

2. 思考我国国际传播困境在何处

我认为,首先,当前我国的国际传播需注意"外宣内宣化"的问题,也就是要重视国内国外传播环境、语境、业态、规范等方面的差异,注重内外宣传有别。我们可以看到一些主流媒体"外宣内宣化"所造成的问题:(1)有可能增加话语冲突和文化误读;(2)降低了讲述中国故事的专业性,导致国际受众无法正确接收我们传达的内涵;(3)需要警惕"高级黑、低级红"的陷阱,在展现中国正面形象的过程中注意避免。

其次，国际传播说得太多，而听得太少。针对这个问题，在国际传播一线的记者也提到过，比如CGTN首席政治记者王冠就提出中国的国际传播要学会“接着说”。国际传播工作者不光要学会“说”，更应该学会“听”，听得足够有智慧，说得自然有智慧。

最后，中国的声音得不到信赖，从而难以进入西方主流人群。更有甚者，西方舆论不但不信，还加剧了西方世界对于中国的恐惧。这个问题，究其根本是意识形态对立和某些大国寻求与中国竞争。我们需要意识到，根本问题并不是一时能解决的，更应当思考扩展传播手段和传播渠道，重视公共外交和民间外交的渠道。应意识到国际“传播”要靠所有人，组织起统一战线，集纳包括智库机构、友华外籍人士等多方力量。讲好中国故事需要全民行动起来，民间性的语言是世界话语，更能帮助真实的中国与国际对接，并更多展现中国社会的真实样貌。

3. 浅谈我国国际传播应该如何做

国际传播应该如何做，当然是仁者见仁，智者见智，在此简单说几点个人体会。

首先，要摆正心态，找准立场，从容应对西方敌对势力对华的恶意抹黑。摆正心态的含义在于，对于西方媒体对中国的抹黑，要有长期冷静和清醒的估计，国际传播工作者应该充分认识到这一问题。再者，我们要认识到某些西方主流媒体并不代表国际声音，而他们在国际受众眼中的可信度、权威性也不是无懈可击的。所谓的“西方”之外的世界也非常广，要满怀信心。中国国际传播工作的主要目标既要与西方进行意识形态领域的斗争，更好地与西方媒体竞赛，又要把中国故事更广泛地传递给世界，让国际受众看见一个真实生动的中国。找准立场的含义在于，国际传播要扣住“人类命运共同体”这个理念，“人类命运共同体”和联合国可持续发展目标一致。在联合国话语体系的框架下，通过生动鲜活的中国案例就有可能讲好中国故事。

其次，要思考国际传播从什么角度说，说什么的问题。我国国际传播要从全球化视野思考中国问题，多说共同价值，多讲普遍性，多共情，向世界发出中国的全球化声音；少一些套话和空话，多一些客观表达，多用事实、数据和真实案例说话;多讲一些中国对全球化的贡献,从多边角度讲中国故事;中国语态应该谦和自信,包容而有立场,相互尊重,不以驳倒、抨击对方为目的,传递自身理念,多做有效沟通;还要创新民间化叙事,从政治、外交、商业、人文、个体经验多层次多角度讲述个案,通过中国文化底蕴分析中国现实发展逻辑。而这就要求国际传播工作者不仅仅要做“外国通”“外语通”,更要做“中国通”。其实我们可以观察到,许多国际传播工作者虽是中国人,在中国接受教育,但是对于中国文化、中国表达的个人学习却被淡化了。我认为,要时刻意识到自己在某一话题或领域里,要真懂“中国态度”和“中国立场”,永远要以研究学习的心态来工作。

再次,我认为在国际传播实践中要讲求同存异。当然,在政治性凸显的议题和重大主题性报道中,必须强调中国特色的发展道路和中国治理。与人际沟通类似,大部分时间应该多强调共性而非个性,这样才能“求同存异”,增强友好的互动。另外,中国的国际传播不一定要强调别国立场,这种表达潜意识里将对方视为敌人。国际传播作为外交的一部分,一个重要目的是把国家利益和需求传达出来。与中国为善的国家也是为了自己国家的利益,朋友和敌人的概念在国际关系当中是一个动态的曲线,不必过于强调。

最后,利用好海外平台开展国际传播,与外国主流媒体保持沟通,通过国际社交媒体发声,比如外交部发言人在推特上的发言,不同的发言人有不同的社交“人设”,有的语言温润有力,有的犀利敢言,这种表达提高了中国话语的可见度,是一种积极的尝试。还要勇于直面不同意见,接触多元交流对象,在中外政商学研界建立广泛交流与对话,紧跟国际国内热点,灵活通过多渠道多方式传播,从而增强中国声音的影响力。

二、纸上得来终觉浅——从事教育新闻工作的体悟

作为 2018 级国新班的一员,毫无疑问,我怀揣着对国际新闻事业的热爱来到学校学习,收获了非常丰富的国际传播理论知识与实践,也非常渴望

毕业后成为国际传播领域的一名建设者，直到今天，我也时刻关注着国际新闻最新动态。但因一些原因，我最终选择了中国教育电视台。理想与现实之间的“参差”，我相信是每一届毕业生都在纠结的问题。但我想分享的态度是，你所热爱的永远是你热爱的，只要你不放弃它，它将永远是你的一部分。同时，也不要轻视自己从事的工作内容，新的领域有更多需要学习的地方，大有学问，大有可为。

1. 你所做的努力永远不会白费

最近在工作中的实践让我体会到了自己在电视学院学习时所培养的一些意识。研究生二年级，在参与吴敏苏老师指导的项目“全球大学生新闻接力”时，团队确定了《北京移民》的专题片主题后，急需寻找三名符合条件的采访对象进行拍摄采访。我当时负责寻找一名在北京长期居留的外国人作为采访对象。这让我想起之前央视报道过第一位央视外籍播音员，来自新西兰的 Edwin Maher，他已经在中国生活了四十多年，还获得过由总理亲自颁发的友谊勋章，他是一个再合适不过的人选。当天下午，我就在他的微博上主动出击，通过私信讲明我们的意图，迅速联系上了他的助理，第二天就确定了采访的时间和地点。而现在我所在的记者岗位需要的一个很重要的能力，就是联系采访对象和专家，每天都在查找新闻当事人和专家的联系方式，如果没有迅速的执行力和打破砂锅问到底的坚持，就将错失新闻价值和新闻的时效性。所以我认为，在国际新闻传播人才培养上，也应该多以项目促实践，多给学生自己主动联络新闻当事人和采访对象的机会，走出校园，走进社会，培养学生主动出击的意识，遇事能够先想一步，抢先下手，不优柔寡断。

王一哲在采访中

2. 不知全局不能洞察一域

中国传媒大学电视学院的课程设置是广泛多元的,有新闻专业课程,也有国际关系公共外交类课程,亦有实践类课程安排,这种设置背后的原因就在于,学习并不是一个点,而是一个面,只有对"面"有深刻的理解,才能在"点"上有所突破。

教育的本质在于学会自学,学会学习的方法。因此,在现在的教育新闻工作岗位上,我也格外注重多方面的学习。比如 2021 年 7 月引发行业地震的"双减"政策出台,在全台全行业着力进行政策宣传报道时,就特别考验新闻工作者自己对"双减"政策的研读理解。除此之外,我国教育领域的历史变革、习近平总书记对教育的重要论述、重要的教育政策都是行业媒体工作者应该烂熟于心的,这样才能知道新闻的角度和发力点有哪些。自我学习还不够,还要向同行前辈的作品学习,向专家学者学习。在做教育解读时,我经常要联系知名教育专家进行采访,比如熊丙奇老师、陈志文老师,多阅读他们对行业的解读和关注方向,有助于快速提高自己对行业的理解和认知。最后,还要多走进基层,走进学校,向学校的校长、老师和同学学习,掌握他们所关注的问题。因为工作原因,我也常有机会去比如呼家楼中心小学、陈经纶中学等中小学,清华大学等高校进行采访,主动地增强与学校的互动交流,有助于自己多掌握基层学校动态,也为今后的报道工作提示方向。

王一哲在陈经纶中学采访学生

3. 少说多做,学习前辈的工作经验

在中传的学习生活中,我有一位恩师吴敏苏老师,吴老师对我的关心和引导让我一生受益。也因为吴老师,我得到了很多师哥师姐的鼓励和帮助,比如我工作和学习的榜样王冠师哥,在中国新闻社实习时共事的刁海洋师哥、刘子衿师姐等,他们因为同校同门,对我照顾有加,在我需要时为我解答了困惑,也指引了方向,让我感动、感恩。如今在工作岗位上,我也先后有两位师傅,他们都是自己岗位上的业务能手。

我总结,在和师傅学习的过程中有几点需要注意。首先,由于种种原因,单位的业务老手不一定有很高的学历,而新入职的我们学历往往是研究生起步,但是万万不能因此“自视甚高”,要虚心再虚心。即便师傅不分配太多任务,也要做到“眼里有活”,主动发问自己能做些什么,遇到问题主动请教,主动总结经验,争取不犯老错误,让师傅看到自己的努力和进步。其次,要善于发现师傅的业务长处,发现他为什么把工作干得又快又好。比如,我在和编辑师傅学习的时候就发现他有运用素材的小技巧,设置个性化的快捷键等。电视新闻编辑是一个烦琐而要求效率的工种,只有在每一个环节上都提高效率,才能为整体争取更多的时间。把这些优点学习起来,因此我做片子的速度比一般人要快,这在记者岗位上也是大大受益的。最后,其他岗位的前辈其实也是自己的“师傅”。比如,刚做片子时会出现各种小错误,不免遭到经验丰富的审片老师的“数落”。需要注意的是,遇到前辈态度不太好,千万要调整心态,控制好自己的负面情绪,告诉自己一定要受得了“委屈”,积极地表达自己改正和努力的态度。比如,我在被审片老师“数落”之后,就写了一个编辑备忘录,每次交片子之前都认真对照一遍容易犯错的地方,检查之后再提交,加大自己的把关力度,自己少出错就能减少退回修改的次数,而减少别人的工作量其实也大大提高了自己的工作效率。

最后,感谢学校、学院对我的信任和培养,希望自己今后的工作能够不辜负母校、恩师的期待。

拥抱媒体融合浪潮

YONGBAO MEITI RONGHE LANGCHAO

新媒体舞台上的新闻传播

◎ 程婷婷*

2021 年是我参加工作的第十年。这十年间,我在新华社摄影部国际新闻编辑室和新媒体编辑室担任编辑七年,同时也承担一些采访工作;在新华社罗马分社担任摄影记者三年时间。作为第一届国际新闻传播硕士班毕业的学生,我带着母校给我的知识和技能以及一份特别的责任,一直工作在新闻工作的一线。

工作十年间,是媒体形态快速变化、转型的十年。新媒体的力量已然崛起,人们已经习惯通过社交媒体获取新闻资讯。社交媒体成为网络新闻获取、评论、转发、跳转的重要渠道,同时也成为网络社会热点事件产生和发酵的传播源头。

2021 年 6 月 12 日,程婷婷在意大利罗马报道欧洲足球锦标赛揭幕战

* 中国传媒大学 2009 级国际新闻传播硕士班毕业生,毕业后就职于新华社摄影部至今,其中 2018 年 8 月至 2021 年 10 月任新华社罗马分社摄影记者。国内工作期间曾参与北京 APEC 会议、G20 杭州峰会、金砖国家领导人厦门会晤、北京“一带一路”国际合作高峰论坛、博鳌亚洲论坛,以及党的十九大、两会等多项大型报道。驻外期间曾参与习近平主席访问意大利、威尼斯电影节、米兰时装周、法国女足世界杯、洛桑冬青奥会、2020 欧锦赛、意大利新冠肺炎疫情等重要报道。2015 年,获得新华社机关巾帼建功先进个人。2020 年被评为“新华社抗击新冠肺炎疫情先进个人”“宣传文化系统抗击新冠肺炎疫情先进个人”。

YouTube、Facebook、Twitter、Instagram 成为全球最主要的社交网络媒体。通过这些平台,作为内容生产者的媒体可以让其生产的内容直接传达给受众,并且以最快的形式获得反馈。社交媒体就像一个极佳的窗口、平台与工具,成为中国的媒体与海外受众交流的最直接途径。

2017 年 4 月,搭载着天舟一号货运飞船的长征七号遥二运载火箭,在中国文昌航天发射场成功发射。新华社摄影部在此次报道中第一次尝试了在 Instagram 平台上进行直播,这也是新华社在 Instagram 平台上第一次实现重大事件直播报道。我承担了这次直播任务,由于采访的名额及摄影位置限制,直播当天,我独自一人在前方用手机实时拍摄"天舟"发射的过程,采访前来观看发射的群众,并且用英语出镜、解说。

直播发射的位置在驻地官兵的一间营房里,楼里走廊的一处直面发射塔,离这里不到 200 米的另一处楼顶就是央视的直播平台,位置很好。晚上 7:20,直播正式开始。我所在的位置也渐渐聚集了很多基地内工作人员以及被邀请前来观看火箭发射的群众。我背对着发射塔,面对着围观群众,打开手机前置摄像头对着自己,以发射塔为背景,开始用英语直播。

Instagram 平台直播无法实现预置,直播所呈现的所有视频都是实时的,在这转瞬即逝的时间内,除了传递给观众现场能看到的内容,更多的是现场看不到的,以及除了视觉听觉之外的内容:嗅觉、触觉以及其他你所感知到的一切。可以说,从事件发生点为原点所形成的四维空间内一切与现场有关的内容,都可以与观众分享。直播者准备得越是充分,看到的感受到的越多,能传递给观众的内容才会更加丰富。在直播中,观众会不断地提出问题,记者还需要扮演主持人的角色,不断地与观众互动,回答这些问题。直播的现场感,最注重的就是实时分享。现场是一场直播制胜的关键,直播者要具备掌握现场、挖掘现场、呈现现场的能力,才能带给观众仅凭借画面感受不到的东西。

2018 年仲春时节的海南,山青海碧,日暖风轻。博鳌亚洲论坛 2018 年年会在此召开。一年一度的年会因为习近平主席的出席以及海南建省 30 周年的时间节点而格外引人关注。

新华社摄影部在论坛前方报道播发的最后一篇重点稿件是《长卷|博鳌亚洲论坛2018年年会集锦》。这是一幅“动起来”的新媒体长卷,以微视频的形式呈现了会议的精彩瞬间。长卷以习近平主席的照片为核心部分,再精选分论坛嘉宾讨论、记者关注等辅助画面综合成稿。“动态长卷”是第一次在图片报道中应用,是对新媒体报道方式的再创新,受到观众热烈欢迎。

长卷动画中每一个细节都经过了精心的设计与编排:蓝天、白云、沙滩、椰子树代表了典型的热带海岛特征、优美的生态环境与国际旅游岛的定位;远洋的货轮是不断发展的国际贸易以及日益繁忙的港口的缩影;拔地而起的高楼象征着海南高速发展的现代化建设进程;展翅飞翔的海鸥传递出海南人民在新时代团结奋进的美好愿景。

长卷以习近平主席在年会开幕式上讲话的照片为开端,统领全篇,奠定庄重大方的基调。记者们长枪短炮拍摄与嘉宾们听会的大场景照片烘托出现场热烈的氛围。习近平主席会见外国领导人与政要等活动的照片像画卷一样徐徐展开,逐一呈现,充分显示主场外交活动中的大国自信与领袖风采。在习近平主席活动照片之后,会场航拍、分论坛等画面呈现出论坛盛况。短片以动画收尾,飞翔的海鸥呼应开头,最后落点落在带动画效果的论坛主会场上,点题收束全篇。

“长卷”是新华社摄影部2017年开始应用到图片新媒体报道中的新形式,短短一年,已经成为重大报道集中展示图片的新媒体发稿惯例。如果不在此基础上进行再创新,“长卷”就会成为新媒体报道中的“传统套路”,无法在每一次重大报道中都给观众带来耳目一新的感受。新媒体报道只有不断呈现出新的创意和产品形态,才能牢牢抓住观众的眼球。

2020年初,在国内抗击新冠肺炎疫情的关键时期,我在意大利罗马任新华社驻外摄影记者——每天刷着相关新闻,惦念着国内的亲友,并拍摄意大利各界支持中国抗击疫情的活动:意甲赛场上国际米兰的“武汉加油”,意大利总统马塔雷拉为了向全力抗击新冠肺炎疫情的中国人民表达友谊和支持而在总统府举办的特别钢琴独奏音乐会。印象最深刻的是在意大利的总统府内响起的钢琴独奏曲《洪湖水浪打浪》,这首来自湖北的民歌在那个时刻、那个地点,深深地打动了我。

2020 年 2 月 22 日,我前往威尼斯,计划拍摄将在贝内代托·马尔切洛音乐学院举行的一场为武汉加油的音乐会。谁料接下来两天成为意大利本土疫情暴发的节点,意大利新冠肺炎确诊病例数迅速上升。而这时,威尼斯还在举行狂欢节,狭窄的街道挤满了狂欢的人群。23 日傍晚,因威尼斯受到新冠肺炎疫情的影响,这场支持武汉的音乐会在无观众入场的情况下举行。活动的举办者和我说:“现在我们终于真正站在了一起,要面对同样的难题了。”24 日,威尼斯出现确诊病例,狂欢节随即取消。我赶紧戴上口罩,赶在音乐会开始前拍摄在威尼斯的游人和狂欢者对疫情暴发的反应。之前还拥挤不堪的街道突然变得冷清,街上不断有拖着行李箱匆匆离去的人,还有一些坐船慌忙离场的狂欢者。

为了防控疫情,3 月 10 日起,意大利全国范围实施“封城”措施。举国“封城”,在意大利国家历史上绝无仅有,在欧洲乃至世界防疫史上也极其罕见。作为一名摄影记者,用相机去记录成为我的重要使命。从 3 月 10 日到 5 月 3 日,我背着相机,穿行在罗马的大街小巷,拍摄这个城市被按下“暂停键”之后的画面。在做摄影报道的同时,我也拍摄了视频,以第一人称的视角做了两个 Vlog。这两个 Vlog 和拍摄的图片稿件一同播发,在新华社客户端上阅读量都迅速突破百万。许愿池、万神殿、西班牙台阶、斗兽场……没有了往日的熙攘,我站在它们面前,端起相机,像拍肖像一般拍下它们寂然的样子。它们见证了这座古老的城市无数的历史变迁,也见证了 2020 这极为特殊的一年。穿行在罗马大大小小的街道,我记录下了这座城市里的人们在“封城”期间的生活。

3 月 12 日晚,由国家卫生健康委员会和中国红十字会共同组建的抗疫医疗专家组一行 9 人抵达意大利首都罗马,并带来部分中方捐助的医疗物资。那天晚上,我驱车 30 多公里前往菲乌米奇诺机场拍摄专家组的抵达。这张《援意中国抗疫医疗专家组抵达罗马》的主打照片,播发之后国内外媒体采用超 3000 家次,是我至今拍摄过的采用率最高的一张照片。

2020 年 3 月 12 日晚，在意大利首都罗马菲乌米奇诺机场，程婷婷拍摄中国抗疫医疗专家组抵达意大利

对于举国上下共抗疫情的中国，意大利第一时间伸出援手，意大利总统马塔雷拉提议用音乐会向中国表达特殊的友谊和支持。在这困难时刻，意大利和中国站在一起。而当欧洲成为疫情“震中”、意大利形势尤为严峻的时刻，中国抗疫医疗专家组也紧急驰援，带着抗疫经验和援助物资，深入“重灾区”一线。意大利红十字会主席罗卡表示，中国专家组是第一批抵达意大利的国际援助者，中国的表现令人感动。这种互帮互助，彰显了同舟共济、共克时艰的精神，在新冠肺炎疫情不断蔓延、全球经济社会运转遭到严重冲击的动荡局面下，显得尤为宝贵，是全球疫情中尤为值得被记录、被传播的内容，这也是国际新闻工作者无论如何都要在第一时间去第一现场的原因。

作为中国传媒大学第一届国际新闻硕士班的毕业生，从事新闻工作的十年来时常能在工作中感受到在国新班学习的内容和建立的使命感对于工作的助益。在意大利新冠肺炎疫情肆虐时，出于防疫安全的考虑，相当长一段时间我都是一个人独立工作。作为摄影记者，除了拍照片，还要拍视频、剪片子以及自拍出镜。这些经历常常会让我想起在学校时的出镜作业，想起曾经扛着摄像机做《新闻八通线》的时光。学校里获得的知识和技能，总是会在至关重要的时刻帮助你。

在新媒体时代，记者的类别划分变得更加模糊，文字记者、摄影记者、电视记者已然不再泾渭分明。技术的发展使得媒体的形态不断变化，这样的变化在现在的时代更是以史无前例的速度飞速进行。在大学时学习直播的概念时，怎么会预测十年后，我们会经历这样一个“全民直播”的时代。在大学时学习国际传播的理论时，怎么会预测十年后，我们会在海外社交媒体上与带着刻板印象的一些西方主流媒体正面交锋，以对方熟悉的方式在对

2018 年 9 月 5 日，程婷婷在意大利威尼斯电影节采访

方的平台上用对方的语言讲好中国故事。新闻，从来都是有立场的。同一个新闻事件，站在不同的国家立场，就会有不同的报道角度和解读方式。语言、技术，这些都只是帮助你完成工作的工具，而政治意识，才是报道的基石与指引。

2010 年 7 月 12—20 日，我参加了由中宣部、教育部、新闻战线"三项学习教育"活动领导小组办公室组织的"三项学习教育"赴延安新闻夏令营活动。活动中，我和同学们一起参观一系列革命旧址及党的新闻事业发源地，接受革命传统教育和党的新闻工作传统教育；前往农村体验基层生活，与当地群众同吃、同住、同劳动，实地深入了解国情和社情民意，进一步增进与基层群众的感情，进一步深化对中国特色社会主义理论体系、马克思主义新闻观、职业精神职业道德的理解。如果一定要让我选择一个在国新班学习中参与过的最重要的实践经历，我想我会选择"三项学习教育"活动。这个活动让我坚定了新闻理想，更明白了要为何而学新闻、为何而做新闻。脚踏实地才能仰望星空，守得初心才能无畏前行。

犹记十年前，在延安，"三项学习教育"结束以后，一同去延安的同学们坐在酒店一间屋子的地板上，畅谈着未来，畅谈着新闻理想，热血沸腾。人生中有许许多多的高光时刻，有获得荣誉的喜悦，有奋力拼搏到达终点的满足，而那一个夜晚，也是一个特殊的高光时刻——未来的道路就在眼前展开，理想就在远方，等待我们抵达。而当年那群意气风发，坐在地板上高谈理想的少年,现在已经分赴世界各地的新闻前线。我在各大媒体上看到他们的名字,知道他们和我一样,仍旧怀揣着当年的理想,努力着,奋斗着。当时的理想仍旧闪闪发光,无论多么疲惫,回头看,那时理想迸发的光芒仍旧在照亮前方的道路,让我们一往无前,永不停歇。

勿忘人民，做好全媒体记者

◎ 王　晖*

我是2014年通过遴选考试加入中国传媒大学国新班的，我的导师是吴敏苏老师。

和敏苏老师初次相识是在国新班的面试考试上，老师对我本科就读于法语专业并曾在非洲实习工作的经历很感兴趣。开学后我有幸加入敏苏老师的师门跟着老师一起学习，敏苏老师赴英国访问期间又把我托付给刘昶老师"代管"了半年多的时间。回想起这段和两位导师一起学习的经历，我一直都觉得自己是个"幸运儿"。敏苏老师对面试技巧的辅导、刘昶老师每周一节对新闻时事的分析点拨，都令我受益匪浅，至今在工作中需要发表一些看法和进行观点判断时我依然受用。

在国新班的学习是一段高强度的学习。一年级几乎每天满课，从外语、国际政治到新闻采编播课程的安排，甚至在整个学校都采取轮换教室模式的背景下，国新班是为数不多在一教有一间固定教室的班级。班里的同学都曾是各个学校不同专业的精英，一同学习期间我感到压力颇大。有的同学本科专业是电编，有的是摄像，有的是外语，有的是中文，本科学科背景多样。但跨专业的交流让大家在学习共同的科目时有了更多的思考，往往同

* 中国传媒大学2014级国际新闻传播硕士班毕业生，现就职于新华社天津分社，曾参与多篇监督调研报道，是第一个入社第一年连续两次拿到习近平总书记批示的新闻工作者。作为主创人员参与新华社徐泽宇外宣工作室，在新疆、西藏有关人权、棉花、宗教自由等对美斗争重要领域作出系列报道。获评新华社天津分社年度优秀个人、新华社脱贫攻坚报道先进个人等。

一个课堂的讨论能衍生出角度不同、视角新颖的见解。

2015 年我顺利通过优秀国际新闻硕士海外实习项目的遴选，赴新华社拉丁美洲总分社墨西哥城分社实习。我是一个喜欢冒险、爱好旅游和跨文化交流的人，在去拉美前到过东南亚、欧洲、非洲等地学习、实习、工作过。但拉丁美洲、玛雅文化和印加文明等我过去只在书本里了解过，对其充满好奇，也心生向往。借着海外实习的机会，我终于在 2015 年 9 月经过十几个小时的飞行踏上了曾是阿兹特克帝国的墨西哥城的土地。

墨西哥是一个多元文化交融、有着悠久的独立文化，后经过西班牙等殖民入侵进而文化交融并生的国家。实习期间，我随分社记者去过墨西哥城、墨西哥重要港口阿卡普尔科港等，近半年的时间里收获满满，西班牙语也摸索着达到了能“点菜”的水平。正是在墨西哥城分社日常参与西班牙语视频稿件的编辑工作，后来回国加入新华社工作后，我成了为数不多的可以参与剪辑制作和拍摄中英法西四种语言视频报道的记者。

新华社始终致力于宣传党的主张，反映人民心声，记录时代精神，传播中国声音，在革命、建设、改革的各个历史时期发挥了重要作用。2021 年新华社成立 90 周年，习近平总书记向新华社发来贺信，提出要新华社努力加快建设成国际一流新型全媒体机构。2021 年也是我加入新华社工作的第四年。我的家乡在天津，毕业时恰逢天津分社招聘全媒体记者，我便顺利回到天津工作。

在天津分社工作的这四年，我的岗位是对外记者，即立足天津，放眼全国，讲好中国故事。在工作的四年里，我先后去过 15 个省、自治区、直辖市等，践行“四力”，做好新闻报道。

疫情期间，王晖在天津重症海河医院内采访呼吸与重症科副主任于洪志

如今随着媒体变革、传播方式门槛降低，视频化表达已

经不是趋势，而是主流。

新的新闻产品的需要必然影响到新闻生产方式的革新，也要求记者从过去的单兵作战转变为做融媒体，把单纯的文字 = 图片 = 视频相加，转变到文字为底、视频化表达。全媒体报道于我个人理解，是新的生产方式带来的新产品。融媒体和全媒体虽一字之差，但核心不变，即简单表达、打通人心、讲述人情。

王晖于西藏拍摄《泽宇在现场|探访西藏边境乡》

香港区议会选举暴动期间，王晖在香港某投票点前采访

新华社在全媒体建设的背景下，从 2020 年开始，更加专业、目标更加精准的工作室模式开始推广。2021 年初，我参加了新华社两大重点工作室之一的徐泽宇外宣工作室，先后在北京、新疆喀什、西藏藏区等地，在“西方媒体灰黑滤镜”、新疆棉花、人权、西藏边境、宗教等西方涉华舆论斗争最前线做了系列调研，也推出了一系列全媒体产品，为我社全媒体改革实践作出了一定的贡献。

在这基础上，我利用掌握英语、法语、西班牙语的语言优势，立足天津本地的新闻资源，推出了《百年归航——墨西哥华裔机长扎根中国》《法国院长：我在中国见证民航学子冲上云霄》《外国人眼中的小康|“洋教授”的中国乡村“筑梦记”》等报道，也创下了新华社全球连线栏目第一条记者用法语出镜的报道。

回望工作的四年，我在新华社创下了很多的“第一”，第一个入社一年就拿到总书记批示,第一个在全球连线外宣平台用法语出镜做报道等。

而这些成绩除了我个人的刻苦努力和不断学习外,更是我在传媒大学国新班学习和实践时所埋下的种子开的花、结的果。

工作后,我作为新华社记者,以新华之名记录时代,而回望在广院的三年,则是一段美好、匆匆忙忙、时而向往的美好时光,如果能重来,还是愿意回到学校,聆听老师们的教诲,和同学们畅聊。

如何在新媒体时代运用时政 Vlog 做好新闻报道

◎ 彭译萱*

2017 年,我从国新班毕业后加入了中国日报社新媒体中心,虽然时间不长,但在视频组已然经历了多次业务内容的调整。最开始我是作为栏目编导,出镜的主持人是"外国小哥",和外国小哥的足迹遍布小半个中国。2019 年两会期间,当时 Vlog 在国外开始流行,我作为部门的"年轻人"之一,开始了这种形式的探索。

在最初的一段时间,"手机 + 自拍"的形式不太容易获得受访者的信任,但我们坚持了下来,在不断地探索当中,也有了更多的人加入了这种形式的创制过程。在这里写下一些关于这种报道形式的思考,希望与同辈人以及师弟师妹们共同探讨。同时也感念,竟已经毕业四年,感谢导师曾祥敏及各位老师的教导与照顾,我会继续努力,与同事们共同推动新媒体时代新闻报道的创新。

自 2018 年以来,以"短、平、快"为基本特征的短视频受到互联网用户的欢迎,往往能在很短时间吸引超高流量,于是各大社交平台、主流媒体纷纷运用短视频进行内容传播。与此同时,Vlog(video blog)作为视频博客的简称,也在国外视频网站(YouTube 等)流行开来。Vlog 时长 5—40 分钟,有别

---

* 中国传媒大学 2014 级国际新闻传播硕士班毕业生,现就职于中国日报社新媒体中心,多次参与报道全国两会以及神舟十二号发射、第二届"一带一路"国际合作高峰论坛、中国—巴基斯坦军事联合演习等重大新闻事件的报道,主创栏目《小彭 Vlog》获得第三十届中国新闻奖及多届中国人大新闻奖。

于时长通常在5分钟以内的短视频。从2019年全国两会到博鳌亚洲论坛，崭露头角的Vlog新闻报道正是传统媒体进行融合产品创新的一种尝试。以2019年两会报道为例，新华社、中央广播电视总台、《人民日报》、《中国日报》等多家大型媒体都在两会报道中引入了Vlog方式，#两会Vlog#话题在微博平台的阅读量达到1.5亿次，Vlog报道成为2019年两会新闻报道的亮点之一。作为一种主要以拍摄者记录生活，并带有个人色彩的视频记录形式，在2019年两会期间，我和一批新闻媒体从业人员开始了这种新形式与时政新闻报道相结合的探索。

一、不是所有短视频都叫"Vlog"

作为全世界年轻人用来记录自己的生活、表达个性的方式，Vlog的制作有着内在的特征和要求。并不是有记者出镜的新闻报道就是Vlog，也不是将新闻片段进行剪辑后就是Vlog，它区别于传统新闻报道模式，是作者用主观化的视角，将日常的精彩瞬间用个人化的方式表达出来。时政新闻与Vlog形式相结合的报道中，在内容与形式上具有如下特点：

1.人格化表达

与以往时政新闻报道中主播与记者的正襟危坐不同，时政Vlog在一定程度上消解了"官方语态"的严肃叙事模式，将具有网生特点的台词和趣味情节设置在一起，将重大新闻事件与报道者的日常结合在一起，带给观众平视的、平易的交流感。

一支Vlog的拍摄内容往往基于拍摄者的自我表达，不管"Vlogger"（拍摄者）是在镜头前"滔滔不绝"，还是在镜头后"喋喋不休"，都具有强烈的人格属性。[①] 与往常时政宣传片相区别的是，时政Vlog的信息量并不密集，更倾向于在生活日常中展现时政热点，也因此Vlog区别于宣教性质的视频，

① VLOG + 两会 + 可爱 = ? [EB/OL]. (2019-03-10) [2021-11-10]. https://www.163.com/dy/article/E9UINJAJ05148FPG.html.

更具有人际交流的特性，使得观众接触的并不是一个个知识点，而是生动的"人的话语"，从而更容易产生沟通的愉悦感。

同时，Vlog 中大量主观镜头的引入，使得观众更容易在第一人称的语境下，体会到"此情此景"。区别于目前 VR、AR 等新技术的运用所追求的"身体在场"的真实感，Vlog 提供了一种"心理在场"的途径。因此，时政 Vlog 的表达方式，更有利于实现概念化传播向情感共振的转型。

2. 信息的碎片化表达

Vlog 的叙事往往呈碎片化[①]，它通过不同场景的生活片段组接形成，用第一人称视角来表现视频博主本人，以及所处的场景和博主所进行的社交活动等日常生活。视频日志的内容平实直白，节奏趋于平缓，与短视频依靠快节奏的剪辑，以及博人眼球的情节带给观众视觉效果的快感不同，它的节奏和内容更接近真实和贴近生活。

Vlog 的故事性及主题性是它的生命力[②]，与新闻叙述不同的是，Vlog 更注重制造视频博主与观看者共同对话的空间，有时为了"创造真实"，会展现一些不必要的情节。

彭译萱在进行两会报道 Vlog 拍摄

Vlog 不受限于视频时长[③]，最长可达一个小时。Vlog 的记录，不只是为了故事高潮的精彩一刻，它更追求在日常生活中发生的故事，在碎片化的影像中展现博主连续的故事线和叙事逻辑，并传递出具有感染性的情绪。Vlog 通过内在叙事逻辑和具有一定编排性的故

① 夏雨晴，郑杨. Vlog 的传播特点及用户心理分析[J]. 视听，2019(8)：170－171.

② 魏力婕，朱瑞君，张蔚涵. Vlog 的类型特质及其在新闻中的应用[J]. 视听界，2019(4)：54－57.

③ 夏雨晴，郑杨. Vlog 流行，年轻人的网络社交悄悄改变[J]. 新闻论坛，2019(3)：110.

事,通过表达强烈的主观意愿,或用镜头前的出镜,或用镜头后的“喋喋不休”,在闲散的叙事中展现博主的生活态度以及价值观和审美情趣。另外,虽然叙事不会“直抒胸臆”,但 Vlog 博主仍然需要运用导演思维,通过设置和剪辑不同情节的素材,展现给观众完整的镜头叙事,并且传递出主题思想。

二、跨越出记者的舒适区

短视频时代要求记者从写作者转变为具有视频拍摄与制作能力的“多面手”,Vlog 作为时政新闻报道的新模式,对记者技能提出了更高的要求,其中就包括对于新报道环境的适应能力及视频日志拍摄与制作能力的要求。

1. 客观看待报道严肃性的消解

Vlog 从生活语境拓展到严肃新闻报道领域,从叙事方式和镜头叙事两方面改变了新闻报道。首先,以往的严肃新闻中,叙述者以客观的分析者身份出现,而在 Vlog 形式的新闻报道中,博主既是事件的经历者,也是事件的讲述者,打破了传统新闻报道的单一视角。也因为这种注重平等沟通的报道方式,与原来新闻传播者“高高在上”的形象不同,这种日常化的、个人化的报道方式可能给制作者带来一定的误会和不解。这种对于观众可能产生“猎奇”效果的具有反差的新闻报道,可能对于有多次参与大型采访活动经验的政界、商界重要人士来说,是一种全新的采访体验,因此对于记者来说,还必须承担解释新闻形式与目的的角色,帮助采访对象转换对话角色,建立主动与镜头外的观众进行“平视交流”的对话者形象。

小彭 Vlog 截图

我曾在一次重要对象的采访过程中,在采访前被告知,为了营造具有“专业性”氛围的采访环境,不能使用手机进行拍摄。于是我对使用的手机进行了一系列“武装”，最终顺利完成拍摄。拍摄结束后，因为担心采访对象团队会认为 Vlog 的拍摄模式是“不专业”、不严肃的，于是并没有将 Vlog 新闻传送给被摄团队，但就在新闻推送过后不久，我就在朋友圈看到被摄团队纷纷转载了那篇 Vlog 新闻，并且对报道形式表示赞赏。由此，我认为，报道严肃性的消解在实际过程中对记者而言有利也有弊，观念的改变也许会迟到，但只要能输出优质报道内容，总能被接受。通过优质内容来传递主流价值，是时政 Vlog 实现高质量快速发展的重要方式。欲变世界，先变自身。

2. 从好奇心出发

观众对拍摄者的情感注入源于通过观看博主的细碎日常记录，对其生活方式、人生态度的认可。从“人”的好奇心出发，去看另一个“人”的生活常态，这要求博主在视频过程中提出的问题以及下的结论能与大多数人的本能好奇或产生共鸣，或产生戏剧性反差，或达到醍醐灌顶的效果。

同时，创作者通过面对镜头和观众说话，要加强与观众的互动，制造出人与人沟通的氛围，并且营造一种稳定的陪伴感，给观众带来社交的快感。

3. 完成多重身份的转变

时政 Vlog 的“自拍”属性决定了作为拍摄者的记者工作方式也产生了变化，除了是需要对新闻内容进行报道的采访者，同时也必须是自己的摄影师。在同一时刻，除了需要对采访内容进行把控，也同样需要对画面内容负责。

在“自拍”的逻辑里，叙述者需要占据一部分屏幕空间，与此同时也是一个通过声音以及出镜的身体符号，通过自己的“表演”来引导观众的线索，参与到故事之中。因此记者将会既是导演，又是表演者；既是新闻故事的参与者，也是报道主题的总结者。

小彭 Vlog 截图

三、提供具有差异性的体验

从明星周边到科技产品,从美食到旅游打卡,Vlog 形式本身可以容纳五花八门的内容,涉及的方面也非常广泛,基本上做到了只要是与生活有关的,就可以作为 Vlog 的主题内容。而时政 Vlog 的定义不明确,除了顾名思义是需要报道时事的新闻以外并没有其他边界,对于新闻中的“体验感记录”是它的文化价值核心。

新媒体的传播方式也令这种形式天然具有“文化分享”的内涵。[①] 记者第一手的体验,采访中的感受,采访后的总结,都可以成为一种供受众分享的经验,并且因为其中的实用价值而具有现实意义。

这种体验一方面讲究真情实感,它通过报道新闻中的日常事件展开,这些事件可能是发生在每一个观众身边的平凡小事,它让观众联想到自己的切身感受,产生了生活化的认同。另一方面,博主的经验对受众生活中的空白进行补充,视频日志让观众对自己没有体验过的生活和场景进行“心理在场”式的接触,获得视觉和精神的愉悦,也因为身体的“不可到达”,借助另一个人完成了“心理到达”。

如何建立一个品牌并且使观众对它长期保持关注,需要经营的是认同,而非形象。“整合营销”理论产生和流行于 20 世纪 90 年代,近年来传媒整合营销渐渐受到读者的认同,概括来说,它是一种“以受众为中心”的传播模式,该理论强调传播者需符合“4I”[②]理论,从而得到受众的认可,即兴趣原则(interesting)、利益原则(interests)、互动原则(interaction)及个性原则(individuality)。

我认为,无论 Vlog 整体还是作为分支的时政 Vlog,都可以将“4I”理论作为创作指导原则来使用:是否是观众感兴趣的内容?观众是否能从中得

---

① 罗钧文.VLOG“推广视频”:“认同”创造双重视频价值——基于博主井越及其 VLOG 视频的个案分析[J].今传媒,2019,27(8):75-77.

② 董燕.营销类专业“整合营销传播”课程教学设计与思考[J].学理论,2014(20):226-227.

到体验感或有价值的经验?创作者是否与观看者建立了互动空间?视频博主是否有识别度以及区别于其他博主的独特性?解答这些问题都能指导视频博主们更好地实践。

时政 Vlog 的出现,本质上接近短视频新闻,但内容、场景更丰富,而且其中的非虚构性由记者串起来,具有了一定的记录性质,并且通过创作者个性的叙述方式,还原给观众更加鲜活的新闻现场。如何将这种形式的新闻报道做得更好,需要我们共同努力!

述而不作

◎ 陈相如*

被邀请写这篇文章时，我的内心是忐忑不安的。躺在床上失眠了很久，我横竖睡不着，仔细想了半夜，终于决定以“回忆录”的形式，写下自己考入人民日报社的心路历程，以及工作以来的心得。

一、笃定梦想，全力以赴

国新三年时光荏苒。毕业季找工作的心态是非常焦虑的，我仔细思考着这个问题，究竟找什么样的工作合适？我曾在广告公司实习，工资非常高，但一切创意与行动的中心点都围绕金主，空虚而不自由。我逐渐意识到，媒体、广告、影视，一旦你踏入这个领域，就会面对这么一个问题——你为谁发声？你若为金主服务，便会站在金主的角度报道。在某些国家，精英们会打着“新闻专业主义”的幌子自欺欺人。是的，人生来就是为他人服务的，但是选择为谁服务决定了你的一生。“铁肩担道义，妙手著文章”，这是李大钊先生一生的真实写照，也是我们国新学子的座右铭。因此，我暗暗决定，这一生，都要为国家服务。耳濡目染中，我最想去的地方就是人民日报社。

---

* 中国传媒大学 2015 级国际新闻传播硕士班毕业生，现就职于人民日报社新媒体中心，三年以来作为视频编辑参与过所有报道，2021 年被评为人民日报社优秀共青团员。

在毕业求职最艰难的时候,我看见了我记录在备忘录里的话:“金子总会发光,要沉淀,别心急,多积累,相信自己是金子;要积极、认真,做什么要有什么样子。”这两句话,是国新老师上课时讲过的话,被当时的我当作语录记下来勉励自己。很幸运,我在国新班的三年时间里,不仅学到了知识,还接触了那么多优秀的老师和同学,他们积极的价值观深深影响了我。我打起精神,振作了起来,瞄准招聘时间最晚的《人民日报》。退无可退,彼时国考已结束,各种行测资料大打折,我趁机买了好几本,开始彻日彻夜地刷题;同时将《人民日报》评论整理为几万字的资料,每天不背完不睡觉——如此持续整整半个月。这段时间的努力,不仅帮助我在笔试中获得了理想的分数,也为我接下来三年近1000天没休过假的生活奏响了前奏曲。

在这个置之死地而后生的过程中,我逐渐意识到:只有当你特别想做一件事的时候,才有可能把事情做好。有志者事竟成,古人诚不欺我。而这样的斗志,也助力我在后来的工作中收获了一些成绩。所以各位学弟学妹,如果你们真的想进入某个行业或者考入某个单位,千万不要低估自己的潜力,穷尽一切努力,为自己的梦想踏踏实实地作准备吧!

二、踏实前行,勤于思考

接下来,我想谈谈工作以后的心得,那就是——踏实比能力更重要,思考比努力更重要。如果觉得这些离自己还比较远,可以等以后迷茫的时候再来看。

入职以后,我始终记着培训时某位前辈老师说的话:“千万不要想着做一些小聪明的事,只有踏踏实实的人才能走得远。”在学生时代,影视剧、自媒体上太多职场上的“宫斗戏”,似乎告诉我们职场充满尔虞我诈,总有人想算计你。但是入职以来,我看到那些真正令人尊敬的、优秀的同事,都在踏踏实实地完成工作。是啊,人生已经如此复杂了,为什么不踏踏实实去做一些自己热爱的事情呢?我打开备忘录,回忆起了在国新班学习时记录下的最后一行字："永远不要学习社会的套路，做好自己应该做的，真诚、勇敢，相信自己。"于是，我在报社每位新人都需要撰写的个人箴言里，默默写下了这样一句话："愿你长成正直之人。愿你世事洞彻，亦不摒弃光明。"这句话，我也想送给看到这里的你。

来到我一直梦寐以求的地方，总想着大展拳脚。这不仅需要思考我能够做什么，还要思考报社需要什么。彼时抖音红极一时，而《人民日报》抖音号尚未开通，我思忖这是一个可以争取的好机会。对于我来说，拍摄剪辑短视频是一直以来的爱好，如果能够把爱好与工作结合起来，该是多么幸运的一件事。还是那句话，"有志者事竟成"，在不断的争取与自荐下，我得到了尝试的机会，当然这同时也是挑战。

当时，媒体开通抖音号其实不被看好，抖音里的内容多是帅哥美女唱歌跳舞，走娱乐化路线，严肃的媒体内容传播效果都不理想。果不其然，一开始我们发布的视频效果极差，让我焦虑得睡不着觉，感觉自己都对不起"人民日报"这四个字。可是自己选的路，跪着也得走下去。于是我又使出当时准备考试的拼劲，每天不断地统计数据、复盘视频、思考琢磨，除了睡觉吃饭就是上班和剪视频。忘记说了，我当时做抖音是兼职的，本职工作是《人民日报》客户端的编辑，三班倒。上早班和白班的时候，我就晚上加班做抖音；如果上夜班，那就要一大早起来做抖音。抖音号需要日更，每天都要发布视频。如此一来，刚刚入社的几个月，我一天都没有休息过。

婚假第一天，陈相如在新疆克拉玛依用 Mac mini 和 iPad 组装成的电脑远程工作

但是，仅仅努力就可以吗？其实，工作以后，努力只不过是一个充

分条件，结果与你的付出并不是直接的因果关系。要想卓有成效，必须找到关键点，才能事半功倍，而这个关键点需要长期的思考。在我们第一个爆款收获一百万点赞量的时候，我曾以为找到了那个关键点，但接下来的视频点赞不过万，又把我打回原形。抖音这个平台最大的特点就是去中心化，粉丝再多，以前发布的视频再好，如果新的视频内容不好，传播效果就可能极差，甚至还会有人取关你。因此媒体做抖音号的难点就在于如何持续地输出好内容，持续产生爆款。但是这对一个媒体号来说，几乎不可能实现。不同于网红有颜值来保证传播效果，媒体账号的内容五花八门，如何才能保证稳定的传播效果呢？遭遇了多次失败后，抖音运营人员安慰我，所有媒体账号都是这样，根本不可能持续产生爆款。但如果你是抖音号的运营者，你会就此接受“现实”吗？

事情如果不做到极致，那就不要去做。既然每天都有爆款出现，为什么不能来自我们的账号？还是那句话，“有志者事竟成”，只要你真的想把事情做好，就不可能做不好。终于，经过了三年持续不断的付出与积累，我将《人民日报》抖音号从一个月平均只产出一个百万赞，运营为现在一个月产出一条千万赞、单条视频平均获赞超过两百万的抖音号。可以说，我踮起脚，终于碰到了短视频背后的那一条“破绽之线”。

三、忘我创作，述而不作

那么，《人民日报》抖音号运营成功的诀窍究竟是什么？如果总强调业务的部分，你们可能不太感兴趣，但是有一个心得体会我必须说，那就是作为一个媒体人，如果要做好一个产品，必须达到“无我”的状态。

陈相如多台电脑协同办公

陈相如深夜加班结束

我们常常看到媒体人因为署名而争论,但作品的主角才是真正的英雄人物。每次看到他们因为作品的来源和版权撕扯时,我都为他们感到羞愧。我们报道的目的,就是突出我们要报道的对象,尤其是那些英雄人物。我们要做的是如何把他们的声音放大,而不是加入自己的声音。只要我们把报道完成好,我们的名字自然会被人知晓,这就是所谓的"功成不必在我,功成必定有我"。大音希声,大象无形。

这种价值观的形成,是深深受到袁隆平爷爷的影响。他说:"年轻人不要追名逐利,把你热爱的事情做好,其他的自然会来。"袁隆平爷爷还说:"知识、汗水、灵感、机遇,是成功的秘诀。"我想,这不仅适用于我们的人生,还适用于我们的工作,包括适用于如何做好一个抖音号。因此,在剪辑短视频的时候,我从来都把自己放在最不起眼、最不重要的位置,不允许作品中出现主观剪辑的痕迹,从不擅自对作品进行主观处理,尽力以最自然的方式,突出报道中的英雄人物,避免出戏,让人物与受众产生直接的情感交流——这就是述而不作。如此,我也常常看到许多受众看完视频后写下这样的评论:"泪流满面。""我爱我的祖国。""看《人民日报》抖音能哭一天。"看到他们积极的反馈,我很有成就感。

以上就是我工作三年以来,想跟大家分享的心得体会。无比感激国新班对我的培养,不仅传授了知识,更有价值观的影响。国新班教会我将个人事业与国家命运紧密联系起来,"铁肩担道义,妙手著文章"。也许你现在还体会不到其中的意义,但是请相信我,努力让自己成长起来,做一个对社会、对国家有用的人,这样,你的这一生就将是充实快乐的一生。加油!共勉!

新媒体时代突发公共卫生事件的国际传播实践

◎ 栗思月 *

随着全球化发展进程加快，国际舆论已经成为国际社会互动的新场域，各国之间的舆论交锋也成为一种新常态。近些年来，我国主流媒体的国际传播正在从宏大叙事向中观、微观层面转变，从参与国际舆论向正面与西方媒体进行舆论斗争转变，从自说自话的传播方式向共性表达、传播人类命运共同体的理念转变。

2019 年 12 月以来，突如其来的新冠肺炎疫情，成为蔓延全球的突发公共卫生事件，国际舆论随着疫情的变化出现阶段性的特点，出现了污名化、政治化的倾向，其中不乏一些极端声音。研究此次疫情期间的国际传播实践，可以为未来的突发公共事件传播提供借鉴。本文将以《中国日报》海外社交媒体为例，探讨在新媒体时代，针对全球突发公共事件，如何更好地进行国际传播。

一、《中国日报》海外社交媒体国际传播实践

在中国向国际社会报告首个病例后，2020 年 1—3 月是第一个时期，也

---

* 中国传媒大学 2015 级国际新闻传播硕士班毕业生，现就职于中国日报社新媒体中心海外社交媒体平台，运营 Facebook、Twitter、Instagram 等海外社交媒体平台的 *China Daily* 账号，及《中国日报》的抖音账号。参与中国共产党成立一百周年、全面建成小康社会、全面脱贫、中国抗疫经验、涉疆涉港等重要报道，获得国务院扶贫办“脱贫攻坚好新闻”奖，两次入围中国新闻奖，多次获得中国日报社好新闻等重要奖项。

是我国疫情最严重的时期。这个时期,国际舆论关注焦点是中国是否能够控制住病毒源头,遏制住疫情蔓延的趋势。第二个时期是4—6月,中国已然完全控制住疫情,并且严格控制外来输入的情况,相反,其他国家相继多点暴发疫情,进入国家紧急状态。这个时期,国际舆论交锋复杂,疫情较严重的美国借题发挥,企图甩锅中国来逃避应对疫情不利的责任。同样在这个阶段,另一种舆论论调与之截然相反,许多国家对中国援助表示衷心感谢。6月之后,进入第三个阶段,对我国的国际舆论两极分化的态势仍然存在,但随着美国国内出现大规模抗议集会,美国本国冲突和矛盾与日俱增,再加上中国的抗疫努力和经验逐渐得到国际社会的认可,两极分化的态势也逐渐向积极方面转变。根据不同时期的国际舆论变化,《中国日报》在国际传播方面也有不同的应对措施。

1. 客观公正报道,发挥媒体舆论引导作用

在疫情暴发的第一个阶段,信息量爆炸般增长,大量信息充斥于整个全球网络,纷繁复杂,难辨真伪。对于难以获得真实信息的大多数海外受众,中国的主流媒体承担了对外输出信息的主要角色。尤其在国际舆论于我国不利的情况下,往往要通过"先发制人"来构建话语的合理性,要从议程设置角度,在舆论引导方面抢占优势。同时,及时和真实的信息有效避免了海外受众被其他错误信息误导,歪曲解读中国疫情的真实情况。

为在第一时间发布准确信息,满足用户的知情权,避免因消息短缺带来的恐慌,《中国日报》在脸书、推特等海外社交媒体平台特别设立《战疫最前线》《抗疫一线好消息》等栏目,栏目总计发稿逾百篇,触及一亿海外用户。从《感染新冠病毒的87岁老人治愈出院》到《武汉时隔三个多月终于解除封城状态》,用事实说话,迅速将国内疫情一线的故事传播出去,让海外受众了解最新的疫情动态。

慢直播《直击武汉雷神山火神山医院建设》将武汉雷神山医院的建造进程向海外全程发布,与全球网友一起看抗疫医院拔地而起,注入抗疫信心,也赢得较好的传播效果。全程式直播可以使受众更清楚明朗地了解,十天建造医院并非夸大其词,这是整个国家都在尽全力控制疫情的抗疫姿态,

是对歪曲解读最好的回应。

2. 用事实与观点主动回应国际社会关切

在抗疫期间,部分西方国家到处散播“政治病毒”,大肆传播虚假信息,傲慢的西方媒体甚至炮制“索赔论”等论调,意在转移其国内矛盾,逃避抗疫不力的责任。这些不实论调会导致一些问题:一方面部分对中国抱有偏见的海外受众得到虚假信息的加持,不仅不会消解负面观点,反而会强化固有偏见;另一方面使得我国在国际舆论战中陷入被动。在这种情况下,宏大的叙事方式会让传播陷入自说自话的境况,反而就事论事,尤其是尊重新闻事实,不回避问题,才会赢得海外受众的信任。

3. 巧用传播方式,共享抗疫经验

2019 年,栗思月在春节《亲情账单》拍摄现场

在中国新冠肺炎疫情防控形势积极向好之际,进入国际舆论的第三个时期。在国际疫情肆意发展的背景下,中国已经取得较为成功的抗疫成果,这在某种程度上强化了我国在国际舆论场上的公信力,提高了我国的话语权。尽管各国对中国的抗疫成果持两极分化的态度,客观呈现抗疫成功的做法、总结分享中国的经验是这个阶段传播的主要内容。由于政治、文化、经济、制度等方面的差异,抗疫没有放之四海而皆准的标准答案,于是经验的分享在这个阶段必不可少,这是让各国和海外受众了解中国具体做法乃至制度优势的窗口。

例如,中国日报社在海外社交媒体刊发的《词解中国:中国抗疫热词》(*China in Words*:*China Practice*)系列短片,选取“对口支援”“举国之力”“联防联控”“不惜一切代价”“应收尽收”“人类卫生健康共同体”等热词,从英国小哥的角度解读抗疫热词,以逐格视频的形式和极具中国特色的田字格元素为特色,结合中华人民共和国成立以来规模最大的医疗支援行动、火速建成火神山医院和雷神山医院、新冠肺炎确诊和疑似患者医疗费用"零自付"等事实,把政策和概念具象化,由点及面地体现中国生命至上的理念、珍视人民的态度和集中力量办大事的制度优势。我们在防控策略、方法、技术、标准和案例等方面,可以为全球抗疫提供丰富资料与有效经验,及时、透明的分享无疑为增强国际认同带来了新的机会。用外国人的视角来讲述中国故事是主流媒体近些年在对外传播时常用的方式,"借嘴说话"在跨文化传播中具备天然优势。该系列总传播量逾亿次,成为构建中国抗疫核心叙事的成功"打法"。

4. 共情传播,建立海外受众人类命运共同体的理念

按照麦克卢汉"媒介即信息"的说法,社交媒体的技术属性不仅以人的社会性为内在本质属性,也决定了其他一些具体的属性,如广泛参与性、互动性、对话性、开放性、复向传播性、跨界性、圈层性等特征,传播的内容特质上具有情感关联性、泛娱乐化、日常性、碎片化等,传播内容的主题偏"软",以"人、景、物、文"为主。社交媒体的这些媒介属性决定了其对外传播的行动主体选择与路径模式。

某种程度上来说,社交媒体上的公众容易与能够建立情感联系的内容形成关联,从而产生行为。这种情感联系也被称为"共情"。心理学家卡尔·罗杰斯提出了共情在心理学中的含义:"个体层面准确地理解他人的情感,并在特定情境下做出精确的情感反应。"①共情传播背后的本质,是打破跨文化传播的认知壁垒,通过情感的共鸣唤起不同种族、不同民族、不同社会体制下人们对有关人类命运共同体问题的认同和理解。②

《中国日报》海外社交媒体平台设立的《全球战疫》(*Fight Together*)栏目,以图文、视频等形式,展现中国积极与世界各国开展的抗疫合作,提供医

① 高月. 探析共情传播对新冠肺炎疫情的影响:科教望潮·2020Remix教育大会论文集[C]. 北京,2020.

② 唐润华. 用共情传播促进民心相通[J]. 新闻与写作,2019(7):1.

疗物资、派遣医疗队支援,不遗余力地加强国际合作,共同抗击疫情,生动诠释了中国在推动构建人类卫生健康共同体中做出的不懈努力,这不仅提升了国际社会对中国控制疫情的信心,也表达了中国向国际社会开放资源、提供帮助,协同国际社会共同抗疫的愿望,展现出负责任的大国形象。习近平总书记指出,新冠肺炎疫情再次证明,只有构建人类命运共同体才是人间正道。

二、对突发公共卫生事件国际报道实践的思考

1. 打造媒体品牌,提高国际传播力

面对突发的公共事件,一个有生命力的媒体品牌往往会获得更多的话语权和传播力。功夫在平时,这样的媒体品牌必然拥有用户黏性较高、“软硬”话题相结合、有观点有态度、对国内国际热点均有所报道等特征。据《中国国家形象全球调查报告 2016》显示,海外受众不太能接受中国媒体的首要原因是“不知道该看什么中国媒体”。而《中国国家形象全球调查报告 2019》显示,通过新媒体了解中国的比例上升,中餐、中医药和武术被海外受访者认为最能代表中国文化。也就是说,在三年的时间里,从获取不到有关中国的信息,到能够了解中国代表性的文化,这是国际传播的阶段性成果。下一阶段是让海外受众了解更全面、丰富和立体的中国。

长远来看,媒体要打造可以发挥自身核心竞争力的品牌,有强目的性的运营,找准自身定位,打破刻板印象,进一步建构品牌内涵,在不断地破与建构之间,逐步打开用户圈层,提高国际舆论话语力。

2. 提升社交属性,讲好传播故事

新媒体时代,比讲一个好故事更重要的是把这个故事讲好。“用户不会因为你讲了一个好故事而付费,却会为你讲好了一个故事而付费。”优质的社交媒体内容一定具备互动性、参与性和情感联系,让用户产生内容“与我有关”的内在驱动力,才能够使其在消费内容的基础上产生传播行为,当赋

予传播内容“人设”“情感”和“话题”等社交属性的时候,就具备了“以小博大”的可能性。从传播的角度来看,传播内容需要进一步深耕与运作,打造适应社交平台的产品,提升社交属性,或许会获得出人意料的效果。

3. 加强矩阵建设,打造意见领袖

我国主流媒体的国际传播矩阵已初现雏形,各家主流媒体已在主要的海外社交媒体平台,如脸书、推特等建立起有影响力的账号,同时分别有科技、文化、经济等垂直类账号。但是,主流媒体的官方账号给平台用户的感觉往往是严肃、刻板和缺乏亲和力的,在此情况下,在媒体基础上生长起来的“大 V”,即意见领袖,具备更个性化和鲜明的观点,其聚合性能够为受众带来更有效的活动平台。目前大多主流媒体的意见领袖数量较少,整体发展不够多元,未形成一定的规模。需多个角度打造有特色的知名“媒体人”,聚合相应的受众,与主号一同形成合力。

2021 年中国共产党成立 100 周年主题报道,栗思月采访中国人民大学教授金灿荣

在国际舆论竞争中,以《中国日报》为代表的我国主流媒体已经有了较大的进步,但还未有足够的能力和优势应对西方媒体的攻击与抹黑。从国际传播的角度看,重大的国际事件往往是国际主流媒体崛起的契机:一方面,使得国际传播的壁垒显现得更清楚,有利于重点发力和突破;另一方面,这是国外受众了解中国国情与制度的窗口,这是机遇,也是挑战。

感恩中国传媒大学国新班的培养,从校园到国际传播一线,一步步让我对于从事国际传播的理想与热情有了可实现的方式与落脚点。站在一线,触摸到国际传播事业充满生机的脉搏,非常清晰地感受到连接中外、沟通世界的职责与使命。

做国际传播,尤其是在当下较为复杂的国际舆论环境中的传播,需要不断地找准传播对象,调整传播策略,灵活运用新媒体传播手段,打破文化交流壁垒,高效地完成传播链条。在这个过程中,不同主题的内容又需要不同的表达方式,这是一个充满挑战的事业。

然而,每当我看到海外社交媒体上,帖文下面外国网友的积极反馈——"原来中国是这样""好想来中国看看"等,这些简单的留言就让我充满感动与力量,并再次唤起我选择国际传播的初心。虽然在国际舆论日益复杂的今天,国际传播的难度也随之升级,但我将坚守一线,为新时代国际传播作出积极贡献。

守正创新：新时代主流媒体新闻传播工作的挑战与应对

◎ 陈昊冰*

2019 年，习近平总书记强调：全媒体不断发展，出现了全程媒体、全息媒体、全员媒体、全效媒体，信息无处不在、无所不及、无人不用，导致舆论生态、媒体格局、传播方式发生深刻变化。身为中央广播电视总台的记者，在一线业务实践中，我对种种变化的感受十分深刻。一方面，纸媒、广播、电视、网络的界限变得越来越模糊，媒体的竞争发展格局在移动互联网时代不断被重塑；另一方面，对一线从业人员的素质要求和人才培养也在探索前行，融媒体报道不断涌现出创新实践。

"我们要以'大象也要学会跳街舞'的精神风貌，迎接数字化，拥抱数字化。"这是中央宣传部副部长、中央广播电视总台台长慎海雄在一个论坛上的发言。他表示，媒体要坚持守正创新，自觉担当作为，着重提升内容生产力、技术驱动力、平台竞争力、生态连接力，在改革创新中掌握媒体变革的主动权、主导权。今天的中央广播电视总台以打造国际一流新型主流媒体为目标，也对像我这样的媒体从业者提出了新的要求。在这里，我结合自己的工作经验，浅谈对新时代主流媒体新闻传播工作的一点认识。

---

* 中国传媒大学 2016 级国际新闻传播硕士班毕业生，现就职于中央广播电视总台财经节目中心，担任《经济信息联播》《第一时间》《天下财经》等资讯栏目出镜记者。多次报道全国两会、博鳌亚洲论坛、中国国际进口博览会等大型会议，关注经济宏观政策及热点动态，专访过多位政商代表人士。参与的《幸福照相馆》新媒体创意互动项目及《走村直播看脱贫》融媒体报道，分获第二十九届、第三十一届中国新闻奖（集体）。曾获中宣部"新春走基层"先进个人、央视财经频道先进个人等奖项。

一、于危机中育新机，于变局中开新局

1.新平台不断涌现,传播渠道快速变化

互联网浪潮风起云涌,传播渠道快速变化。从PC时代到移动互联网时代,再到5G技术加持下的今天,微博、微信公众号、B站、抖音、快手、小红书……不断有新的平台级应用涌现,吸引大众的注意力。原先横竖屏、长短视频的争执,都被快速发展的时代淹没了声音。这种眼花缭乱的反复迭代和推陈出新,让传统主流媒体面临着全新的挑战。

但从另一方面来看,无论平台如何变化,对优质内容的追求是不变的。比如,央视财经微博账号有3753.9万粉丝,推送的产业调查、专访、直播等视频内容,是新浪热搜榜的常客。央视财经微信公众号也是财经领域的第一大号,每天推送的头条都有10万+的阅读量。这些本质上都是依靠新闻性强、传播度高的优质内容作为支撑的。

2.视频不再是电视的专属,内容视频化成趋势

受追捧的渠道不断变化,但有一个方向是所有人争夺的重点,那就是视频。视频早已不再是电视的专属。在新媒体端,可以频繁看见新华社、中新社、中国日报社等同行的视频作品。这几年,在全国两会、博鳌亚洲论坛这样的大型会议上,都能看到纸媒和通讯社的“出镜记者”。架起手机就能网络直播,拿起设备也开始拍摄采访,现在在新闻现场,已经不能用装备来判断同行的单位了。有通讯社的记者告诉我,现在他们的工作增加了融媒体、视频发稿的相关考核,这对很多在文字领域从业大半辈子的老记者来说是个不小的挑战。尽管可能遭遇短期阵痛,但不难看出,内容视

陈昊冰在演播室分享两会记者观察

频化已经成为所有媒体共同追逐的方向。

传统上电视记者只需要服务大屏的新闻播出,类型和形式也相对单一。但如今创新已经成为日常。比如2020脱贫攻坚决胜之年,总台财经节目中心策划了大型融媒体报道《走村直播看脱贫》。我参与了河南、四川等地共四个村的节目制作。其中,在一个村的内容产品,就包含了5分钟电视直播连线、1小时新媒体直播以及记者走村Vlog、"我当村主播"当地村民小片、"云瞰中国"航拍短片,还有若干条电视新闻。这些内容产品体现了多样化和差异化,通过不同的播发渠道,能够触达不同人群。《走村直播看脱贫》一共在一百个村进行了直播,也获得了第三十一届中国新闻奖。

3.视频制作门槛不断降低,UGC内容占多数

内容行业的蓬勃发展,让"发声"不再是媒体的专属。我记得,大学时在电视学院学习期间,有一门"电视画面语言"的课程。静接静动接动、转场技巧、声音运用……这些至今在我的脑海中印象深刻。也是这门课,让我深刻意识到,画面和文字一样,是一门语言。我们要学好这门语言,才能用视频来沟通、来讲故事。然而,仅仅几年之后回看,越来越多的人熟练掌握了画面这门语言。甚至这门课的很多技巧性内容,已经成为网上冲浪人群的"常识"。有目共睹的是,网络上涌现出越来越多的"素人"博主,用视频的方式和网友对话,很多明星也热衷于拍摄日常Vlog,如同拍照片一样习以为常。尤其对于互联网原住民"Z世代",也就是"95后"来说,网络就和水电一样,是必不可少的基础设施,拍视频剪视频发布到社交平台上,已经成为习惯动作。可能十年前,拍摄、剪辑、文稿写作都是专业化程度相对较高的工作。但如今,各类数字化拍摄设备的诞生和"剪映"等傻瓜式剪辑软件的上线,让视频制作的门槛降到非常之低,UGC内容早已占据视频内容的大多数。那么,今天的视频新闻还是同期加正文,3—5秒一个镜头吗?主流媒体的内容要在融合发展中如何适应新变化?这都是新时代的拷问。

其实,对比文字、广播、图片的发展不难看出,一项技术的普及不意味着专业人士的消失,反而是一个凸显专业度和倒逼发展的过程。在新闻制作中,虽然今天传统媒体的新闻很难抢到"第一落点",正在现场的网友、执法

记录仪、摄像头等都可以是新闻的记录者。但如何对内容进行梳理、二次加工,更考验的是编辑能力和“第二落点”的角度选择。可以说,今天的电视新闻不能只依靠前方记者的单打独斗,更需要团队的合力。对整个团队编辑策划、整合梳理、连线评论等多方面提出了新要求,这不仅需要合作与创新,也意味着体制机制的革新和生产流程的重塑。

4. 警惕降维打击,从市场化角度理解媒介变化

对主流媒体来说,除了内容上的新挑战,在运营上也有新对手。从注意力经济的角度,假设一家企业一年有100万元的营销支出,原本这笔钱流向媒体、户外广告等传统渠道。而如今的企业决策中,抖音、快手、小红书等平台成为重要甚至优先考虑的对象——如果考察具体的“到达率”和“转化率”,数字营销有更可量化的指标,传统主流媒体也要警惕降维打击。

这也要求传统媒体要从市场化的角度来理解媒介,更加重视自有新媒体渠道的建设和优质内容的制作,而不是和其他新媒体渠道仅在内容上合作,为“他人”作嫁衣。如今,总台正在新媒体端不断发力。比如央视频推出雷神山火神山慢直播、《东京奥运会》赛事直播、《央 young 之夏》等爆款内容,进一步推升自有平台影响力。财经频道记者组也在央视频推出账号“财访部”,已经成为记者观察、采访见闻、新闻内容的新发布渠道。

二、打铁还需自身硬

1. 出镜能力是必修课

在内容视频化的今天,对每一位主流媒体的记者来说,面对镜头已经成为必修课。对电视记者来说,出镜的需求和场合已经越来越多,直播也随着技术发展成为常态。不仅是电视荧屏的直播连线,手机小屏的新媒体内容也经常有记者身影。应对不同的场合,都需要有不同的表达和状态,更需要对内容的架构和把控能力。其实出镜对于记者是一个综合性考验,它并不是在镜头前说几句话那么简单。在新闻性很强的事件面前,直播更考验记

者的现场发现和应变能力。我记得在浙江临海直播台风利奇马过境的时候,只有我和摄像两人。到达当晚天已经完全黑了,当地停水停电,内涝严重。第二天的第一场直播,我选择在了受灾最严重的古街,到现场的时候,还能看到被大水冲得散落各处的家具家电,一米多高的水迹,遍布各处的淤泥。这些细节能最直观体现出灾害的影响,也能够把居民自救、清淤排水的现场真实呈现给观众。

在大型会议和论坛的现场直播,则需要随时带有一双发现的眼睛。这样的直播可以加入案例来增加内容丰富度,也可以带一些评论性色彩的内容。比如2021年我参加报道了联合国《生物多样性公约》第十五次缔约方大会,开幕当晚在《经济信息联播》的直播中,我提到了"蒜头果"——这种云南的二级保护植物,因为从中发现了具有药用价值的神经酸,而成为当地扶贫的"致富果"。这个案例把《生物多样性公约》的保护、利用、惠益共享三大原则都能够体现出来。

而在特别节目的大场景直播中,考验的则是记者的组织协调能力、现场调度能力。财经频道每年会在双十一当天发布一份《中国电商年报》,在这个特别节目里,记者会到最具有现场感的地方进行直播连线,体现当年中国零售行业的新趋势、新变化。记得我在河北张家口的土豆窖里直播过电商扶贫、土豆装车的热闹场景;在安徽的小岗村直播过农民开店的喜笑颜开;在上海超市里直播过进博会展品变商品、中国消费者买遍全球的便捷消费;在南京新街口直播过繁华闹市商业变迁、新业态开业的盛况……这些直播都需要精心策划,提前做好组织协调工作。

陈昊冰在人民大会堂报道全国人大记者发布会

国新班的教学和培养,始终强调出镜能力。比如"英语新闻采编播"课程,不仅要做"出镜记者"拍新闻短片,也要西装上镜当"主播"。这些在课程中一次又一次的锻炼,会逐步培养学生的镜头感和语言表达能力。再比如在河南兰考的国情实践,同学们有机会实地采访脱贫故事。脚踏泥土更怀真情,这样的出镜也会体验另一种语态和情绪。这些课程和实践机会,都给国新班学生未来的新闻工作打下了良好的基础。

2. 终生学习成为必备素质

记者的工作流程,可以简单归纳为三个步骤,就是学习理解、归纳梳理和输出产品。其中,学习理解的部分,需要的是快速学习能力。比如在展会现场采访,经常会面对一个从未见过的新产品。如何展示它并体现出背后的产业逻辑?首先就需要对采访对象讲述的新知识快速消化。对我自己来说,拿到任何一个新选题,学习都是第一步。如果涉及从未了解的产业,有时候可能需要看几十、上百篇相关文章。第二步归纳梳理则有赖于经验和知识积累。比如长期深耕工业领域的记者,遇到5G+智能矿山案例、数字化双胞胎工厂等内容,就能很好地展示出来。而输出产品则体现架构能力和逻辑思维。对于大众媒体来说,可能要追求的是浅显易懂,而对于垂直类媒体来说,则要追求内容的深度和视角的独家。

相比其他工作,做一名记者本身就强调学习,因为记者始终在接触新事物。而时代发展日新月异的今天,学习就必须成为一种终生习惯。我记得国新班有几门课程,对我的认识拓展和学习习惯养成都很有帮助。首先是国情教育讲座,每周请一位相关专家从不同角度来讲课。这门课打开了很多新世界的大门。构建开放型经济新体制、深化司法体制改革……都让当时的我们增加了知识储备。还有一门"当代媒体前沿问题系列讲座",汇聚了整个电视学院最优秀的师资力量和广电专家,很多热点问题都在这门课里有所涉猎。此外"文献研读"也让我印象深刻。这门课程每节都会布置大量传播学阅读任务,要求第二节课学生能够进行小组汇报。当时觉得这门课程难度大,很多英文材料艰涩难懂,还需要自己继续搜索拓

陈昊冰专访拼多多创始人黄峥

展内容才能完成作业。但回过头看,整个学习、梳理、输出的过程,跟记者工作有很多相似之处,这门课程帮助积累专业知识的同时,更重要的是培养了学生的自主学习能力。

3. 成长为复合型人才

讲好中国故事,需要构建对外传播话语体系,在新时代的大潮中创造新机遇、赢得新优势。可以说,今天的新闻传播工作,尤其是国际新闻传播,既需要出色的语言能力、国际化视野、融媒体内容的制作能力,也需要独家的视角和垂直类内容的生产能力。也就是说,对人才的要求是更加多元、复合的。与医生、律师等很多行业相比,媒体的从业门槛并不算高,但无论什么时候,优质内容都是稀缺且高门槛的。如何能够加深护城河,让新闻从业者的经验和能力价值最大化,甚至“越老越吃香”?对于我们自身来说,就是要努力成长为复合型人才,能够有跨学科的多元视角和深度内容制作能力,才能在复杂多变的媒体环境中始终保有竞争力,为新闻传播事业贡献坚实力量。

国新班里,很多同学都来自不同专业,都有除了国际新闻专业的一技之长。这种能力短期的价值可能并不明显,但在长期的工作中能够得到更加长久的发挥。在国新班的学习中,有很多与外界交流和实践的机会,都极大地拓展了学生的视野,锻炼了学生的能力。相信这种复合背景和多维度培养会为未来的新闻传播人才储蓄更多能量。

图书在版编目(CIP)数据

知与行：亲历国际传播一线 / 胡芳主编；赵希婧，刘雯副主编. -- 北京：当代中国出版社，2021.12

ISBN 978-7-5154-1161-3

Ⅰ. ①知… Ⅱ. ①胡… ②赵… ③刘… Ⅲ. ①传播学－中国－文集 Ⅳ. ① G206-53

中国版本图书馆 CIP 数据核字 (2021) 第 271822 号

主　　编　胡　芳
副 主 编　赵希婧　刘　雯
责任编辑　陈　莎　周显亮　于水莲
特约编辑　井彩霞
封面设计　拓美设计
出版发行　当代中国出版社
地　　址　北京市地安门西大街旌勇里 8 号
网　　址　http://www.ddzg.net　邮箱：ddzgcbs@sina.com
邮政编码　100009
编 辑 部　（010）66572264　66572154　66572132　66572180
市 场 部　（010）66572281　66572161　66572157　83221785
印　　刷　唐山玺诚印务有限公司
开　　本　710 毫米 × 1000 毫米　1/16
印　　张　21.5 印张　330 千字
版　　次　2021 年 12 月第 1 版
印　　次　2021 年 12 月第 1 次印刷
定　　价　88.00 元